प्यारी आस्था
को
पिता की पाती

प्यारी आस्था को पिता की पाती

काजल ओझा वैद्य

प्रभात पेपरबैक्स
www.prabhatbooks.com

प्रकाशक

प्रभात पेपरबैक्स

4/19 आसफ अली रोड, नई दिल्ली-110002

फोन : 23289555 • 23289666 • 23289777 ❖ फैक्स : 23253233

इ-मेल : prabhatbooks@gmail.com ❖ वेब ठिकाना : www.prabhatbooks.com

संस्करण

प्रथम, 2016

अनुवाद

डॉ. अंजना संधीर

मूल्य

एक सौ पचहत्तर रुपए

अ.मा.पु.स. 978-93-5186-922-1

मुद्रक

आर-टेक ऑफसेट प्रिंटर्स, दिल्ली

PYARI ASTHA KO PITA KI PAATI
by Kaajal Oza Vaidya

Published by **PRABHAT PAPERBACKS**
4/19 Asaf Ali Road, New Delhi-110002

ISBN 978-93-5186-922-1
₹ 175.00

समर्पित

प्रिय आस्था

और

प्रिय वत्सल

को

और अनेक पिता-पुत्रियों के
अत्यंत मृदुल किंतु
मजबूत संबंध को।

भूमिका

'आस्था' किसी लड़की का नाम नहीं है।

आस्था एक संपूर्ण पीढ़ी है। ऐसे कितने ही चेहरे हैं, जिनकी भोली, छुटकी, स्वच्छ, टिमटिमाती आँखें उगते हुए सूरज में डूब देख रही हैं।

आस्था एक ऐसे रिश्ते का नाम है, जो मानव की साँस जितना सच्चा है।

किसी भी व्यक्ति के लिए 'आस्था' से बड़ा आधार दूसरा क्या हो सकता है?

और आस्था अर्थात् सर्वव्यापी ईश्वर से आरंभ करके पत्थर की मूर्ति तक कहीं भी रोपा जानेवाला मानवमात्र के अस्तित्व का बीज।

इन पत्रों को लिखने का एकमात्र कारण अपने अंदर जी रही एक ऐसी लड़की को प्यार करने की मेरी इच्छा है, जिसने अपना बचपन और जवानी अपने प्रवास के दरम्यान कहीं खो दी है।

मेरे गुरु और मैं जो कुछ भी दूँ, यह बतानेवाले, शफी इनामदार हमेशा कहते थे कि "जिसे जहाँ खोया है, वहीं ढूँढ़..."

शायद उस एक तिनके को पकड़कर ही ये पत्र लिखे गए हैं।

श्री कमल जोशी का आभार तो मानना ही पड़ेगा, क्योंकि मुझे यह विचार उन्होंने ही दिया था।

पिता और पुत्री के संबंधों में कुछ अत्यंत मुलायम, कुछ अत्यंत भीगा और निरंतर महकता हो—ऐसा कोई तत्त्व होता है। मुझे लगता है, इन पत्रों के माध्यम से मैंने इस तत्त्व को स्पर्श करने, अनुभव करने और अपने पाठकों तक पहुँचाने का निष्ठापूर्ण कार्य किया है।

मेरे जीवन के कई सुंदर पल, कई मीठी व महकती स्मृतियाँ, कई अधूरे और अभावों से बने ये चित्र अपने पाठकों के लिए मैंने खुले छोड़ दिए हैं।

ये पत्र हैं पिता के पुत्री के लिए...

परंतु सही अर्थ में देखा जाए तो ये पत्र दो पीढ़ियों के बीच एक ऐसा सेतु बाँधने का प्रयास हैं, जिसकी आवश्यकता हर दशक में एक बार तो पड़ती ही है।

पुत्र पिता के लिए उसकी भौतिक विरासत प्राप्त करनेवाला, उसका वंश चलानेवाला, उसका नाम उजागर करनेवाला वगैरह-वगैरह, बहुत कुछ हो सकता है; परंतु पुत्री पिता के लिए बार-बार उसके भीतर खो जानेवाली, सूख जानेवाली उन भावनाओं को सींचनेवाली एक ऐसी बारिश है, जो मानवमात्र को उसके अस्तित्व के मूल तक गीला कर डालती है, भिगो डालती है।

'अभिज्ञान शाकुंतलम्' से शुरू कर टैगोर की 'काबुलीवाला', चंद्रकांत बक्षी की 'गुड नाइट डैडी…' पीढ़ी-दर-पीढ़ी बदलते हुए व्यक्ति का साथ बदलती रही है; लेकिन पिता और पुत्री का संबंध यथावत् रहा है।

संजय वैद्य की 'थैंक यू पप्पा' या नवभारत साहित्य मंदिर की 'दिकरी ज्वाल नो दरिया' (बेटी प्यार का सागर) अथवा 'बेटी अर्थात् बेटी' आज भी पाठकों की आँखें गीली कर देती हैं।

ये पत्र हर पिता को अपने लगें और हर बेटी को उसमें अपने पिता का चेहरा दिखाई दे तो मुझे अपने लिखे हुए का संतोष होगा।

—काजल ओझा वैद्य

308, सुपर प्लाजा 'संदेश' प्रेस रोड
वस्त्रापुर, अहमदाबाद-3080015
टेली.—26767334

अनुक्रम

प्यारी आस्था, 7 वर्ष

मेरी बेटी,

आज तुम्हारा सातवाँ जन्मदिन है।

अब तुम गुजराती पढ़ने लगी हो।

अभी कुछ ही दिन पहले तुमने मुझसे पूछा था, ''पापा, मेरे सातवें जन्मदिन पर आप मुझे क्या देंगे?''

तब मुझे यह विचार आया कि अब मुझे तुम्हें ऐसा क्या देना चाहिए, जो जिंदगी भर तुम्हारे साथ रहे। तुम्हारा सातवाँ साल हम रोक तो नहीं सकते। तुम्हें सातवाँ वर्ष पूर्ण करके आठवें वर्ष में प्रवेश करना ही पड़ेगा; परंतु किसी तरह अगर यह वर्ष मैं यहीं रोक सकूँ तो, कैसा आइडिया है यह?

मैंने यह तय कर लिया कि प्रत्येक वर्ष मैं तुझे कुछ ऐसा दूँगा, जो तेरे उस वर्ष के लिए अत्यंत महत्त्वपूर्ण साबित हो; आनेवाले सालों के लिए यादगार बन जाए और रुपए से दी जानेवाली किसी भी भेंट या तोहफे से कुछ अलग, कुछ महत्त्वपूर्ण बन जाए।

मेरी बेटी, तुम मेरे लिए मेरे जीवन का एक अत्यंत महत्त्वपूर्ण हिस्सा हो। अपनी संतान तो हर पिता को प्रिय होती है, परंतु तेरे लिए मेरे दिल में जो भावना है, वह शायद थोड़ी अलग इस प्रकार है कि मैं तुझे तेरे जन्म से पहले से ही पहचानता हूँ।

आश्चर्य हुआ न?

तेरा चेहरा तेरा जन्म होने से पहले ही मैंने कितनी बार देख लिया है। तेरा स्पर्श तेरे जन्म होने से पहले ही मैंने अनुभव कर लिया था।··· तू बच्ची बनकर इस घर में आई, इससे पहले ही तू मेरी कल्पना में, मेरे मन में जन्म ले चुकी थी। सच कहता हूँ···

तू तो अभी अपनी माँ की कोख में भी नहीं आई थी, तब से मेरे सपनों में

आती थी। मैं जब-जब अपनी होनेवाली संतान के बारे में सोचता था, तब-तब मुझे ऐसा ही लगता था कि वह बेटी ही होगी। निश्चित रूप से, जब तेरे आने का समाचार तेरी माँ ने मुझे दिया, तभी मैंने उसे कहा था कि अपने घर में पहली संतान पुत्री ही होगी।

बेटा आज भी भारतीय, खासकर अपने गुजराती, परिवार में बहुत महत्त्वपूर्ण है। अपने घर में बेटी का जन्म हो, ऐसी मेरी परम इच्छा थी; लेकिन तेरी दादी के स्वभाव के अनुसार, उन्हें तो पुत्र की ही चाह थी।

तेरी माँ तेरे आने का समाचार लेकर मुंशी चाचा के यहाँ से जब घर आई, तभी तेरी दादी बोली, ''चलो, अपने यहाँ बेटा आने वाला है।''

''नहीं, बेटी।'' मैंने कहा था और दादी चिढ़ गई थीं। उनकी गलती नहीं है। उनके जमाने में बेटा ही कुल का दीपक कहलाता था और बेटे से ही वंश चलता है, ऐसा सब मानते थे। अतः उनके बेटे के यहाँ पहली संतान पुत्र हो, यह उनकी इच्छा थी।

मुझे बेटी चाहिए थी इसलिए कि बेटी स्वभाव से ही ऋजु, भावनापूर्ण व संवेदनशील होती है। जो उसके पास होता है, वह पुत्र के पास नहीं होता है। जब गुड़िया लेकर खेलते हुए तुझे देखता हूँ तो मुझे लगता है कि तू अभी से एक छोटी सी मम्मी है। खेलते-खेलते तेरी गुड़िया बीमार पड़ जाए तो तेरे चेहरे पर जो चिंता के भाव देखता हूँ, उन्हें देखकर मुझे समझ में आता है कि भगवान् ने बेटियों को एक बहुत ही कोमल हृदय दिया है, जो हमारे पास—बेटों के पास नहीं होता। मैं बेटा हूँ, इसलिए मुझे पता है कि एक बेटे को अपने माँ-बाप के लिए इतनी संवेदना नहीं होती, जितनी एक बेटी को होती है।

मैं दादी का ध्यान रखता हूँ, दादी को प्रेम भी करता हूँ, उनकी चिंता भी मुझे होती है; परंतु तेरी मम्मी जिस तरह से तेरे नाना-नानी की चिंता करती है, उनके लिए दौड़-भाग करती है, उसे देखकर मुझे समझ में आ गया है कि मुझे तो बेटी ही चाहिए।

तू मेरी चिंता करे, मेरा ध्यान रखे, मेरे लिए दौड़-भाग करे, सिर्फ इसलिए नहीं…हाँ…

परंतु 'बेटी' का मतलब है—प्यार का सागर। मुझे अपने घर में प्यार का एक सागर ले आना था।

दौड़ता-भागता, पेड़ पर चढ़ता, शरारतें करता, मारा-मारी, झगड़ा करते हुए पुत्र का पालन-पोषण करने का भी अलग ही आनंद आता है।… लेकिन पुत्री के

पालन का आनंद कुछ और ही होता है, ऐसा मुझे बहुत पहले से ही लगता था। बेटी हर पिता के हृदय में कुछ बहुत ही कोमल, बहुत ही नाजुक-सा बीजारोपण करती होती है। बड़े-से-बड़े पत्थरदिल पिता को मोम बना देना बेटी को आता है।

मैं पत्थर नहीं हूँ, मैं भी संवेदनशील हूँ। दूसरे पुरुषों की तुलना में मैं थोड़ा अधिक संवेदनशील भी हूँ, तथापि मेरे अंदर उछालें मारता एक सागर लेकर आए, ऐसी बेटी मुझे चाहिए थी। छोटी, नन्ही-सी, रूप का अंबार लिये हुए, रुई-सी, बादलों में से मानो तराशी गई हो, ऐसी; आँगन में मानो पारिजात के पौधे समान। इतना ही नहीं, उसकी सुबह की हँसी से मानो पारिजात के फूलों के ढेर लग गए हों—जब पायल पहनकर आँगन में चले तो सारे आँगन को भर दे। वो ऐसी हो, जिसकी आँखों में से प्रतिदिन सुबह का सूरज उगे। मुझे एकदम तेरे जैसी ही बेटी चाहिए थी।

तू अपनी मम्मी के पेट में थी। तेरी मम्मी बहुत सुंदर दिखती थी। गोल-मटोल लड्डू जैसी। उसका वजन अच्छा-खासा बढ़ गया था, चमड़ी गोरी हो गई थी। जो भी आता, वह यही कहता, 'बेटा होगा।' परंतु मुझे तो विश्वास था कि थोड़े ही दिनों में तू मेरे घर आएगी।

मैं हर रोज तेरी माँ के पेट पर हाथ फिराता था, तेरे साथ बातें करता था।··· तेरी माँ मेरा मजाक उड़ाती थी।

मैं पूछता था, "अभी कितने दिन बाकी हैं?"

तेरी माँ हँसती और कहती, "तुम्हारी बेसब्री देखकर बच्चा नहीं होगा, वह तो अपने समय पर ही आएगा।"

मैं सचमुच बेसब्र हो गया था। कैलेंडर पर निशान लगाता, तेरी माँ की तसवीरें खींचता, पेट के पास मुँह ले जाकर तुझे कहता, "चल अब, जल्दी बाहर आ। मुझे तुझे प्यार करना है।" अपनी माँ के पेट में तू घूमती, टाँगें मारती, गोल-गोल घूमती, मैंने तुझे सोनोग्राफी में देखा था। तेरी माँ की बहुत इच्छा थी कि सोनोग्राफी करनेवाले डॉक्टर से पूछ लें कि आनेवाली संतान पुत्र है कि पुत्री?

परंतु मैंने एकदम इनकार कर दिया था।

क्यों, पता है? अब 'न' मत कहना। मुझे सरप्राइज पसंद है।

लेकिन सरप्राइज के रूप में तुम आने वाली हो, ऐसा हर रोज मेरा मन मुझसे कहता था। मुझे विश्वास ही था कि आनेवाला बच्चा बेटी ही है। तू मेरे सपने में आकर कह गई थी कि 'मैं आ रही हूँ।' फिर डॉक्टर से क्या पूछना था?

तुम्हारी माँ को रात ग्यारह बजे पेट में दर्द शुरू हुआ। हम उसे तुरंत अस्पताल

लेकर गए। सारी रात तेरे आने का इंतजार होता रहा।

मुझे पहली बार समझ में आया कि माँ बनना कितना मुश्किल काम है, कितना पीड़ाजनक है। तेरी माँ सचमुच पीड़ा से थक चुकी थी—और मैं कुछ नहीं कर पाने की असमर्थता में लिप्त तेरे आने का इंतजार कर रहा था।

मुंशी अंकल का हॉस्पिटल।··· मैं तुझे दिखाने के लिए ले गया था, याद है न?

···वहाँ तू जनमी थी।

मैंने पहली बार तेरे रोने की आवाज सुनी थी। मेरा रोम-रोम खड़ा हो गया था। तू मेरे शरीर का एक भाग है, मेरी आत्मा, मेरे हृदय का एक भाग है और अब एक जीता-जागता, हाथ-पाँव हिलाता बच्चा बनकर इस धरती पर आई है, इस विचार मात्र से ही मैं रोमांचित हो उठा।

नर्स ने आकर मुझे कहा कि तू जनमी है, तब मेरी आँखों में आँसू आ गए। मुझे इतनी खुशी हुई कि लगा, शायद मैं रो पड़ूँगा। तेरी दादी से मैं चिपट गया और मुझे इच्छा हुई कि मैं जोर-जोर से ऊँची आवाज में गाऊँ—'मेरे घर आई एक नन्ही परी···'

गुजराती घरों में बेटे का जन्म हो तो पेड़े बाँटे जाते हैं, लेकिन मैंने तो पेड़े के बॉक्स तैयार ही रखे थे। जैसे ही तेरे जन्म की खबर आई, गाड़ी में से पेड़े लाकर सबका मुँह मीठा करवाया।

फिर मैं तुझे देखने दौड़ा।

मुझे अभी भी वह दृश्य याद है। तू छोटी सी गुड़िया की तरह दिखती थी। गुलाबी-गुलाबी, सिर पर घुँघराले बाल और तेरी छोटी-छोटी आँखें और बंद मुट्ठीवाले तेरे हाथ देखकर मुझे ऐसा लगा, मानो मेरा दुबारा जन्म हुआ हो। जब तुझे पहली बार देखा था, तब आँखें बंद किए हुए दोनों हाथों को माथे पर रखकर, मुट्ठियाँ बंद किए हुए आराम से सो रही थी। तेरे चेहरे को देखकर मुझे लगा, मानो साक्षात् ईश्वर के दर्शन हो गए थे। मैंने ईश्वर का आभार माना—मुझे एक बेटी का पिता बनाने के लिए।

"जब-जब एक संतान का जन्म होता है, उसके साथ ही तभी एक पिता का जन्म भी होता है।" ऐसा मैंने कहीं पढ़ा था। यह बात तुझे अभी समझ में नहीं आएगी; लेकिन जब तू थोड़ी बड़ी हो जाएगी न, तब तुझे यह वाक्य समझ में आ जाएगा।···

उसी क्षण एक बार तूने आँखें खोलीं और मेरी तरफ देखा। मुझे तेरे पापा बनने पर अपने आप पर प्रेम-सा हो उठा।

मैंने झुककर तेरे गाल को पहली बार चूमा। तू नहीं मानेगी, लेकिन मुझे अभी

भी उस चुंबन का अहसास वैसे-का-वैसा याद है।

तेरे जन्म से पहले ही मैंने तेरा नाम 'आस्था' रखना तय कर लिया था।

तू तो जानती है कि मैं राशि, कुंडली आदि में विश्वास नहीं करता। शायद इसीलिए भगवान् ने मेरे तय किए हुए नाम के साथ तेरी राशि जोड़ दी होगी। दादी भी खुश, मैं भी खुश!

तेरा नाम आस्था क्यों रखा, पता है?

तूने मेरे विश्वास को सच्चा साबित कर डाला। मेरी कल्पना को सत्य किया। मुझे जो चाहिए था, वह मिल गया। अत:…!

तू ईश्वर में मेरी आस्था बनकर जनमी। तेरी आँखों में मैंने एक बार फिर जीवन को देखा। यह बात अभी तुझे थोड़ी मुश्किल लगेगी, लेकिन जैसे-जैसे तू बड़ी होती जाएगी, तुझे मेरी बात समझ में आने लगेगी। आस्था अर्थात् श्रद्धा—फेथ, विश्वास। तू मेरा विश्वास है—अपने आप में, इस दुनिया में और ईश्वर में भी।

बेटी, तेरा जन्म हुआ, तब से शुरू करके आज तक मैंने प्रतिदिन तुझे बड़ा होते हुए देखा है…जिसके साथ-ही-साथ मेरी आस्था, मेरी श्रद्धा भी बढ़ती गई है। तेरे भोलेपन में, तेरे बचपन में, तेरी नन्ही-नन्ही बाल सुलभ सादगी में मुझे फिर एक बार सच्चाई दिखाई दी।

मैंने हर रोज दुनिया में घटित होनेवाली खराब घटनाओं, मुझे मिलनेवाले खराब लोग तथा खराब अनुभवों में से खराब वस्तुओं को बाहर निकाल फेंकना सीखा, जिसके साथ-साथ मुझे खुद पर और ईश्वर पर आस्था बढ़ती गई। मुझे हर रोज दुनिया अधिक अच्छी और सच्ची लगने लगी है। मैं शायद फिर एक बार दुनिया को तेरी भोली और मासूम नजर से देखने लगा हूँ।

हम बड़े लोग जैसे-जैसे उम्र में बढ़ते जाते हैं, हमारा बचपन खत्म होता जाता है। तेरे जन्म से मुझे ऐसा लगने लगा, मानो मेरा बचपन एक बार फिर मुझे मिल गया हो। तेरे साथ खेलते हुए, मजाक-मस्ती करते हुए, तुझे प्यार करते हुए, तेरी चिकनी चमड़ी को छूते हुए और तेरी शुद्ध आँखों में देखते हुए मुझे लगा—दुनिया, मैं मानने लगा था, उतनी खराब नहीं है। तुझे धीरे-धीरे विकसित होते हुए देखना मेरे लिए एक सपना सच हुआ हो, ऐसी सुंदर बात थी।

अधिकांश पिताओं को मैंने देखा है कि उनके पास जितना समय होता है, उतनी ही रुचि वे अपने बच्चों में लेते हैं। मैंने यह तय किया था कि अगर तेरी मम्मी मेटरनिटी लीव लेती है तो मैं क्यों नहीं? जब तेरी मम्मी की छुट्टियाँ पूरी हो गईं, तब मैंने दो महीने की छुट्टियाँ लीं। तेरी मम्मी दफ्तर जाने लगी और मैं तेरी

देखभाल करने लगा—दादी तो साथ थी ही, लेकिन इस दरम्यान मैं तेरे बहुत नजदीक आ गया। तेरे लिए दूध बनाना, तेरे डायपर बदलना, जब रात क। तू जागे, तब तेरे साथ जागना, तेरी शाम की कोलिक पेइन के समय लेकर तुझे घूमना, तेरे वैक्सीनेशन के बाद के दो दिनों तक तेरा ध्यान रखना··· मुझे इन सब बातों में आनंद आता था। मेरे दोस्त मुझसे पूछते भी थे, "तुझे थकावट नहीं होती?" और कोई तो यह भी कह देता, "ये कोई हमारा काम है भला!"

लेकिन मुझे तो बहुत ही आनंद आता था। तुझे रोज बढ़ते देखने का सुअवसर मैंने सचमुच गँवा दिया होता, अगर मैंने छुट्टियाँ नहीं ली होतीं।

तेरी दिन-प्रतिदिन की प्रवृत्तियों में आरंभ से ही मेरी बहुत रुचि रही है। मैं तेरी लंबाई मापता, तेरा वजन करता और तेरी नई-नई प्रवृत्तियों को अपनी डायरी में लिख लेता।

तेरी लगभग हर महीने बनाई फिल्म भी हम बार-बार देखते ही हैं न।

तकिए रखकर तुझे पहली बार मैंने बिठाया। तेरा दाँत निकला, तब आइसक्रीम लेकर मैं आया। मुझे तेरी इन छोटी-छोटी बातों पर बहुत आश्चर्य होता। तेरी हर बात में मुझे रुचि थी। पैरों को साइकिल की तरह चलाती थी, मुँह से छू-छू की आवाजें करती तुझे देखकर मुझे लगता कि सिर्फ माँ के दूध पर आश्रित रहनेवाले इस नन्हें से जीव में भी इतनी ताकत कहाँ से आती होगी! तेरी काली-काली आँखें और घुँघराले बाल देखकर मुझे अहसास होता, मानो कोई परियों की रानी मेरे घर पर है।

पहली बार जब तेरी हथेली में मेरी उँगलियों को तूने अपनी उँगलियों से कसकर पकड़ा, तब मुझे लगा मानो स्वयं भगवान् ने मेरा हाथ पकड़ लिया है।

अपनी तुतलाती भाषा में गड़बड़-ऊटपटाँग करती आवाजें निकालती, तब दूसरों को उसमें न जाने क्या सुनाई पड़ता; परंतु मुझे तो हमेशा ऐसा लगता, मानो तू मेरे साथ ढेर सारी बातें कर रही है। मैं भी अपने पूरे दिन की बातें तेरे साथ इस तरह करता, मानो तू सब समझती हो। दफ्तर की बातें, मित्रों की बातें, कई बार तेरे लिए देखे सपनों की बातें तथा मैं तुझे क्या बनाना चाहता हूँ, वो सब भी तुझसे कहता और तू भी टकटकी लगाकर अपनी बड़ी-बड़ी आँखों से इस तरह मुझे देखती, मानो सब कुछ समझती हो। तेरे मुँह से निकलनेवाली आवाजें बंद हो जातीं। मेरी कोई गंभीर बात हो या मैं किसी बात पर अपसेट यानी परेशान होऊँ और तुझसे कहूँ तो तेरे चेहरे पर भी गंभीरता छा जाती, मानो तू सब समझती हो। इतना ही नहीं, कई बार तुझसे बात करते-करते अगर मैं हँस पड़ूँ तो तू भी लार टपकाती, बिना दाँतों के खाली मुँह की मुसकान दरशाकर मेरी बात में और मेरी

खुशी में शामिल हो जाती।

कभी भूख या किसी तकलीफ के कारण जब तू रोने लगती तो मेरी जान ऊपर-नीचे हो जाती। मेरी माँ और तेरी माँ दोनों ही मुझे समझातीं कि 'छोटा बच्चा तो थोड़ा-बहुत रोया ही करता है।' लेकिन जब तक तू चुप न हो जाए, तब तक मुझे शांति नहीं मिलती थी। छोटी-छोटी बातों में तेरे लिए मुझे चिंता हो जाती।

कभी जब तेरी तबीयत ठीक न हो और तू दूध बराबर न पिए तो मुझे लगता, मानो मैं ही भूखा रह गया हूँ।

तेरी माँ तो आज भी मेरा मजाक उड़ाती है और कहती है कि 'बेटी तो बहुतों को होती है, लेकिन आपकी तो सविशेष है।'

हाँ, तू सविशेष ही है।

तूने पहली बार जब मुझे 'पापपा' कहा तो मुझे लगा, खुद ईश्वर ने मुझे आवाज लगाई है।

तूने धरती पर पहली बार जब पाँव रखा और दो कदम चली, उस समय जो आनंद मुझे अनुभव हुआ था, उसे किसी भी तरह शब्दों में वर्णित करना असंभव है। तेरे दाँत आए, तूने पहली बार खुद 'बेबी चेयर' पर बैठकर खुद खाया।...

हालाँकि खाया कम, गिराया ज्यादा। वे सारे पल एक मूवी के रूप में आज भी मेरे पास संगृहीत हैं।

बेटा, तू बहुत ही भाग्यवान् है, जो आज के इस कम्युनिकेशन के आधुनिक युग में जनमी है। मुझे अगर अपने पिता का चेहरा याद करना हो तो आँखें बंद करनी पड़ेंगी या पुरानी अलबम टटोलनी पड़ेंगी।

लेकिन मेरे पास तेरा सारा जीता-जागता बचपन संगृहीत है। मैं जब भी चाहूँ, तुझे छोटी करके देख सकता हूँ।

मैं जब तेरे जितना था, तब टेलीविजन का विचार भी आश्चर्य भरा लगता था। जब मैं एस.एस.सी. में आया, तब पहली बार टी.वी. देखा था। तब भी किसी-किसी पड़ोसी के घर टी.वी. था। शुक्रवार को छाया गीत और रविवार को फिल्म देखने के लिए हम खिड़कियों में लटका करते थे, ये मुझे अभी भी याद है।

मुझे आज भी बचपन के वे खेल और दोस्त याद आते हैं। तुझे देखकर कभी फिर छोटा हो जाने का मन हो उठता है। मन हो उठता, तेरी इस अद्‌भुत दुनिया का एक भाग बन जाऊँ। परियों की बातें सुनते ही तेरे चेहरे पर जो आनंद व आश्चर्य होता है और राक्षस की कहानी सुनते ही जो भय तेरे चेहरे पर छा जाता है, कृष्ण की लीला सुनते ही तेरे चेहरे पर जो तूफान-सा चमक

उठता है, वो सब मेरी जिंदगी से कहीं खो गया है, इस बात का अफसोस कभी हो जाता है। तेरी उम्र की तेरी मासूमियत और तेरे आनंद से कभी-कभी ईर्ष्या भी हो उठती है।

लेकिन तू तो बड़ी होती जाती है, यह भी सत्य है। इसलिए शायद तू भी हमारी तरह धीरे-धीरे अपनी मासूमियत को दुनिया के चक्कर में खोने लगेगी।

शायद इसलिए आज से ही मैंने तुझे पत्र लिखना शुरू किया है। आज से शुरू कर जीवनपर्यंत जिऊँगा। तब तक तेरी वर्षगाँठ पर ऐसा एक पत्र तुझे अवश्य लिख रखूँगा, जिसमें थोड़ी स्मृतियाँ होंगी और थोड़ी सलाहें!

पिता हूँ न, तेरी चिंता भी रहती है। बार-बार टोकना मुझे अच्छा नहीं लगता, इसलिए हर सालगिरह पर तुझे मैं वो सब कह दूँगा, जो मुझे आनेवाले साल के लिए कहना होगा। मैंने अपने अनुभव से, अपनी जिंदगी से और अपने आस-पास की दुनिया से जो सीखा हूँ, वह सब तुझे दूँगा, शायद तेरे काम आएगा।

अब तू इतनी छोटी भी नहीं रही कि निरंतर हमेशा तुझे अपनी गोद में बाँधे रखूँ। आज तू घर के आँगन में है, कल तुझे इस विशाल दुनिया में पाँव रखना है। पिता की ये सारी बातें तुझे बहुत याद आएँगी, ऐसा मेरा विश्वास है। तेरी जिंदगी की छोटी-बड़ी समस्याओं में मेरे जीवन के ये अनुभव तेरे काम आएँगे।···

हाँ, इससे भी अधिक···जब मैं नहीं रहूँगा, तब तू जब इन पत्रों को पढ़ेगी, उस समय तेरी उम्र चाहे कितनी भी हो, तू एक बार फिर सात वर्ष की आस्था बन जाएगी।··· है न आनंद की बात?

तो यह तय हुआ कि अब से तेरे हर जन्मदिन पर तुझे ऐसा ही एक पत्र मिलता रहेगा। तेरे जन्मदिन का उपहार और पार्टी तो होगी ही।

ये तो पापा की तरफ से बोनस गिफ्ट है···

तुझे यह तोहफा पसंद आया, बेटा? मुझे जरूर बताना।

और हाँ, हैप्पी बर्थडे! मेरी सात वर्ष की गुड़िया···आई लव यू···

□

प्यारी आस्था, 8 वर्ष

आस्था बेटा,

आज तेरा आठवाँ जन्मदिन है। आठ वर्ष पूरे होकर नौवाँ वर्ष शुरू हो रहा है और तुझे पापा की तरफ से ये उपहार।

तू बाहर निकलकर देखेगी तो तेरी साइकिल बाहर खड़ी होगी। वह ठीक वैसी ही है जैसी तूने कही थी—

आगे टोकरीवाली, गुलाबी रंग की।

तेरे लिए साइकिल खरीदने गया, तब मैं साइकिलें देख रहा था और देखते-देखते मेरी नजर ट्रायसिकिल पर पड़ गई। तीन पहियोंवाली साइकिल देखकर मुझे तेरी याद आ गई। अभी कल की ही तो बात है, तू ट्रायसिकल चलाती थी और आज तेरे लिए दो पहियोंवाली साइकिल खरीदने गया।

समय कहाँ बीत जाता है आस्था? अभी कल तक मेरी बेटी रुक-रुक चलती कदम बढ़ाती थी और आज साइकिल पर सोसाइटी का चक्कर लगाती। उसे देखकर मुझे कितना आनंद होगा!

कल रात तुझे सोता हुआ देखकर मुझे अचानक एक विचार आया, 'क्या यह वही आस्था है, जो अभी चलती थी?' मुझे सचमुच आश्चर्य हुआ, 'जो मुझे देखते ही मुझे हाथ ऊँचा करके उठा लेने का आग्रह करती थी? आस्थु, मैं जब तुझे कविता गाती या पाठ पढ़ती देखता हूँ तो मुझे विचार आता है, 'क्या यह वही आस्था है, जो अभी कल ही तो पापा बोलना सीखी है। ...क्या यह वही आस्था है, जो पहली बार प्लेग्रुप में जाते हुए जोर-जोर से रोई थी?'

बाकी सारे बच्चे 'मम्मी' का नाम पुकारते हुए रोते थे और तू 'पापा' कहकर रोती थी।

तेरे साथ मेरा कोई अजीब बंधन है। उस उम्र में बच्चे माँ के साथ ज्यादा जुड़े होते हैं, लेकिन तू पहले से ही मेरे अधिक नजदीक थी। ऐसा कहकर मैं कभी-

कभी तेरी माँ को चिढ़ाता भी हूँ।

तुझे और एक बात कहूँ? तुझे स्कूल में छोड़कर जब हम बाहर निकले, तब गाड़ी में मैं भी रो पड़ा था। तेरी माँ की आँखें थोड़ी गीली थीं, लेकिन वह काफी संयत थी। वह समझती थी कि तू अब थोड़ी बड़ी हो गई है और तुझे स्कूल जाना ही था, लेकिन मुझे तो बस एक ही बात सुनाई पड़ती थी, वो ये कि "पापा, मुझे नहीं जाना है।" मुझे सचमुच रोना आ रहा था। आस्थु! तुझे एक बात कहूँ? उस सारा दिन में मुझे कुछ भी अच्छा नहीं लगा। दफ्तर में भी दो-तीन लोगों ने मुझसे पूछा, "पटेल साहब, क्या बात है?" उत्तर देते हुए मेरी आँखों में पानी आ गया था, "आज से मेरी आस्था स्कूल गई और वह रो रही थी।" कहते-कहते मैं सुबक उठा।

मेरे दो-तीन सहकार्यकर्ता—राजीव अंकल, मेहता चाचा और सुबोध अंकल ने कहा, "बच्चे तो स्कूल जाते हुए रोते ही हैं।" लेकिन मेरा मन मानता नहीं था।

आज भी उस दिन की तेरी आँखें याद करता हूँ तो छाती में कुछ हो जाता है।

तेरी माँ मुझे कई बार कहती है कि मैं तुझे जरूरत से ज्यादा लाड करता हूँ; परंतु आस्थु, मैं जो कुछ भी करता हूँ, मुझे तो कम ही लगता है। मुझे हमेशा ऐसा लगता रहता है कि मुझे तुझे और अधिक खुश रखना है; तुझे अधिक आनंद आए, ऐसा कुछ करना है; तेरे लिए दुनिया का सबकुछ श्रेष्ठ, बेस्ट ले आना है।

तुझे हमेशा हँसते हुए और खुश ही देखना है।

तेरी आँख में पानी आए, ऐसी कोई भी परिस्थिति मेरे लिए असहनीय है। मैं ये चाहता हूँ कि तुझे दुनिया का वह सारा सुख दे सकूँ, जो मेरे बस में है, क्षमता में है।

तुझे सच कहूँ, अभी भी मैं अगर घर आ जाऊँ और तू क्लास में गई हुई हो या बाहर खेल रही हो तो भी मुझे घर खाली लगता है।

अभी दो-तीन दिन पहले ही मयूर अंकल की बेटी के विवाह से घर लौटते समय तूने कहा था, "पापा, मैं कहीं नहीं जाने वाली हूँ। मेरी शादी मत करवाना।" वैसे तो उस समय मैं और तेरी मम्मी हँसे थे, परंतु सारी रात मुझे एक ही विचार आता रहा और वह था तेरी शादी का।

मुझे करवट बदलते, जागते हुए देखकर तेरी माँ ने दो-तीन बार मुझझे पूछा भी था, "क्या हो रहा है?"

परंतु, मैं क्या जवाब दूँ? आज से दस-पंद्रह साल बाद जो होने वाला है, उसकी चिंता में मैं आज रात को जाग रहा हूँ, अगर मैं ऐसा कहूँ तो तेरी माँ मेरा मजाक ही उड़ाएगी न। और तू ये तो जानती है कि मैं झूठ बोलता नहीं हूँ। मैंने

जवाब नहीं दिया, लेकिन तेरी माँ समझ तो गई थी। आखिरकार रात को दो बजे उसने मुझसे कहा, "आस्था अभी नौ साल की है। शादी करने में अभी कम-से-कम दस साल की देरी है। आज तो सो जाओ।"

लेकिन मुझे नींद नहीं आई।

आज तुझे इतनी लंबी, सोती हुई देखता हूँ तो लगता है, तू जरा जल्दी ही बड़ी हो गई। अभी तो मुझे तुझे गोद में खिलाना था, परी और राक्षस की कहानियाँ सुनानी थीं। विलियम टेल की कहानी सुनते समय तेरी आँखों में भय दिखाई देता था और अलादीन के जादुई चिराग की बात सुनते हुए तेरी आँखों में एक कुतूहल व रोमांच दिखाई देता था। अभी कुछ और समय तक ये परिस्थिति बनी रहतीं तो कितना अच्छा होता! अब तो तू स्कूल से आकर गणित के सवाल कर रही होती है या 'इंग्लिश रीडर' में से कोई कविता पढ़ रही होती है, तब मुझे लगता है कि मेरी वो नन्ही सी आस्था कहाँ खो गई है?

अभी आज भी रात को तू अपनी माँ के पास से सरककर मेरी तरफ आ मेरे गले में हाथ को लपेटती है तो मुझे मेरी जिंदगी सार्थक लगने लगती है— सार्थक अर्थात् सफल। किसी भी पिता को अपनी संतान में अपनी जिंदगी जीने का सुख प्राप्त होता है, मुझे भी मिलता है। सारा दिन भाग-दौड़ करती तू रात को घोड़े बेचकर सो जाती हैं, इसे देख तेरे बचपन से मुझे कभी-कभी ईर्ष्या होने लगती है। कभी भी रात को नींद में तू बड़बड़ाहट या कोई सपना देखकर जाग जाए तो मुझे तुझ पर जो प्यार आता है, वह तुझे अभी समझ में नहीं आएगा। तू 'पापा' नहीं है न, इसलिए।

आस्थु, आठ वर्ष की उम्र कोई छोटी उम्र नहीं है, तथापि तू बालिका तो कहलाएगी ही न! अभी तुझमें दुनियादारी की समझ नहीं है, फिर भी तुझे बहुत सी बातें समझ में आने लगी हैं, ये मैं देख सकता हूँ। जब तू मेरे साथ बड़ी-बड़ी बातें करती है तो मुझे तुझ पर बहुत प्यार आता है और साथ-ही-साथ यह भी समझ में आता है कि तू अब बहुत कुछ समझने लगी है।

किसी भी परिस्थिति में हमें हमारी समझ ही सहायता करती है। कोई कुछ भी कहे, हम सिर्फ इतना ही समझ सकते हैं, जितना समझना चाहते हैं। यह बात तुझे थोड़ी मुश्किल लगेगी, मैं इसे थोड़ा आसान करके समझाता हूँ।

मैं तुझे पढ़ने के लिए चाहे कितना ही समझाऊँ, परंतु अगर तू पढ़ना ही नहीं चाहती हो तो पढ़ेगी क्या? मैं तुझे धक्का मारकर भी बाहर खेलने के लिए भेजूँ और तू खड़ी रहे, खेले नहीं तो मैं क्या कर सकूँगा? माँ खाना बना सकती है, थाली परोस सकती है, हाथ से ग्रास बनाकर मेरे मुँह में रख सकती है; मगर चबाकर गले

से नीचे तो तुझे ही उतारना होगा न!

इसी तरह हम तुझे अच्छे और बुरे का अंतर समझा सकते हैं; लेकिन उसकी समझदारी तो तुझे ही परखनी है, जो तेरे अंदर धीरे-धीरे विकसित हो रही है और मुझे उसकी बहुत खुशी है।

आस्था, अब तुझे थोड़ा-थोड़ा समझ में आता है। तब एक बात कहनी है, 'सत्य' ये सबसे बड़ी वस्तु है।

'सत्य' का मतलब सिर्फ सच बोलना नहीं है; सच देखना, सत्य समझना और सत्य को स्वीकारना है।

ये बात भी तुझे थोड़ी मुश्किल लगेगी, इसलिए मैं थोड़ा आसान करके तुझे समझाता हूँ। जब-जब तुझे कोई कुछ भी कहे, उस बात को तब सीधे-सीधे स्वीकार करने के बजाय अपनी उम्र और समझ के अनुसार उसमें कितनी सच्चाई है, इसे खोजने का प्रयत्न करना। हर समय किसी की दी हुई सलाह या सूचना सच्ची ही हो, यह जरूरी नहीं है; लेकिन हर बार वह गलत हो, बेकार हो, यह भी जरूरी नहीं है। तू अपने मन से सवाल पूछना। जब-जब तेरे दिल में कोई सवाल उठे, तब-तब सच देखने व समझने का प्रयास करना। तेरी सहेली से शुरू कर तेरी दादी माँ तक कोई भी तेरे साथ खराब व्यवहार करे, गुस्सा करे, झगड़ा करे या उलटा-सीधा, चाहे जैसा बोले, तब उस व्यक्ति के बारे में कोई भिन्न राय कायम कर लेने की बजाय यह समझने का प्रयत्न करना कि उस व्यक्ति ने ऐसा व्यवहार क्यों किया? सत्य देखने का प्रयास करना, क्योंकि हमेशा जो दिखाई दे, वह सत्य नहीं भी हो सकता है।

जब भी तुझे किसी बात का जवाब देना हो, तब तेरा फायदा किसमें है, ये सोचने के स्थान पर तुझे सचमुच क्या करना चाहिए, इसका विचार करना। शायद तुझे झिड़कियाँ मिलें, सजा हो या सत्य बोलने के कारण उस क्षण नुकसान उठाना पड़े, ऐसा भी हो सकता है, तथापि मेरे अनुभव और अपने आप पर भरोसा रखना। झूठ या असत्य कुछ पल के लिए ही तुम्हारी मदद करता है, लेकिन सत्य बहुत दूर तक तुम्हारे साथ चलता है।

मैंने तुझे 'सत्य के प्रयोगों' में से कई कहानियाँ पढ़कर सुना दी हैं। चोरी जैसा गुनाह करनेवाले गांधीजी को उनके पिता ने माफ किया और उन्होंने तय कर लिया कि अब से वे कभी झूठ नहीं बोलेंगे। तत्पश्चात् उन्होंने जो कुछ भी किया, वह सब संसार के सामने ही है और सत्य को उन्होंने जहाँ पहुँचाया, उसे भी दुनिया ने देखा। अगर उन्होंने ऐसा नहीं किया होता तो वे सत्य को असत्य और असत्य

को सत्य करनेवाले एक वकील ही बनकर रह गए होते। लेकिन उन्होंने सत्य को देखा, सच को समझने का प्रयत्न किया और इसलिए वे राष्ट्रपिता बन सके। गांधीजी कहते हैं कि "जान की परवाह किए बिना भी सच की रक्षा करनी चाहिए।"

यह 'सत्य' क्या है, ऐसा प्रश्न अब तेरे मन में खड़ा हुआ होगा। मैं तुझे समझाता हूँ—सत्य अर्थात् सच, सच अर्थात् हमारी आत्मा, हमारा मन, अपनी बुद्धि जिसे मानती है वह।

सिर्फ सच बोलना ही सत्य नहीं है। सत्य अपनी सारी जीवन शैली का, व्यक्तित्व का भाग है, होना चाहिए।

हमें हमेशा अच्छे और बुरे के बीच में पसंद करना होता है। हर समय हमारे समक्ष दो रास्ते उपस्थित होते हैं। एक वह आसान रास्ता है, जो हमें कोई कठिनाई न हो, इस प्रकार आगे ले जाने का लालच देता है; परंतु वह थोड़ी दूर तक चलकर समाप्त हो जाता है। दूसरा रास्ता थोड़ा कठिन है, काँटे-कंकड़ोंवाला शायद कच्चा रास्ता है, जिसमें तकलीफ है; परंतु वह बहुत दूर तक जाता है और हमें अपने लक्ष्य तक पहुँचाता है।

चुनना तो सबको पड़ता है। अधिकतर हमें नुकसान पहुँचाए, ऐसी वस्तु हमें अधिक आकर्षक लगती है। उसमें हमारी अधिक रुचि होती है। पिज्जा, कोक, चीज़ और चॉकलेट अगर रोज खाएँ तो बेटा क्या होगा? इसी प्रकार कड़वी दवा तुझे पसंद नहीं है, परंतु उसके गुण कितने हैं!

जब तू बड़ी होगी, फिर जीवन में कई बार ऐसा भी होगा।

तुझे दो वस्तुओं के बीच किसी एक की पसंदगी करने की नौबत आएगी। एक वह वस्तु, जो तुझे बहुत पसंद होगी, जैसे कि तेरी खेल और दूसरी वह वस्तु होगी, जो तुझे ज्यादा पसंद नहीं होगी; लेकिन वह तेरे लिए जरूरी भी होगी, जैसे कि तेरा होमवर्क। तेरा काम और सिनेमा, घर का सादा भोजन और स्वादिष्ट लेकिन नुकसानदायक होटल का खाना। हर बार ये पसंदगी आसान नहीं होगी, ऐसा भी होगा। इसी प्रकार तुझे कई बार नापसंद वस्तु के साथ भी थोड़ा-बहुत समझौता करना पड़ेगा, जैसे कि टी.वी. देखना या माँ को मदद करना अथवा सहेली के साथ खेलते-खेलते माँ के लिए किसी वस्तु को लाने के लिए जाना पड़ेगा तो।

तुझे गुस्सा तो आएगा, तेरा खेल भी बिगड़ेगा, शायद तेरे टी.वी. का कार्यक्रम भी निकल जाएगा, पूरा हो चुकेगा; लेकिन उसके सामने माँ को जो धक्का खाना पड़ता, वो बच जाएगा। उसे थोड़ी मदद मिल जाएगी।

...तुझे बहुत अच्छा नहीं लगेगा, ऐसा भी हो सकता है; लेकिन सामने देख

तेरी माँ को अच्छा लगेगा। ऐसे समय में तू सोचना, सच देखने का प्रयत्न करना। तुझे जो दिखता है और जिसमें आनंद आता है, अभी जिसमें फायदा है, इतना ही मत देखना; बल्कि अधिक आवश्यक क्या है या सच क्या है, इसे समझने का प्रयत्न करना। हमेशा हमें अच्छा लगता है, वही सच है, ये जरूरी नहीं है—और जब सव समझेगी न, सच देखेगी, तब अपने आप तुझे सच बोलने का भी मन होगा।

और, सच बोलने से तुझे कोई फायदा होगा, लोग तुझे सम्मान देंगे, तू महान् बनेगी, ऐसा किसी भी प्रकार का लोभ-मोह मुझे तुझे देना नहीं है। तू सच बोलेगी न, तो सबसे पहले तुझे ही अच्छा लगेगा। तुझे अपने आप पर मान होगा। तुझे ऐसा लगेगा कि तूने अपने आपसे छल नहीं किया है और जब हम अपने आपके साथ सच्चे होते हैं न, तब अपने आप औरों को भी हमारी सच्चाई स्वीकारनी ही पड़ती है।

बेटा, सत्य जीवन का हिस्सा है। हमारी भाषा का नहीं, बातचीत का तो नहीं ही है।

जिंदगी में बहुत से निर्णय तुझे मेरी इसी बात पर विचार करके करने पड़ेंगे। तुझे इस बात का विश्वास है कि ऐसे समय में मेरी यह बात तुझे बहुत ही सहायक सिद्ध होगी।

आस्था बेटा, आज और एक महत्त्वपूर्ण बात तुझे कहनी है।

अब तेरे जीवन का एक ऐसा समय शुरू होगा, जिसमें तेरी शिक्षा तेरे लिए महत्त्वपूर्ण बन जाएगी। मैं इसे शिक्षा नहीं, अभ्यास-ज्ञान कहता हूँ। तेरे पास कितनी डिग्री है, इसकी अपेक्षा तू कितना जानती है, यह अधिक महत्त्वपूर्ण है, इस बात का हमेशा खयाल रखना।

शिक्षा अर्थात् तुम्हारी विद्या, ज्ञान, जानकारी, तुम्हारे पास उपलब्ध सूचना-जानकारी और उसका सही समय पर किया जानेवाला उपयोग।

समझी?

सिर्फ डिग्री व्यक्ति को कुछ देती नहीं है। बहुत सारी डिग्रियाँ प्राप्त करनेवाले इनसान भी जीवन में अधूरे रह जाते हैं, यह बात तुझे आज समझ में नहीं आएगी; लेकिन समय जैसे-जैसे बीतेगा, तुझे यह बात अवश्य समझ में आएगी—और मैं चाहता हूँ कि जब तू यह बात समझे, तब तुझे मेरी आज की ये बात याद आए।

आज के समय में एजुकेशन की—शिक्षा की बहुत ही कीमत है। हमारे जमाने में नहीं थी, ऐसा नहीं है। कीमत तो तब भी थी, लेकिन आज का समय अलग है।

अधिक टेक्नोलॉजी और तेजी से बढ़ती हुई दुनिया के साथ कदम मिलाना

आवश्यक हो गया है, नहीं तो दुनिया तुम्हें पीछे छोड़ देगी। समय बदल गया है। अब कॅरियर सिर्फ पुरुषों तक ही सीमित नहीं रह गया है, बेटी के लिए भी उसका कॅरियर उतना ही महत्त्वपूर्ण है।

मैं नौकरी की बात नहीं करता, पोजीशन, पद या तनख्वाह की बात नहीं करता। मैं कॅरियर और शिक्षा की बात करता हूँ। मेरे लिए यह महत्त्वपूर्ण है कि तू कौन है? तू क्या है, यह शायद औरों के लिए महत्त्वपूर्ण हो सकता है; परंतु तू अपने लिए क्या जानती है और उसका सही उपयोग क्या हो सकता है, इसका तुझे पता हो, बस इतना ही काफी है।

बेटा, तू लड़की है, इस बात से कोई फर्क नहीं पड़ता। मेरे लिए इस दुनिया में मुझे भी एक विशेष स्थान बनाना है। तेरा कॅरियर सिर्फ तेरा कॅरियर ही नहीं है, बल्कि मेरा भी सपना है। मैं तुझे सफल देखना चाहता हूँ—सिर्फ कॅरियर में ही नहीं, जीवन में भी और जीवन में सफल होना अर्थात् सबसे पहले एक अच्छा व्यक्ति होना-बनना है।

लोग तुम्हें चाहें, ऐसा बनना।

औरों की मदद करना।

सबके लिए हृदय में अच्छी भावना रखना और समय आए, तब उसे अभिव्यक्त करना...जो अच्छी तरह से व्यक्त कर सके, वही अच्छा व्यक्ति कहलाता है।

एक अच्छी माँ, एक अच्छी पत्नी और एक अच्छे व्यक्ति के रूप में मैं तुम्हें देखना चाहता हूँ और यह सब करने में तुझे सहायता मिल सके, इसलिए ही तुझे यह पत्र लिख रहा हूँ।

तुझे जरूरी शिक्षा तो तेरे अच्छे स्कूल से मिल ही रही है। हर कक्षा में तुझे जो अभ्यास करना होता है, वह शिक्षा तो तुझे मिल ही रही है। शिक्षा देने के लिए सिर्फ पैसे की ही जरूरत नहीं होती बेटा, वह व्यवस्था तो तेरे जन्म से पहले ही मैंने कर डाली है। तू जो पढ़ना चाहती है, जो बनना चाहती है, उसके लिए जरूरी पैसे की व्यवस्था तो मैं करता ही आया हूँ और करता रहूँगा। मुझे उसकी कोई चिंता भी नहीं है।

अगर तू शिक्षा के लिए एडमिशन योग्य होगी तो पैसे के अभाव में तेरी शिक्षा नहीं रुकेगी, इतनी व्यवस्था तो मैंने की ही है।

बेटा, तू ये बात तो जानती ही है कि अपने पास कोई बाप-दादा की हिस्से में मिली धन-संपत्ति, मिलकियत तो है नहीं। मैं इंजीनियर बना, फिर एम.बी.ए. किया और बाद में अपनी मेहनत से ही मैं आगे आया हूँ।

तू देखती है कि तेरी माँ भी काम करती है। काम अर्थात् सिर्फ घर का काम ही नहीं, वह भी अपने दफ्तर में जाती है और ऑफिस के साथ-साथ घर को भी अच्छी तरह से मैनेज करती है। तेरी अधिकांश जिम्मेदारी तो तेरी माँ ही सँभालती है। तुझे स्कूल समय पर छोड़ना, वापस लाना, बाहर से लानेवाली वस्तुओं को लाना और अगर मेहमान आते हैं तो उनका खयाल, सेवा-व्यवस्था करना—ये सब लगभग तेरी माँ अकेले ही करती है और करती ही नहीं, बहुत सुंदर ढंग से करती है।

मैं ये चाहता हूँ कि तू भी अपनी जिंदगी में ये सब बहुत अच्छी तरह से मैनेज करे। तुझे किसी परेशानी का सामना करना पड़े, ऐसा होगा तो नहीं, परंतु आनेवाली परेशानियों में से तू आसानी से बाहर आ सके, मैं तुझे ये सब समझा देना चाहता हूँ, और शायद इसीलिए जिंदगी के अपने अनुभवों के आधार पर मैं तुझे ये पत्र लिख रहा हूँ।

तू कई बार देखती होगी, मैं तेरी माँ की मदद करता हूँ। मैं उसकी मदद इसलिए करता हूँ कि उसकी तरह सब काम अच्छी तरह से नहीं कर सकता—इसलिए मुझसे जो हो सके, वो करता हूँ, ताकि उसका काम थोड़ा बँट सके, कम हो सके। कभी-कभी रविवार को खाना बनाकर तुम सब लोगों को खिलाता हूँ। उस वक्त तेरी माँ के चेहरे पर जो सुख और आनंद देखता हूँ, मुझे सचमुच उसे आराम दे पाने के सुख का संतोष अनुभव होता है।

आरंभ में तेरी दादी को ये बात अच्छी नहीं लगती थी। तू तो जानती है, वे पुराने विचारों की हैं, इसलिए वे मुझसे कहतीं, "ये क्या कर रहा है तू? औरतों का काम औरतों को ही करना होता है।"

लेकिन बाद में मैंने उन्हें समझाया, "अगर उसकी तनख्वाह के पैसे घर में खर्च होते हैं तो घर के लोगों को भी उसके काम में हाथ बँटाना चाहिए।"

अगर वो कमाती न भी होती तो भी शायद मैं उसकी मदद करता।

मैं शुरू से ऐसा मानता हूँ और तुम्हें भी यह समझाना चाहता हूँ कि दुनिया में कोई काम छोटा नहीं होता। जिस तरह घर सबका है, उसी तरह काम भी बाँट लेना चाहिए।

अगर नौकरी में, कॅरियर में या दुनिया की किसी बात में स्त्री और पुरुष का अंतर न रहा होता तो अब तक हमारे देश में घर के काम में ऐसे अंतर क्यों हैं, ये मुझे समझ में नहीं आता; परंतु हाँ, हमारे घर में कोई अंतर न रहे, ऐसा प्रयत्न मैं करता हूँ और इसके बाद तू भी घर के छोटे-बड़े काम में मदद करके अपनी माँ के काम के बोझ को थोड़ा कम करेगी तो मुझे जरूर अच्छा लगेगा।

एक बार तूने मुझसे पूछा था, "मेरी सहेलियों के पिता तो कभी रसोई में सहायता नहीं करते हैं; आप क्यों करते हैं?" आज तुझे अपने इस प्रश्न का उत्तर मिल गया होगा।

बेटा, सच्चा जीवन अर्थात् सबको समझकर, सबको स्वीकार करके जीना।

कई बार जब मैं क्रोध भी करता हूँ और तेरी माँ चुप रहती है, उसी तरह जब तेरी माँ गुस्से में होती है तो चुप रहना मेरा भी फर्ज बनता है।

इसमें भी स्त्री-पुरुष जैसा कोई भेद नहीं होना चाहिए। मैं अगर उससे आशा रखता हूँ कि वह मुझे समझे भी, लेकिन उसके मन की स्थिति मुझे भी समझनी ही चाहिए। सारे दिन की थको होने के कारण कभी वह अपना धीरज खो बैठती है और बिल्कुल बेकार की बातों पर गुस्सा करे। तो भी उसकी बात सुन लेना ही समझदारी कहलाएगी कमजोरी नहीं।

जीवन में साथ जीने के लिए सच्चा जीना बहुत जरूरी है। जैसे मैंने कहा—सभी हमें अच्छा लगे, हमें जो चाहिए, वही मिलता नहीं है। इसलिए जो मिलता है, उसे स्वीकार करके आनंद से जीवन जीना सीखना चाहिए।

मुझे लगता है, इस वर्षगाँठ पर मैंने तुझे कुछ ज्यादा ही बड़ा डोज दे दिया है, इसलिए तुझे तोहफा भी जरा बड़ा देने वाला हूँ। गरमियों में हम गोआ गए थे, तब तूने मुझसे कैमरा माँगा था। आज मैं कैमरा देता हूँ और वह भी डिजिटल।

इस कैमरे से तू अपनी आँखों से देख सकेगी। जीवन की ढेर सारी खुशी, आनंद के प्रसंगों को कमरे में फ्रीज कर सकेगी। कुछ ऐसे दृश्य, जो तूने देखे हैं, उन्हें मन में संगृहीत करने की बजाय अब तू उन्हें कैमरे में कैद कर सकेगी।

जब चाहे, तब फिर से उन्हें निहार सकेगी।

जिंदगी के पलों को फ्रीज कर देने के लिए इससे अच्छा और कौन सा साधन हो सकता है?

आई विश, कि मैं तुझे भी फ्रीज कर दूँ, तुझे बड़ी होने ही न दूँ।

लेकिन ऐसा होगा नहीं।

अगले साल तेरा नौवाँ जन्मदिन आएगा और मैं तुझे फिर एक पत्र लिखूँगा।

हैप्पी बर्थडे टू यू···

□

प्यारी आस्था, 9 वर्ष

आस्था,

अभी मेरे हाथ में तेरे द्वारा खींची हुई मेरी तसवीर है।

ये फोटो देखता हूँ तो मुझे समझ में आता है कि मेरा चेहरा बदल-सा गया है, मुझमें बदलाव आ गया है।

पिछले साल मैं जैसा दिखता था, उससे इस साल अलग दिखता हूँ। मेरे बाल थोड़े-थोड़े गिरने लगे हैं। मूँछों में थोड़े सफेद बाल आ गए हैं। कान के पास भी बालों का रंग थोड़ा बदल-सा गया है।

जैसे मैं अपनी तसवीर देखता हूँ, वैसे ही तेरी तसवीर भी देखता हूँ। तुझे हाथ में उठाकर खिंचवाई गई तसवीर। यह तसवीर, जिसमें मुश्किल से तू डेढ़ फीट की होगी और आज तुझे अपनी छाती तक लंबी देखता हूँ तो इस बात का और ही आनंद आता है कि समय मनुष्य को कितना और किस प्रकार से बदल देता है, ये भी ईश्वर का कमाल है!

कुदरत अद्‌भुत वस्तु है, बेटा! बच्चा अपने आप बड़ा होता है, उसका मन-मगज काम करने लगता है। इसी प्रकार इनसान बूढ़ा भी होता है, उसका चेहरा-मोहरा बदल जाता है। प्रकृति ने भी अद्‌भुत रहस्यों का सर्जन किया है। छोटे-से-छोटे जीव से आरंभ करके विराट कायावाले हाथी और हिप्पो जैसे जीव छोटे-से-छोटे घास के तिनके से आरंभ करे और अपनी ही जटाओं में से नवांकुर पैदा करनेवाले बड़ के विशाल पेड़…

कितने ही जलचर, आकाश में उड़ते पक्षी और उन सबसे ऊपर सबसे अलग है मनुष्य।

मानव के शरीर में से ही जन्म लेता दूसरा ऐसा मानव।

धीरे-धीरे बड़ा होता, बूढ़ा होता मानव।

तेरा जन्म हुआ, तब से तेरी तसवीर के साथ अपनी तुलना करता हूँ तो

दिखता है कि मेरे चेहरे पर थोड़ी-थोड़ी झुर्रियाँ भी हैं।

तू कितनी बड़ी हो गई है! तुझे लगेगा कि पिताजी हर पत्र में एक बार तो लिखते ही हैं। परंतु हाँ, तुझे विकसित होते देखना, बड़ी होते देखना, ये मेरी जिंदगी का सबसे बड़ा आनंद है और सबसे बड़ा दु:ख भी।

दु:ख इसलिए कि तू बड़ी होगी, तेरी दिशा में ही चली जाएगी—और मैं तुझे मिस करता रहूँगा।

परंतु मैं ये भी जानता हूँ कि इस परिस्थिति को रोका भी नहीं जा सकता। एक ही वस्तु ऐसी है, जिस पर मनुष्य का नियंत्रण नहीं है और वो है समय। एक शरीर का अंग दूसरे शरीर में फिट करना तो वह सीख गया, एक शरीर से खून लेकर दूसरे शरीर को जीवनदान देना तो हो गया—चंद्रमा पर पहुँच गया, मंगल पर जाकर आ गया। छोटे-से-छोटे जीव से आरंभ करें तो कोसमोस तक हर तरह की जानकारी मनुष्य प्राप्त कर चुका है; फिर भी घड़ी को आगे चलने से रोकना उसके हाथ में नहीं है। समय के अनुसार बड़े होते बालक या बूढ़े होते मानव को किसी भी प्रकार से रोका नहीं जा सकता।

इसलिए, आज के इस पत्र में तुझे एक महत्त्वपूर्ण बात कहने का मन हो रहा है। जब ये दोनों तसवीरें देखीं, तब समझ में आया कि समय रुकता नहीं है। नदी के पानी की तरह एक बार जो पानी आगे बढ़ा तो फिर वह पीछे नहीं लौटता। इसी प्रकार हर मिनट, हर सेकंड नए पानी को छूते हैं।

पलों का भी ऐसा ही है। तुम हर पल एक नई जिंदगी जीते हो। इसलिए बीते पल का विचार करने की बजाय इस क्षण के बारे में विचार करना अधिक महत्त्वपूर्ण है।

जो बीत जाता है, वह बीत ही जाता है। मैं चाहे कितना भी चाहूँ कि तुम्हें फिर से छोटी बना दूँ, पर वह हो नहीं सकता।

मेरे पास तेरी मूवी है, जिसे देखकर मैं तेरा बचपन याद कर सकता हूँ, उसकी जुगाली कर सकता है, फिर से एक बार उसका अनुभव कर सकता हूँ; लेकिन तुझे छोटी तो बना ही नहीं सकता।

तुझे समझ में आया, मैंने क्या कहा? जो बात हो चुकी हो या जो गलती हो जाए या जो मिनट बीत जाए, उसके बारे में सोचने की बजाय आनेवाले समय में क्या हो सकता है, इस बात पर विचार करना चाहिए।

जब समय बीत रहा हो, तभी उसका श्रेष्ठ उपयोग कर लेना चाहिए। बेटा,

शास्त्रों में ऐसा कहा जाता है कि चौरासी लाख योनियों के बाद मानव का शरीर प्राप्त होता है। हम सब इस बात को शास्त्रों की बात या मायथोलॉजी की बात कहकर मजाक उड़ा देते हैं। मानव का जीवन सचमुच महत्त्वपूर्ण है, ये बात हमें अपने आस-पास दिखाई पड़ती दुनिया को देखकर समझ में आती है। कुत्ते, बिल्लियाँ, कीड़े-मकोड़े, वृक्ष या मछली की अपेक्षा मानव का अवतार महत्त्वपूर्ण है। हमारे पास बुद्धि है, सोचने-विचारने की शक्ति है, भाषा है, विज्ञान है और इसके आधार पर ही नई-नई खोजें होती हैं।

हमारे पास जीने के लिए कितना सबकुछ है! हम अपनी भावनाएँ, प्यार, गुस्सा, प्रेम आदि की शब्दों में अभिव्यक्ति कर सकते हैं, हँस सकते हैं, रो सकते हैं, लिख-पढ़ सकते हैं। हमारे पास हजारों वर्षों का इतिहास है, आनेवाले दिनों की टेक्नोलॉजी भी है। हमारे पास प्लेन है, रॉकेट है, पानी पर चलते जहाज हैं और पानी के अंदर चलते सबमैरीन हैं।

विश्व भर के समाचार हमारे ड्राइंग रूम में आते हैं। इंटरनेट पर सारी दुनिया के साथ एक ही पल में संपर्क किया जा सकता है। जब मैं गूगल पर तुझे कुछ ढूँढ़ते हुए देखता हूँ, तब मुझे आश्चर्य भी होता है और आनंद भी महसूस होता है।

मानव दिन-प्रतिदिन अपने जीवन को और अधिक सुविधाजनक बनाने में मग्न है। परंतु बेटा, तुझे क्या सचमुच लगता है कि सुविधाओं से ही जीवन सुखद अच्छा बन सकता है?

तुझे जो चाहिए, मैं तुझे वो वस्तु ला देता हूँ। लेकिन तुझे बाहर न ले जाऊँ, होमवर्क न कराऊँ, तेरे साथ समय व्यतीत न करूँ, तुझे प्यार न करूँ तो बता, चलेगा?

मुझे मालूम है, तुझे ये बात जरा पसंद नहीं आएगी। नहीं चलेगा। अरे, तुझे क्या मुझे भी नहीं चलेगा। इसीलिए हमें अपनी जिंदगी और अधिक अच्छी बनाने का प्रयत्न करना चाहिए। अच्छी अर्थात् क्या?

अच्छी जिंदगी अर्थात् जिसमें एक-दूसरे के प्रति भावनाएँ हों, प्यार हो, चिंता हो, फरियादें कम हों और संतोष अधिक हो। जो नहीं है, उसका अफसोस न हो और जो है, उसका अधिक आनंद न हो।

इस दुनिया में ऐसे कितने ही बच्चे हैं, जिन्हें दो वक्त का खाना नहीं मिलता है। स्कूल जाने का सपना भी जिनके लिए महँगा है। जिन्हें तेरी या तेरे से भी छोटी उम्र में काम करना पड़ता है। उनके पास खिलौने तो होते ही नहीं हैं, बल्कि उन्हें खिलौने बनानेवाली फैक्टरी में काम करना पड़ता है; पटाखे चलाने के लिए तो पैसे नहीं होते, लेकिन पटाखे की फैक्टरी में काम करना पड़ता है। अगर तुम उनके बारे

में सोचोगी तो तुम्हें समझ में आएगा कि तुम्हारे पास कितना कुछ है!

बाल मजदूरी गुनाह है, फिर भी तू देखती है कि चाय के गल्ले पर, सिग्नल पर या किसी और स्थान पर तेरी उम्र या तेरे से भी छोटी उम्र के बच्चे काम करते हैं, भीख माँगते हैं।

उन लोगों को देखकर हमें हमेशा ईश्वर का शुक्रिया अदा करना चाहिए कि उसने हमें एक संपन्न घर में सुख-सुविधाओं के साथ जीने का अवसर प्रदान किया है।

हर समय सिर्फ सुविधाएँ या वस्तु ही आनंद प्रदान करती हो, ऐसा नहीं होता है। हाँ, सुविधाओं से एक प्रकार की थोड़ी राहत का अनुभव होता है, ये बात तय है। बाहर स्ट्रीट लाइट के प्रकाश में जो पढ़ा जाता है, उसकी अपेक्षा घर की ट्यूब लाइट के नीचे अधिक सफाई से पढ़ा जा सकता है। टेबल पर बैठकर अक्षर अधिक अच्छे लिखे जाते हैं। अच्छे स्कूल में, अच्छी लाइब्रेरी के साथ-साथ अच्छे शिक्षकों से पढ़ना भी अधिक अच्छा है; लेकिन बारिश में तू, तेरी माँ और मैं भीगने जाते हैं, तब एक भी पैसे का खर्च किए बिना जो आनंद हमें मिलता है, क्या वह किसी और तरह से हमें मिल सकता है?

कितने भी पैसे खर्च करके मँगाई गई नर्स जब तेरे माथे पर हाथ फिराए और मैं या तेरी माँ तुझे गोद में लेकर तुझे दवा पिलाएँ, उसमें जो अंतर छिपा है, वह अंतर तो रहने ही वाला है न!

कंप्यूटर पर पंचतंत्र की कहानियाँ या हनुमान का एनीमेशन देखकर तुझे आनंद आता है, ये बात सत्य है; लेकिन दादी के पास लेटकर कहानी सुनने का जो आनंद है, वो तो जुदा ही है न!

जब तू बीमार होती है, तब तेरी माँ और मैं तेरे साथ ताश खेलते हैं, स्पेलोफन खेलते हैं। तब जो आनंद तुझे मिलता है, वह तेरे लिए चाहे कितनी भी महँगी गेम ला दें और हम वहाँ से चले जाएँ, तो क्या तुझे वह आनंद मिलेगा?

सुविधाएँ आवश्यक हैं, लेकिन अनिवार्य नहीं हैं।

और इस दुनिया का कोई भी सुख सिर्फ सुविधा से नहीं मिलता है। हम इनसान हैं, समाज में सबके साथ जीते हैं, इसलिए हमें अलग प्रकार की भावनाएँ, स्नेह या प्रेम की जरूरत है, यह तय है। सिर्फ सुविधाओं को सुख मानकर उनके पीछे दौड़नेवाला मनुष्य आखिर में थक जाता है। उसे समझ में आता है कि जो उसे प्राप्त हुआ, वह सुविधाएँ थीं, प्यार नहीं था।

तुझे एक बात कहूँ, बेटा! जब से ये सुविधाएँ आई हैं, तभी से मुश्किलें भी आई

हैं, बढ़ी हैं। सुविधाओं के पीछे भागते मानव के मन और शरीर में रोग भी बढ़े हैं।

ये बात तुझे शायद अभी समझ में नहीं आएगी, लेकिन मैं तुझे बताता हूँ कि हम जब छोटे थे, तब कई बीमारियों के तो नाम तक हमने नहीं सुने थे। ये कैंसर, एड्स से शुरू करें तो चिकनगुनिया या डेंगू जैसी बीमारियाँ सुविधाओं के साथ-साथ बढ़ती गई हैं।

जैसे-जैसे मनुष्य ने प्रकृति से आगे जाकर दवाइयों की खोज की है, वैसे-वैसे कुदरत ने भी एक कदम आगे बढ़कर नए-नए रोग पैदा किए हैं। अधिक सुविधाओं ने मनुष्य को और अधिक आलसी बना दिया है। जैसे-जैसे वह मेहनत कम करता गया, वैसे-वैसे व्यक्ति के रोग बढ़ते गए।

हकीकत तो ये है कि शुद्ध हवा, ताजा व पौष्टिक आहार और शारीरिक श्रम तथा अच्छा व्यवहार व्यक्ति को स्वस्थ रखता है। मनुष्य को अधिक सुख-सुविधाओं के स्थान पर रिश्तों पर अधिक ध्यान देना चाहिए।

चाहे कितनी भी सुविधाएँ हों, लेकिन व्यक्ति अकेला रहता हो तो उसे कितना आनंद मिलता होगा? तेरे पास बहुत से खिलौने हों, बहुत बड़ा घर हो; लेकिन खेलने के लिए मित्र न हों तो क्या तुझे अच्छा लगेगा?

इसी तरह सुविधा से काम आसान हो जाता है, लेकिन उसमें प्रेम या भावना मिल नहीं सकते।

हम अब मिक्सर में चटनी बनाते हैं; लेकिन तूने ही एक दिन कहा था कि दादी ने पत्थर पर पीसकर जो चटनी बनाई थी, उसका स्वाद मिक्सर से बनी चटनी की अपेक्षा अलग ही था।''' क्योंकि उसमें दादी की मेहनत थी। हमने खाना बनाने के लिए महाराज रखा था, तब तुम ये कहती थीं कि माँ जैसा खाना बनाती हैं, वैसा खाना नहीं बनता है। ऐसा क्यों? क्योंकि माँ की रसोई में स्नेह होता है, हम सबके लिए खयाल होता है। हम सबके स्वाद को वह पहचानती है। एक परखने की समझ उसमें है, जो पैसा लेकर काम करनेवाले व्यक्ति में न हो, ये स्वाभाविक है। यही नहीं, ये भी हो सकता है कि उसके पास उतना समय भी न हो कि वह इन छोटी-छोटी बातों पर ध्यान दे और भावनापूर्वक घर के एक-एक व्यक्ति की तरह काम करे।

और इसीलिए तो आज तुझे जो कहना है, वह समय के बारे में तथा मानव के मानव के साथ के संबंध के बारे में कहना है।

हर बात का आधार समय पर निर्भर करता है। तुम बीज बोते हो तो तुरंत उसमें से वृक्ष नहीं बनेगा। इतना ही नहीं, एक बार बीज बो देने के बाद वह वृक्ष तो बनेगा ही, लेकिन उसका आकार, उसका कद आप कहो वैसा और उतना ही

हो, ये संभव नहीं है। वृक्ष के विकास के बारे में तुम पहले से ही अंदाजा नहीं लगा सकते, कुछ कह नहीं सकते। इसी प्रकार, रिश्तों का सारा आधार भी समय पर ही निर्भर करता है। तुम्हें कोई भी संबंध विकसित करना हो, उसे मजबूत बनाना हो तो समय देना ही पड़ता है। जो संबंध बँधते-बँधते बरसों बीत जाते हैं, उन संबंधों को टूटने में कुछ पल भी नहीं लगते।

इसी तरह दुनिया में किसी भी संबंध को फलने-फूलने, मजबूत और परिपक्व होने में समय लगता है और समय देना ही पड़ता है। आप जिस दिन बीज बोते हैं, उसी दिन पेड़ नहीं बन जाता है। उसका इंतजार करना पड़ता है। उसे सही सूर्य प्रकाश और गरमी देनी पड़ती है, पानी से सींचना पड़ता है; कभी-कभी तो खाद भी डालनी पड़ती है। इतना ही नहीं, कभी-कभी इधर-उधर घूमते प्राणियों से बचाने के लिए उसके आस-पास बाड़ भी लगानी पड़ती है।

इसी तरह जब तू बड़ी होगी न, तब तुझे स्नेह का पानी, अनुशासन और शिक्षा की धूप तो कभी सजा का अर्क भी देना पड़ेगा, समझदारी की खाद भी डालनी पड़ेगी। दुनिया में प्रचलित बुराइयों से बचाने के लिए तेरे आस-पास नियमों रूपी बाड़ भी बाँधनी पड़ती है। तभी तेरा सच्चा और सही पालन-पोषण हो सकता है।

तुझे कभी ऐसा भी लगेगा कि हमने तुझ पर कुछ ज्यादा ही अनुशासन लाद दिया है। कभी तुझे किसी गलत बात पर हम सजा भी देते हैं, ऐसा तुझे लग सकता है, अथवा कभी ऐसा भी हो सकता है कि तुझे जो करना है, वो हम न करने दें और तुझे नियमों की बाड़ में बाँधते हैं। लेकिन बेटा, हम पर विश्वास रखना, ये सबकुछ तेरी भलाई के लिए ही है। इस दुनिया में तू अच्छी तरह विकसित हो सके, तेरी जड़ें मजबूत हो जाएँ, हालात की आँधी या परिस्थितियों के तूफान तुझे हिला न दें बस, यही हमारा प्रयत्न है।

तुझ पर खिलनेवाले फल—जैसे कि तेरा कॅरियर, तेरे भविष्य के संबंध मीठे और रसदार फल बनकर उगें, इतना तो हम चाहेंगे न?

मेरी बेटी, ऐसा कहा जाता है कि जैसे-जैसे वृक्षों पर फल आते हैं, वैसे-वैसे वे वृक्ष झुकने लगते हैं। तू जैसे-जैसे सफलता प्राप्त करती जाए और जीवन में आगे बढ़ती जाए, वैसे-वैसे तू भी झुकती जाना, विनम्र होती जाना—और ये सब स्वाभाविक रूप में ही करना, क्योंकि ऊपरी दिखावे से किए हुए काम लंबे समय तक नहीं चलते।

नम्रता यानी विनम्र होना—तू इसे अपना स्वभाव बना लेना। कभी भी किसी की मदद करने के लिए हाथ बढ़ाते समय ये कभी मत सोचना कि इससे मुझे क्या

मिलेगा! तू सत्य बोले या अच्छा व्यवहार करे तो सामनेवाला व्यक्ति भी तेरे साथ ऐसा ही व्यवहार करेगा अथवा तेरी उस अच्छाई का तुझे तुरंत बदला देगा, ऐसा मानकर कुछ मत करना।

तू करती है, वो इसलिए कि तुझे करना है। कोई कहता है, इसलिए—कोई देखता है, इसलिए—कोई तेरे इस व्यवहार से तेरे बारे में निर्णय लेगा, इसलिए या इसका तुझे बदला मिलेगा, इसलिए काम मत करना।

और हाँ—विनम्र अर्थात् कमजोर नहीं, अच्छी अर्थात् मूर्ख नहीं, भली अर्थात् बेवकूफ नहीं, सच्ची अर्थात् अविवेकी, असभ्य नहीं।

सत्य तो कहना ही है, सत्य में जीना और सत्यनिष्ठ ही रहना, लेकिन विनम्रता को छोड़ना नहीं। सत्य को देखना, लेकिन विम्रनता के चश्मे को पहनकर सत्य को जीना ही, लेकिन विनम्रता की चाशनी में डुबोकर।

बेटा, शब्द और समय वापस लौट नहीं सकते। इसलिए समय व्यतीत करो तो उसे समझकर ही व्यतीत करो और जिस शब्द का प्रयोग करो, उसे समझकर ही करना।

वाणी और पानी दोनों ही बहुत कीमती हैं और प्रकृति ने अपनी सौगात के रूप में हमें दिए हैं। दोनों का ध्यानपूर्वक उपयोग करना चाहिए, क्योंकि दोनों की कीमत जीवन के लिए बहुत बड़ी है।

अब तू नौ साल की है, समय की कीमत समझ सकती है। अगर समय पर तैयार नहीं होगी तो बस छूट जाएगी। समय पर होमवर्क नहीं करेगी तो दूसरे दिन दो गुना होमवर्क करना पड़ेगा और स्कूल में डाँट पड़ेगी, सो अलग। समय से अगर पढ़ेगी नहीं तो परीक्षा के समय टेंशन हो जाएगा।··· इस सबका अनुभव तू कर चुकी है, इसीलिए तो तुझे ये बात लिख रहा हूँ।

तू अपने रिश्तों और समय को मान देना, सँभालना। तभी समय और संबंध तुझे सँभाले रहेंगे। वे तुझे सँभालेंगे या तुझे कुछ रिटर्न में मिलेगा, ऐसी आशा से कुछ मत करना। हाँ, तुझे तो इसलिए करना है, क्योंकि ये तेरा फर्ज है, एक व्यक्ति के रूप में। रिटर्न तो अपने आप मिलेगा और शायद न भी मिले तो भी इस बारे में दु:खी हुए बिना नए सिरे से विचार करने का प्रयत्न करना और आगे बढ़ जाना।

बीज डाले, खाद डाली और समय पर पानी भी डाला, फिर भी सभी बीजों में से अंकुर फूटेंगे ही, ये जरूरी नहीं है। कभी किसी बीज में से अंकुर नहीं फूटता है, ऐसा भी हो सकता है। तब उसे उसी तरह छोड़कर नए बीज रोपने चाहिए।

थक-हारकर किसी संबंध पर उसे छोड़ देने का निशान नहीं लगाना चाहिए,

क्योंकि एक जगह निराशा मिलने का अर्थ ये नहीं है कि सब जगह निराशा ही मिलेगी।

ये बात इस समय तुझे थोड़ी मुश्किल लगेगी, लेकिन जैसे-जैसे तू जीवन जीने लगेगी, वैसे-वैसे कदम-कदम पर तुझे ये बात सच्ची लगने लगेगी।

किसी भी व्यक्ति के लिए उसके रिश्ते बहुत ही महत्त्वपूर्ण होते हैं। जैसे तेरे लिए माँ, पापा, मित्र, दादा-दादी, मामा-मामी महत्त्वपूर्ण हैं, हमारे लिए जैसे तू महत्त्वपूर्ण है। इसी तरह रिश्ते भी व्यक्ति को जीने का संबल देते हैं। तू सी-सो खेलती है न?

उस खेल में आमने-सामने बैठे हुए खिलाड़ी अपने वजन से सामनेवाले खिलाड़ी को ऊपर ले जाते हैं और सामने बैठे हुए व्यक्ति फिर एक बार अपने वजन से इस तरफ बैठे हुए व्यक्ति को ऊपर ले जाते हैं। इसी तरह रिश्ते भी आमने-सामने समझदारी से किए जानेवाले बैलेंसिंग ही हैं।

समय भी एक प्रकार का मैनेजमेंट या बैलेंसिंग ही है।

समय और रिश्ते भी एक तरह की इन्वेस्टमेंट हैं; जैसे एल.आई.सी. में या बैंक में मैं पैसे जमा कराता हूँ, जिसका मुझे ब्याज मिलता है। इस बात का अभ्यास तू गणित में कर चुकी है।

उस दिन रक्षाबंधन के दिन तुझे जो पैसे मिले, उन्हें तूने फिक्स डिपॉजिट में रखने की बात कही थी। तब तुझे समझ में आया था कि अब, 'सँभालकर रखने से वे बढ़ेंगे' ये बात तू समझती है। कुछ भी जब दुगुना-तिगुना करना होता है, तब योग्य समय की राह देखनी पड़ती है। आज रखे गए पैसे कल दुगुने हो जाएँगे, ऐसा नहीं होता।

इसी तरह रिश्तों में भी रिटर्न लेने के लिए इंतजार करना पड़ता है। वह समय दो महीने का हो सकता है, दो साल या बीस साल का भी हो सकता है। अगर तुम उसे सँभाल सको और सही समय का इंतजार कर सको तो रिश्ता तुम्हें रिटर्न देता ही है। आज तेरे मम्मी-पापा तुझे जो स्नेह और समय देते हैं, वही समय और प्यार जब हम बूढ़े होंगे, तब तू हमें देगी न? आज मैं तुझे जो सिखा रहा हूँ, वह तू अपनी संतानों को सिखाएगी न?

रिटर्न की अपेक्षा से मैं कुछ भी नहीं करता और तू भी कुछ करे, ऐसी आशा नहीं रखता हूँ।

तू जो भी सीखे, उसे आगे बढ़ाए, ऐसी इच्छा जरूर है। यह पिरसा है प्रेम और व्यक्तित्व का।

तू हमारे व्यक्तित्व में से कुछ सीखे और हमारा स्नेह जीवन भर तुझे बल देता

रहे, इतना ही इस पत्र का हेतु है।

बेटा, नौ का अंक पूर्णांक कहलाता है। नौ अर्थात् अंतिम अंक। नौ से अंकों की हारमाला पूर्ण हो जाती है। आज तुझे नौ वर्ष पूर्ण हुए हैं। इसके साथ-साथ तेरे बचपन की उम्र भी पूरी हो जाएगी। अब तू किशोरावस्था की तरफ कदम बढ़ाएगी। तेरे शरीर में, मन में और विचारों में धीरे-धीरे बदलाव आएगा।

तेरा शरीर तुझे वो बदलाव समझाएगा। आईना तुझसे इस बारे में कहेगा।

साथ-ही-साथ हम में भी बदलाव आएगा। आज जवान लगते हुए मम्मी-पापा कल बूढ़े होंगे, हमारे बाल सफेद होंगे, दाँत गिर जाएँगे, कमर झुक जाएगी,

तू लंबी होगी, बड़ी होगी, जवान और सुंदर बनेगी।

जैसे सुबह का सूरज, दोपहर का सूरज और संध्या का सूरज—तीनों में अंतर होता है, वैसे ही मनुष्य के शरीर में भी समय के अंतर पर बदलाव आता है। हर जन्म लेनेवाला अपने हाथों में एक्सपायरी डेट लिखवाकर ही आता है। समय उन हस्तरेखाओं को धीरे-धीरे बड़ी-छोटी करता जाता है और जिंदगी जीती जाती है।

दर्पण, घड़ी और कैलेंडर तुम्हें याद करवाते रहते हैं कि सबकुछ बदल जाने वाला है।

चेंज—बदलाव एकमात्र स्थायी—परमानेंट वस्तु है।

इससे परेशान होने या डरने की कोई आवश्यकता नहीं है। वह भी समय का ही खेल है। जिस तरह अपने दो हाथों में तुझे उठाकर खड़े हुए पापा और आज के पापा में अंतर है, उसी तरह आज की आस्था और आनेवाले कल की आस्था में भी अंतर होगा।

उस बदलाव को स्वीकारना, उसका स्वागत करना और उसके साथ कदम बढ़ाना।

अब दो अंकोंवाली उम्र, अर्थात् दसवाँ साल तेरा इंतजार करता है।

हैप्पी बर्थडे टू माय नाइन इयर्स ओल्ड एंजिल!

□

प्यारी आस्था, 10 वर्ष

मेरी दस वर्षीया दादी माँ,

तू आज दस वर्ष की हो गई, तेरी उम्र दो अंकों में शुरू हो गई।

मुझे दवाई लेना या धीरे-धीरे खाना, ब्रेकफास्ट करते हुए अखबार नहीं पढ़ना या नाखून नहीं काटने की सलाह देती हो, तब मुझे तुझमें और दादी माँ में कोई अंतर नहीं दिखाई पड़ता।

ऑफिस जाते समय अपने पैंट-शर्ट के कॉम्बीनेशन पर तुम जो कमेंट करती हो, उसे सुनने में मुझे बड़ा मजा आता है।

कभी-कभी तू 'लाइफ' के बारे में—कभी लोगों के बारे में अपनी राय देती है, तब तू मुझे मेरी माँ जैसी लगती है। कल शाम को तू अच्छी-अच्छी बातें कर रही थी, तब तू मुझे मेरी दादी माँ जैसी लग रही थी।

अभी तो तू सिर्फ दस साल की ही है, परंतु जिंदगी और दुनिया की समझ तुझमें तेरी उम्र से ज्यादा है, ऐसा मुझे हमेशा लगा है। तू जब भी किसी विषय पर बात करती है, तब उनमें विचारों की गहराई होती है। तू कभी भी बिना सोचे-समझे नहीं बोलती, इस बात की मुझे खुशी है।

ये बात हमेशा याद रखना कि बोलकर सोचना, इसकी अपेक्षा बोलने से पहले सोचना हमेशा अच्छा होता है।

तेरी बातें सुनता हूँ, तब मुझे समझ में आता है कि तू बहुत तरह से दुनिया को देखने के लायक हो चुकी है। मैं देख रहा हूँ, तेरे अंदर अपनी समझ विकसित हो रही है। इस बात की शत-प्रतिशत मुझे खुशी है।

अभी कल तक 'मेला हाथ', 'मेरी पैर' और तकिए को 'तएकी' कहती, कंघी को 'कंदी' कहनेवाली मेरी बेटी इतनी बातें करने लगी है, ये देखकर मुझे आश्चर्य होता है, आनंद भी होता है न! मैं देख सकता हूँ—रिश्तों के बारे में तू बहुत कुछ समझने लगी है। तेरी सहेली मिताली के मम्मी-पापा के झगड़े और

उनके तलाक की बात करते समय तेरी आवाज में जो था, उसे सुनकर मुझे आनंद हुआ था। मेरा पालन-पोषण सही था—सफल हुआ, मुझे ऐसा लगा। पिछले साल मैंने तुझे रिश्तों के बारे में लिखा था, समझाया था और तू समझ चुकी है, तेरी बात से मुझे समझ में आ गया है।

मिताली के माता-पिता मिताली को अपने-अपने पास रखने के लिए कोर्ट तक गए, ये बात तुझे मिताली ने स्कूल में बताई। ये बात जब तू हमें बता रही थी, तब 'दुनिया में ऐसा भी होता है?' ऐसी भावना के साथ 'ऐसा क्यों होता है?' ऐसा प्रश्न जो तुम्हारा था, उसको मैं अनुभव कर सका था।

बहुत दुःख की बात है कि इनसान वस्तुओं की कीमत करता है, रिश्तों का मूल्य नहीं समझता। आज मिताली को अपने पास रखने के लिए एक-दूसरे से झगड़ते माता-पिता हकीकत में मिताली को क्या सिखाते हैं—यह सवाल मेरे मन में भी उठा है। जो माँ-बाप एक-दूसरे का सम्मान नहीं कर सकते, वे अपनी संतान को क्या दे रहे हैं, यह सवाल मुझे भी परेशान करता रहा।

कोर्ट में एक-दूसरे के विरुद्ध दोषारोपण करते हुए माता-पिता को सुनकर दस वर्ष की मिताली कितनी असुरक्षा का अनुभव करती होगी और उसे कितनी पीड़ा होती होगी, इस विचार से मैं भी विचलित हो गया। यही मिताली शादी के बारे में, रिश्तों के बारे में तथा अपने भविष्य के बारे में विचार करने के लिए अपने मन को कैसे संयत करेगी, उस बारे में भी मुझे चिंता होने लगी।

मैं भी तेरी बात पर सोचते-सोचते देर रात तक सो नहीं सका, बेटी!

जीवन का यह भी एक हिस्सा तो है ही न! मिताली के झगड़ा करते माँ-बाप इस समाज का सत्य हैं। सभी घर, सभी माता-पिता एक समान नहीं होते और उन माता-पिता की संतानें भी एक समान रूप से पालन-पोषण नहीं पाती हैं। इसलिए वे संतानें जब खुद माता-पिता बनती हैं, तब वे भी अपने पालन-पोषण और अपनी समस्याओं को अपने जीवन में ले आती हैं।

अगर सबकुछ सीधा-सादा, आसान और शांत होता तो दुनिया में कोई प्रश्न ही नहीं होता। हमें जो चाहिए, वह हमें वैसे-का-वैसा नहीं मिलता है, शायद इसीलिए जीवन जीने की इच्छा रहती है। जो कमी है, उसे पूरा करने के लिए इनसान मेहनत करता है, प्रयत्नशील रहता है और शायद वह उसे प्राप्त हो जाए तो कोई दूसरी कमी उसे लगने लगती है।··· जिंदगी इसी तरह आगे बढ़ती रहती है। अगर इनसान को सबकुछ मिल जाए तो फिर वह मेहनत करेगा ही क्यों?

ये सिर्फ पैसे या किसी वस्तु की बात नहीं है, मानव के मानव के साथ रिश्ते

की भी बात है।

अगर रात होती ही नहीं तो हमें सुबह की इतनी कीमत होती क्या? अगर अँधेरा न होता तो प्रकाश इतना जरूरी है, इस बात की समझ आती? अगर प्यास ही न हो तो पानी की कीमत होती?

इसी तरह दुनिया में अगर दुःख, बुराई, तकलीफें और समस्याएँ न हों तो हमें सुख की कीमत नहीं पता होती। बेटा, मिताली के मम्मी-पापा के बारे में बात करते हुए तू एक वाक्य बोली थी, ''मेरे मम्मी-पापा तो ऐसे कभी झगड़ते नहीं हैं।'' बस, यही समझ विकसित करनी है।

आज तेरे दसवें साल में मुझे यही कहना है कि हमारे पास जो नहीं है, उसके बारे में सोचने की बजाय जो हमारे पास है, उसका आनंद उठाने की अधिक आवश्यकता है।

मैंने तुझे एक बार बिना जुराबों की नर्स वाली बात कही थी। ठंडी में थरथराती हुई नर्स हर रोज भगवान् से फरियाद करती थी कि उसके पास मोजे-जुराबें नहीं हैं। इस बात का उसे बहुत अफसोस था, परंतु एक बार हॉस्पीटल में दाखिल किए हुए एक रोगी के पाँव काट देने पड़े और उस व्यक्ति का रुदन सुनकर नर्स ने भगवान् का आभार माना। उसने भगवान् से कहा, ''हे ईश्वर जुराबें तो अगली सर्दियों में भी खरीद लूँगी, लेकिन एक बार पाँव चले जाएँगे तो जीवन भर वापस नहीं आएँगे। इसलिए मुझे सही-सलामत व स्वस्थ रखने के लिए आपका आभार।''

बेटा, थोड़ा अधूरापन, थोड़ा कम मिलना, इसमें भी एक प्रकार का आनंद है। प्राप्ति की इच्छा बाकी रहे और उसके लिए मेहनत हम करे और मेहनत के बाद जो वस्तु हमें प्राप्त होती है, उसका आनंद तब कितना होता है!

पिछले हफ्ते तू अपना प्रोजेक्ट बना रही थी, तब तेरी माँ ने कहा, ''लाओ, मैं सुंदर ड्राइंग कर दूँ।'' और तूने जो जवाब दिया था, उसे सुनकर मुझे बहुत ही खुशी हुई थी।

तूने कहा था कि, ''हर समय अगर तुम ही कर दोगी तो मैं कब सीखूँगी?''

तेरी बात एकदम सच्ची है। हर मनुष्य को स्वयं सीखने का प्रयत्न करना चाहिए। कोई भी वस्तु धीरे-धीरे आ ही जाती है और जब स्वयं मेहनत करके सीखा जाता है, कुछ प्राप्त किया होता है, बनाया होता है तो उस प्राप्ति का आनंद कुछ और ही होता है—एकदम अलग।

तूने पहली बार रोटी बनाई, उस समय का उत्साह तुझे याद है? तेरी दादी

ही अधिकतर रसोई में परिपक्वता, परफेक्शन का आग्रह रखती होती हैं। उन्होंने भी तेरी मलेशिया के नक्शे जैसी, चाइना के भूगोल जैसी रोटियाँ कितने आनंद के साथ खाई थीं!

पहली बार जब रोटी बनाते हैं तो स्वाभाविक है कि वह परफेक्ट न हो; लेकिन अगर पहली बार की असफलता से घबराकर आगे मेहनत करना ही छोड़ देती तो तू कभी भी अच्छी रोटी बना सकी होती?

जो नहीं है, उसे प्राप्त करने का प्रयास करना जरूरी है। जो नहीं आता, उसे सीखने की लगन जरूरी है। जो कमी है, उसे पाने का प्रयास ही हमें आगे बढ़ना सिखाता है।

ये तुझे इसलिए लिख रहा हूँ कि अब कदम-कदम पर जिंदगी कठिन होती जाएगी, कदम-कदम पर परीक्षा देनी होगी, परीक्षा शुरू होगी और हर बार तू सफल ही हो, जीते ही, ये जरूरी तो नहीं है।

हमारे लिए तू इकलौती संतान है। दुनिया का हर सुख तुझे देने की, तेरे लिए ले आने की हमारी इच्छा हो, ये बड़ा ही स्वाभाविक है। तू जो भी करेगी, हमारे लिए तो वह श्रेष्ठ ही होगा।

अब तेरे लिए बाहर की दुनिया भी खुलती जाएगी, जिसमें तुझे तुझसे अधिक होशियार, तुझसे ज्यादा चालाक लोग मिलेंगे, जो संभव है, तुझसे अधिक तेजी से आगे निकल जाएँ। तुझे ऐसा भी लगेगा कि अपनी सच्चाई के कारण, अपनी ईमानदारी के कारण तू पीछे रह गई।

कछुए और खरगोश की कहानी की तरह खरगोश तेजी से भागता हुआ आगे निकल जाए, ऐसा हो सकता है; परंतु इस कारण से कछुए को अपनी चाल बदलने की जरूरत नहीं है। और हाँ, सच पूछो तो वह बदल भी नहीं सकता।

कभी-कभी कुछ प्राप्त करने के लिए सच्चे दिल से पूरे प्रयत्न करने के बावजूद तुम्हें वह नहीं मिलता है। वह कॅरियर हो, रिश्ता हो या कोई वस्तु, सफलता न भी प्राप्त हो···नहीं मिला, उसका अफसोस करने की बजाय वह क्यों नहीं मिला, इस पर विचार कर फिर से हिम्मत से आगे बढ़ो, भूल सुधारने का प्रयत्न करना।

असफलता से हार जाने की बजाय उसी हार को अपनी हिम्मत बनाना।

थकावट और थकावट से जनमी अनिच्छा को अपने आस-पास फटकने भी न देना। भूल तो होती ही है। हमारी गिनती गलत हो सकती है। सोचा था, वैसा न भी हो; परंतु इससे डरकर जो सोचा है, वो काम करना ही नहीं? एक ही प्रयत्न

में उत्तर प्राप्त न हो, इसका मतलब है—सवाल को दुबारा गिनना ही नहीं? अथवा सफलता की गारंटी न मिले, इसका अर्थ ये है कि कोई काम शुरू ही नहीं करना? ऐसा नहीं होता, मेरी बेटी! हाँ, अपनी भूल में से सीखना चाहिए। हर वक्त, जब-जब भी गलती होती है, हम गलत पड़ते हैं, तब-तब अपने आपको पूछना कि इसमें क्या बराबर नहीं था? और जब दूसरी बार उसी दिशा में आगे बढ़ो, तब पुरानी भूल को सुधारकर आगे बढ़ने का ईमानदारीपूर्वक प्रयत्न करना।

हर बार भूल हमारी ही हो, ऐसा नहीं होता। औरों की भूल के कारण भी हमें सहन करना पड़ता है, ऐसा भी होता है। लेकिन ऐसे किसी की गलती को इंगित कर अपनी असफलता में से छूटना नहीं।

हमने जो किया, उसकी जिम्मेदारी तो हमें ही उठानी चाहिए। किसने ऐसा नहीं किया, ये ढूँढ़ने के स्थान पर हमने क्या नहीं किया, इसे ढूँढ़ने का प्रयत्न करना चाहिए और दूसरी बार ये सब करके ही फिर से प्रयत्न करना चाहिए, बार-बार प्रयत्न करना चाहिए।

तू अपनी कोशिशों में सच्ची हो, तथापि तेरे साथ कभी अन्याय हुआ है, ऐसा भी तुझे लगेगा।

तूने मुझसे कुछ दिन पहले ही पूछा था कि "मैं चाहे कितनी भी मेहनत करूँ, तो भी मेरी कक्षा की निकिता का ही पहला नंबर आता है। हर साल हमारी क्लास टीचर उसे ट्यूशन देती है, इसलिए उसका फर्स्ट रैंक आता है।"

बेटा, तू जो मानती है, वह शायद सच हो, ऐसा भी हो सकता है; लेकिन ऐसा कब तक चलेगा? दसवीं कक्षा में क्लास टीचर का ट्यूशन काम नहीं करेगा और तेरे प्रयत्नों का परिणाम तो तुझे मिलेगा ही। और हाँ, फर्स्ट रैंक प्राप्त करना किसी की सफलता का पैमाना नहीं है। तू जो पढ़ती है और तुझे जो आता है, मेरे लिए वही महत्त्वपूर्ण है। तू जीवन में आगे बढ़े, तब चौथी या पाँचवीं कक्षा में तेरा कौन सा रैंक आया था, तुझे कोई नहीं पूछेगा, शायद तुझे भी याद नहीं हो। परंतु तूने जो अभ्यास किया है, वह तुझे जरूर याद रहेगा।

एक और बात। तुझे शायद ऐसा लगे कि क्लास टीचर के ट्यूशन के कारण निकिता का फर्स्ट रैंक आता है, परंतु निकिता हकीकत में तुझ से भी सचमुच ज्यादा मेहनत करती होगी, ऐसा भी संभव हो सकता है!

कुछ समय शायद तुझे ऐसा लगे कि बहुत से लोग आसानी से आगे बढ़ जाते हैं, बहुत कुछ प्राप्त कर लेते हैं। उनकी चालाकी और होशियारी उन्हें हमसे अधिक सफलता और संपत्ति दिलाती है। लेकिन बेटा, ये सब बहुत कम समय की

सफलता या संपत्ति है—ये निश्चित रूप से मानना। होशियारी या चालाकी कभी भी तुम्हें बहुत दूर तक नहीं ले जा सकती। अंग्रेजी की एक कहावत मुझे बहुत पसंद है—'यू कैन फूल सम पीपल ऑल द टाइम—और यू कैन फूल ऑल द पीपल सम टाइम, बट यू कांट फूल ऑल द पीपल ऑल द टाइम।'

जिंदगी की इस दौड़ में किसी की चालाकी, किसी की होशियारी, किसी के लेन-देन की गिनती से आकर्षित, चमत्कृत हुए बिना तू अपनी ही बात को पकड़े रखना। हर बार चालाक खरगोश पहले नंबर पर ही आए, ये जरूरी नहीं है न।

दौड़ के आरंभ में जो आगे निकल गए हैं, ऐसा लगनेवाले वे ही हर बार आगे रहेंगे और पहले पहुँचेंगे, इस बात को मान लेने का कोई कारण नहीं है। इसके बावजूद जब तू सच्ची हो, तुझे सबकुछ आता हो, तू न्यायप्रिय हो, तेरी बात शत-प्रतिशत सही हो, इसके बावजूद कभी कोई तुझे हराएगा या कोई तुझे धोखा भी दे जाएगा; परंतु बेटा, हार से या धोखे से डरने की कोई बात नहीं। और एक बात, कि सावधान तो रहना होगा और हाँ, तुझे शायद गलत व्यक्ति, चालाक और होशियार व्यक्ति जल्दी से सफल होते, जल्दी से आगे बढ़ते लगेंगे; लेकिन तू अपनी गति को बढ़ाने के लिए गलत रास्ते अपनाने का प्रयत्न मत करना, क्योंकि गलत दिशा में गति बढ़ाकर तू गलत जगह पर ही पहुँच जाएगी। शायद ऐसा भी हो सकता है कि वहाँ से वापसी का कोई रास्ता ही न मिलता हो।

बेटा, गति बहुत भयानक वस्तु है। उसपर ही काबू रखना बहुत जरूरी है। बहुत तेज गति से दौड़ते हुए मनुष्य को अपने साथ के मनुष्य दिखाई नहीं देते। इतना ही नहीं, उसे अपने आस-पास के सौंदर्य को देखने की फुरसत भी नहीं होती।

अगर मैं अपने कॅरियर के पीछे पागलों की तरह दौड़ा होता तो शायद मैंने बहुत पैसे कमाए होते। अपनी इस छोटी सी मारुति के स्थान पर चमकती लंबी गाड़ी होती। तीन बेडरूम के इस छोटे से फ्लैट के बदले अपने पास शायद बड़ा विशाल बँगला होता; परंतु तेरे पास, तेरे साथ सारे दिन की बातें करनेवाला तेरा पापा नहीं होता। मेरे पास कंधे से कंधा मिलाकर चलनेवाली, जिंदगी की हर मुश्किल में साथ रहनेवाली तेरी मम्मी जैसी पत्नी नहीं होती। हम दोनों के पास तेरे जैसी कहना माननेवाली, होशियार, समझदार और भली बेटी नहीं होती, ठीक है न?

वस्तुएँ मानव की जगह नहीं ले सकतीं, ये बात मैंने तुझे पहले भी कही है।

सफल और धनी व्यक्ति की परिभाषा दिन-प्रतिदिन बदलती रहती है। तू अखबार में पढ़ती रहती है कि अब हर साल देश और विश्व में सबसे अधिक

संपन्न लोगों की आबादी में बदलाव आया है। आज कोई प्रथम स्थान पर है तो कल उसके स्थान पर कोई दूसरा ही आ जाएगा। आज फिल्मों में सुपर स्टार कोई है तो कल कोई दूसरा होगा ही।

ये तो एक अजीब दौड़ है। ऐसी रेस, जो निरंतर चलती ही रहती है और कहीं भी पहुँचती नहीं है। इस दौड़ में एक बार व्यक्ति दौड़ शुरू करता है तो शायद ही कभी बाहर निकल सकता है। इस दौड़ में एक बार दौड़ना शुरू करनेवाले व्यक्ति को बस निरंतर दौड़ते ही रहना पड़ता है। इसलिए इस दौड़ में तू दौड़ना शुरू करे, उसकी अपेक्षा तू अच्छी और सच्ची इनसान बने, हमारे लिए वो ज्यादा महत्त्वपूर्ण है। हमें अच्छा लगेगा।

संतोष—तुझे ये सबकुछ ही देगा। वो, भी, जो तेरे पास नहीं है।

संतोष अर्थात् 'रुक जाना' नहीं है—मेहनत नहीं करना, ये बात नहीं है। संतोष का अर्थ है—जो मिले, उसका आनंद उठाना और जो नहीं है, उसका अफसोस नहीं करना। कभी मिलेगा, ऐसी आशा रखने में कोई बुराई नहीं है; लेकिन उसे प्राप्त करने के लिए जो है, उसे छोड़कर आगे बढ़ जाना गलत है, ऐसा तुझे समझना चाहिए।

ये पत्र लिखने का कारण ही यही है कि जब तेरे मन में कोई प्रश्न खड़ा हो, तब इन पत्रों में से तुझे उस प्रश्न का उत्तर ढूँढ़ने में आसानी हो।

जिंदगी में आगे बढ़ते हुए तू कभी गलत नहीं होगी, ऐसा मैं नहीं कहता। कभी तेरे कदम गलत रास्ते की तरफ उठ भी सकते हैं। लालच तुझे बुलाएगा। वस्तु की जगमगाहट, भरमार तुझे भी आकर्षित करने का प्रयत्न करेगी ही; लेकिन उस समय मैंने तुझे उन कागजों में क्या लिखा था—सत्य, सच में देखना।

तू सत्य का विचार करना और सत्य को ही स्वीकार करने का प्रयत्न करना।

इसके अलावा कभी तुझे स्पर्धा आकर्षित करेगी और तू उस ओर खिंचती चली जाए और तुझे लगने लगे कि तुझे भी वह सब चाहिए, जिसके लिए दुनिया दौड़ रही है, तब एक पल रुकना और अपने आपसे सवाल पूछना, "क्या सचमुच मुझे वह सबकुछ चाहिए?" और उसका जवाब अगर 'हाँ' में मिलता है तो अपने आपसे पूछना, "उसकी प्राप्ति के लिए जो कीमत देनी पड़ेगी, क्या तुम उसके लिए तैयार हो?"

बेटा! अपनी बेटी और पत्नी का समय मैं दफ्तर को नहीं दे सकता, फिर उसकी कीमत चाहे मिले...तो भी...

जब हम बाहर जाने वाले हों, तब मैं अपने दफ्तर का काम साथ नहीं ले

जाता, चाहे मुझ पर उस काम का कितना ही दबाव क्यों न हो।

बेईमानी या भ्रष्टाचार के पैसों से मैं तुझे शिक्षा नहीं दे सकता, चाहे फिर इसके लिए तुझे कितनी ही तकलीफें क्यों न उठानी पड़ें, तो भी…

मुझे ये उत्तर मिले हैं। बस, अगर तुझे ये जवाब मिलें तो तू कभी भी गलत दिशा में नहीं जाएगी, ऐसा मेरा विश्वास है।

तथापि ऐसा हो भी सकता है कि तू गलत दिशा में आगे बढ़ जाए… तो तू रुकना और पीछे वापस आना।

वास्तव में, गलती करना कोई अपराध नहीं है, लेकिन उसे न स्वीकारना और न सुधारना अपराध है।

हम सब इनसान हैं और भूल करने का अधिकार हम सबके पास है ही; लेकिन इसके साथ-साथ अपनी समझदारी से उसे सुधार लेने की क्षमता भी अगर हम में है तो जिंदगी सचमुच इतनी मुश्किल नहीं है।

मैं समझता हूँ कि तुझे यह बात समझ में आ गई होगी। मैंने तुझे पहले भी कहा—बीते समय का अफसोस नहीं करना, लेकिन उसमें से शिक्षा लेनी चाहिए।

बेटा, आज तेरे दसवें जन्म-दिवस पर तेरे एक अंक के साथ शून्य जुड़ गया है।

शून्य जब अकेला हो तो उसकी कोई कीमत नहीं है; लेकिन अगर वह किसी आँकड़े के साथ जुड़ जाता है तो वह उस अंक को एक अर्थ देता है, कीमत देता है।…

जिसकी अपनी कोई कीमत नहीं, वह दूसरों की कीमत बढ़ाता है। क्या यह आश्चर्य की बात नहीं है?

वास्तव में बेटा, ऐसा ही होता है। जब तुम दूसरों को सम्मान देने लगते हो, तब अपने आप तुम्हें भी मान प्राप्त होने लगता है। जब तुम दूसरों की कीमत बढ़ाते हो तो तुम्हारी कीमत भी अपने आप बढ़ने लगती है।…

हालाँकि स्वयं कोई कीमत न रखनेवाला शून्य अंक जितनी संख्या में जुड़ता जाता है, अंकों की कीमत उतनी ही बड़ी होती जाती है। क्यों, ठीक है न?

हाँ, इसीलिए अपनी जिंदगी में शून्यों से घबराना मत। जब शून्य मिले, तब उसके आगे एकाध अंक लगाने का प्रयत्न करना।

हैप्पी बर्थ डे टू माय टेन इयर्स ओल्ड डार्लिंग।…

□

प्यारी आस्था, 11 वर्ष

आस्था बेटी,

तेरी उम्र ग्यारह साल की—ई—ले—वन...

व्यक्ति जीवन में दो बार 'वन' में प्रवेश करता है। हमारे हिंदू शास्त्रों के अनुसार, स्त्री या पुरुष जब पचास वर्ष के होते हैं तो वे वन में प्रवेश करते हैं।

यह बात तुझे विस्तार से समझानी पड़ेगी।

हिंदू शास्त्रों के अनुसार, मनुष्य की आयु एक सौ वर्ष मानी जाती है, जिसे चार भागों में बाँटा गया है।

एक, ब्रह्मचर्य आश्रम—एक से पच्चीस वर्ष की उम्र के दरम्यान मानव का जीवन ब्रह्मचर्य आश्रम माना जाता है। इस समय उसे शिक्षा और संस्कार प्राप्त करने होते हैं, अपने आनेवाले समय के लिए अपने कॅरियर को बनाना होता है, पैसा कमाने का आयोजन करना होता है।

उसके बाद आता है गृहस्थ आश्रम। इस समय में विवाह करना, परिवार की जिम्मेदारी उठाना, बच्चों की शिक्षा, उनके योग्य संस्कार तथा विकास के लिए प्रयत्न करना, माता-पिता की सेवा करना और अपने परिवार के लिए बचत कर संतानों के भविष्य का आयोजन करना।

तीसरे स्थान पर आता है—वानप्रस्थ आश्रम। पुराने जमाने में राजा-महाराजा अपने पुत्र को राजगद्दी सौंपकर जंगलों में जाकर किसी भी तरह की सुविधाओं के बिना रहते थे। ईश्वर का स्मरण करते और सादा जीवन जीते थे। इस बात को हम आज के दौर में रिटायरमेंट का समय मानकर समाज के लिए उपयोगी कामों में अपने जीवन को समर्पित करना मान सकते हैं। व्यक्ति पचास वर्ष का हो, तब वह वानप्रस्थ जीवन में प्रवेश करता है, ऐसा कहा जाता है।

चौथा आश्रम है—संन्यास आश्रम। पचहत्तर से सौ वर्ष की जो उम्र है, वह

उम्र संन्यासी की है, अर्थात् दूसरों के जीवन में रुचि न लेना और संपूर्ण रूप से ईश्वर-भक्ति में ओत-प्रोत हो जाना, लीन हो जाना, अगले जन्म के लिए सामान बाँधने की तैयारी करने का प्रयास करना।

जिस किसी के साथ थोड़ा मन-मुटाव हुआ हो, अन्याय किया हो, उसे भूल जाना और दूसरों से माफी माँग लेना, उसे भूल जाने की प्रार्थना करना।...

ये हिंदू धर्म की फिलॉसफी है। हर उम्र के कार्य भिन्न हैं और हर उम्र की प्रवृत्ति अलग।...

तेरी दादी कई बार कहती हैं, "अब मुझसे ज्यादा पूछताछ नहीं करना।" अधिकतर वह शादी के समारोह में नहीं जातीं और बड़े आयोजनों से भी दूर रहती हैं। उनका पढ़ना भी अब अधिकतर धार्मिक या दार्शनिक होता जा रहा है। उसका कारण यही है। उन्होंने अपने आपको मन से वन-प्रवेश में डाल दिया है।

कभी तो मैं भी वनाश्रम में प्रवेश करूँगा, मन से मुक्त होने का प्रयत्न करूँगा।

एक मजे की बात कहूँ? जब तुम मन पर काबू कर सको, तभी तुम वन में प्रवेश कर सकते हो। तुम्हारा मन तुम्हें संसार में, छोटी-छोटी बातों में, रोज-बरोज की स्पर्धाओं में, पसंद-नापसंद, लेन-देन में बाँधे रखता है। एक बार मन से ये बातें निकल जाएँ तो व्यक्ति अपने आप 'वन' में प्रवेश कर जाता है। अभी यह बात थोड़ी मुश्किल लगती है, लेकिन तुझे समझ में अवश्य आएगी।

अब हम दूसरे वन-प्रदेश की बात करते हैं।

तू ग्यारह वर्ष की हो गई। ग्यारह को अंग्रेजी में 'इलेवन' कहते हैं। अंग्रेजी मान्यता के अनुसार, ग्यारहवाँ और बारहवाँ वर्ष जीवन में बदलाव के वर्ष माने जाते हैं। अब तू बालिका से किशोरी बन गई है। दो ही सालों में तू टीनएज में प्रवेश करेगी। जिंदगी के एक सर्वोत्तम समय में प्रवेश करने से पहले इन दो वर्षों में तुझे बहुत कुछ सीखना और समझना होगा।

अब तेरी बुद्धि का विकास तो होगा ही, साथ-ही-साथ तेरे शरीर में भी कई बदलाव आएँगे।

अभी कल तक जो शरीर एक बालिका का था, वह धीरे-धीरे एक युवती बनने लगेगा। छाती का कटाव और मासिक धर्म की शुरुआत होगी। तेरे विचारों में एक प्रकार का बदलाव आएगा। तू अब तक अपने शरीर के प्रति जाग्रत् नहीं थी, जो अब जाग्रत् एवं ध्यान देनेवाली होती जाएगी। कल तक तुझमें अमुक प्रकार

की शर्म-लज्जा की भावना नहीं थी, जो अब धीरे-धीरे तेरे अंदर प्रवेश करती जाएगी।

ऐसा भी हो सकता है कि तुझे तेरे शरीर के अंदर कुछ आश्चर्यजनक अनुभव हों, इसके साथ-साथ एक प्रकार के नए रोमांच का अनुभव भी हो, नई भावनाएँ पैदा हों। ये सब इन दो वर्षों के दरम्यान ही होगा। अंग्रेजी में इसे 'प्युबर्टी पीरियड' कहते हैं। ऐसे समय में तुझे जो कुछ भी जानने-समझने की इच्छा हो, कोई प्रश्न मन में उठें, उन्हें बिना किसी तरह का संकोच किए तू हमसे पूछ सकती है।

वैसे तो ईश्वर ने मानव शरीर की रचना ही अद्‌भुत की है। उसमें भी स्त्री का शरीर तो आश्चर्य में डाल दे, इस तरह के यंत्र जैसा है। बेटा, स्त्री के शरीर को ईश्वर ने मानव जाति को जिंदा बनाए रखनेवाले यंत्र की तरह बनाया है। इस यंत्र में एक संपूर्ण जीव का निर्माण होता है—अर्थात् स्त्री को लगभग ईश्वर के समकक्ष होने का दर्जा प्राप्त हुआ है, अगर ऐसा कहें तो कोई गलत बात नहीं है।

ऐसे समय में तेरे मन में जो भी प्रश्न खड़े हों, तू वह सब पूछना और हाँ, हमसे ही पूछना।

अब तो तेरे स्कूल में भी सेक्स एजुकेशन दिया जाता है। फिर भी, तू अपनी माँ के साथ भी बात करना ही। तुझे जब ऐसा लगे कि तुझे कुछ जानना है, तब हम हमेशा तुझे उस बारे में बताएँगे।

शायद आनेवाले समय में तुझे कुछ छोटे-बड़े विचित्र से अनुभव भी हों। लोग अजीब तरह से, कुछ अलग तरह से तेरी तरफ देखें, तुझे छुएँ, जो तुझे अच्छा नहीं लगेगा। तो यह भी तुम्हारे बड़े होने का एक हिस्सा है, ऐसा मानना और अगर उस स्पर्श से तुझे किसी भी प्रकार की नापसंदगी का अनुभव होता है तो कहने से जरा भी सकुचाना मत। संकोच और शर्म स्त्री के महत्त्वपूर्ण लक्षण हैं, ये बात ठीक है; लेकिन स्त्री की हिम्मत भी शाबाशी माँग ले, ऐसी होती है।

स्त्री को समाज अबला कहता है; लेकिन तुझसे सच कहूँ तो मुझे स्त्री हमेशा सबल लगी है—साहसी और बुद्धिशाली भी, पुरुष से भी अधिक।

कम वेतन में घर चलाने की कला से आरंभ कर परिवार के हर सदस्य को खुश रखने की कला की बात करें या दफ्तर में मेहनत करने के बाद भी परिवार के सदस्यों की इच्छा अनुसार भोजन बनाने की उत्साहपूर्ण बात करें… स्त्री एक ही साथ माँ, पत्नी, पुत्री, पुत्रवधू, मित्र और अब तो कर्मचारी की भूमिका भी अदा कर सकती है, जिसके लिए उसे सच्चे अर्थों में 'शाबाश' कहना अनिवार्य है।

एक स्त्री की हिम्मत भी मुझे हमेशा सम्मान देने योग्य लगी है। हर महीने

अपना बहता हुआ खून देखना भी कोई आसान बात नहीं है। मासिक धर्म हर स्त्री के लिए मानसिक और शारीरिक दोनों ही प्रकार से तकलीफदेह समय होता है। ऐसे समय में भी तेरी माँ दफ्तर जाती हैं, घर का सारा काम करती हैं और समाज में ऐसी कितनी ही स्त्रियाँ हैं, जो इन दिनों की किसी को भनक भी नहीं पड़ने देतीं और अपने सारे दैनिक कार्य चालू रखती हैं। अब तू अभ्यास कर रही होगी कि सबसे अधिक आयरन वाला और उत्तम खून तुम्हारे शरीर में से हर महीने बह जाता है। ये सिर्फ एक स्त्री ही सहन कर सकती है।

साथ-ही-साथ स्त्री के शरीर में से एक जीव की उत्पत्ति होती है। उसकी पीड़ा सहना भी आसान नहीं है। मैंने तुझे लिखा था कि तेरे जन्म के समय तेरी माँ की पीड़ा को देखकर सचमुच मुझे उस पर मान हो आया था। एक बच्चे को जन्म देना स्वयं फिर से जन्म लेने जैसी ही मुश्किल और पीड़ाजनक बात है। एक माँ एक संपूर्ण जीव को उत्पन्न करती है और वह भी अपने खून और हाड़-मांस में से। ये कितनी बड़ी बात है, अब तुझे ये बात समझ में आती होगी।

यह सब ईश्वर ने स्त्री को शायद इसलिए दिया होगा, क्योंकि ईश्वर को स्त्री की हिम्मत, ताकत, उसकी मानसिक शक्ति और उसकी भावनाओं में विश्वास है।...

अब धीरे-धीरे तेरे आस-पास तेरे मित्रों से शुरू करके देखें, सभी छोटे-बड़े तुझे अब एक युवती के रूप में ही देखने लगेंगे। अभी कल तक तू उन सबके लिए एक छोटी सी बालिका ही थी, लेकिन अब तेरा शारीरिक विकास और मन दोनों को उन्हें अलग रूप में देखने के लिए प्रेरित करेगा। तेरी माँ और तेरी दादी अब दोनों ही तेरे उठने, बैठने, बोलने, चलने के बारे में सलाह देंगी। उसमें भी दादी माँ की भाषा शायद तुझे थोड़ी कठोर भी लगे।

तेरी माँ और तेरी दादी दोनों स्त्रियाँ हैं और जिंदगी के बारे में उनके अनुभव मेरी अपेक्षा अलग ही होंगे। वे तुझे जो भी कहेंगी, अपने अनुभव के आधार पर कहेंगी। वे ऐसा प्रयास करेंगी कि एक स्त्री के रूप में जो कड़वे अनुभव उन्हें हुए हैं, वे तुझे न हों। उनका तुझे कुछ कहना शायद तुझे 'टोकना' लगे। तुझे ऐसा भी लग सकता है कि वे तुझे जो कहती हैं, वे पुरानी बातें हैं, उनके पुराने विचार हैं। तेरे आस-पास की लड़कियाँ वे कहती हैं, उससे शायद अलग व्यवहार करती हुई तुझे दिखाई दें, ऐसा भी हो सकता है। तेरे आस-पास की लड़कियाँ ऐसे कपड़े पहनें, जिन्हें पहनने का तेरा भी मन हो; लेकिन तेरी माँ और दादी तुझे रोकें, ऐसा भी हो सकता है।

कभी तुझे अमुक प्रकार की किसी पार्टी में जाना पसंद हो—तेरी सहेलियों

के वहाँ रात रुकना तुझे अच्छा लगे, लेकिन दादी और माँ इस बारे में इनकार कर दें, तब तुझे गुस्सा भी आएगा। परंतु, एक बात हमेशा याद रखना कि वे लोग तुझे तेरे भले के लिए ही ऐसी सलाह देते होंगे।

आज की लड़कियाँ अलग तरह से सोचती हैं। शिक्षा और आर्थिक स्वतंत्रता के कारण उनके विचार भी बदले हैं। कपड़े पहनने से शुरू करें तो जीने के ढंग और विचार करने की रीत भी बदल गई है। जिस तरह से दलील देकर तुम अपनी बात कह सकती हो, तेरी दादी तो इस तरह कभी बोल ही नहीं सकीं। शारीरिक बदलाव की समझ उन्हें आरंभ हो, उससे पहले तो उनका घर में से बाहर निकलना बंद हो चुका था। छोटी उम्र में उनका विवाह हो गया था। फिर तो तेरे दादाजी और मेरी दादी माँ की इच्छा अनुसार ही उन्हें जीना था। इसलिए वह जो कहती हैं, वह सब गलत है, ऐसा नहीं है। लेकिन यह उनकी दृष्टि है। तू उसे माने या न माने, लेकिन उसे मान देना तो सीखना ही।

तेरी दादी का समय अलग था। उस समय स्त्री के लिए 'स्वतंत्रता' शब्द अनजाना था। उसकी अपनी मरजी या अपने विचार हो सकते हैं, ऐसा कोई खयाल, कॉन्सेप्ट ही नहीं था उस दौर में। पहले पिता, फिर पति और आखिर में पुत्र की इच्छा अनुसार ही स्त्री को जीवन भर अपना जीवन जीना होता था। स्त्री किसी पर आधारित रहने के लिए ही जनमी है, ऐसा निरंतर उसे समझाया जाता था।

तेरी दादी का पालन-पोषण भी उसी वातावरण में हुआ है। ऐसे ही वह जीती आई हैं। उन्होंने तेरी माँ की बहुत सारी बातों को स्वीकार कर लिया है। फिर भी उनकी विचारधारा कभी जोर कर जाती है, क्योंकि उनका पालन-पोषण इस तरह से हुआ है। वे अगर तुझे कुछ कहें तो इसका मतलब तुझे डाँटना या दुःख पहुँचाना नहीं है, इस बात को याद रखना, बेटा।...

उनकी हर बात में तेरे लिए ध्यान और चिंता होती है, जो मुझे और तेरी माँ को भी होती है; लेकिन हम अलग तरीके से सोचते हैं। बाहर की दुनिया देख चुके हैं, इसलिए तुझे अलग तरह से कहते हैं, बाकी बात तो एक ही है।

हम सोचते हैं, उतने अच्छे लोग इस दुनिया में रहते नहीं हैं।

अब तक तुम अपने माता-पिता की छत्रच्छाया में, घर की बंद दीवारों में सुरक्षित रूप से रही हो। बाहर की दुनिया की खराब हवा का तुझे स्पर्श न हो, इस बात का खयाल हम दोनों ने बराबर रखा है; लेकिन तू रोज-रोज टेलीविजन पर देखती है, अखबारों में पढ़ती है कि एक बड़ी होती लड़की और स्त्री के लिए इस दुनिया में जीना इतना आसान नहीं है।

तेरी दादी जो कहती हैं, वह कभी-कभी मुझे सत्य भी लगता है। स्वतंत्रता के साथ-साथ समाज ने स्त्री को बहुत सारी समस्याएँ भी दी हैं। घर से बाहर निकलनेवाली स्त्री थोड़ी-थोड़ी अधिक असुरक्षित होने लगी है। स्त्री की स्वतंत्रता को यह समाज अभी स्वाभाविकतापूर्ण स्वीकार नहीं कर सका है।

खराब लोग, उनके खराब विचार और उनकी खराब आँखें तुझे जब-तब इस बात का अनुभव करवाएँगी; लेकिन इससे घबराने की जरूरत नहीं है। हर स्त्री के जीवन में ऐसा समय आता ही है, जब उसे समाज की चुभनेवाली नजरें और खराब परिस्थिति में से गुजरना होता है। कुछ प्राप्त करने के लिए यह संघर्ष हर स्त्री को करना ही पड़ता है। तुझे भी करना पड़ेगा; परंतु उस समय तुझे बहुत कुछ सीखने को मिलेगा। संसार के बहुत से अनुभव होंगे। समय के साथ तुम बहुत कुछ सीखती जाओगी। परंतु साथ-ही-साथ तुझे एक सलाह देता हूँ। इन सारे अनुभवों में से मन में किसी भी प्रकार की कोई गाँठ बाँधने की अथवा ग्रंथि पालने की जरूरत नहीं है, कुछ मान लेने की जरूरत नहीं है। अच्छे और बुरे दोनों अनुभव जीवन का हिस्सा हैं, ऐसा मानकर ही जीना है। इससे समझदारी का विकास और नए अनुभवों के साथ नई तरह से कैसे निपटना है, ये हमें आता है।

हर समय हर व्यक्ति एक समान ही नहीं होता—अच्छा भी नहीं और खराब भी नहीं।

एक व्यक्ति के साथ अनुभव दूसरे व्यक्ति के साथ के अनुभव से अलग ही होगा, ऐसा मानकर ही नए व्यक्ति के साथ नई तरह से व्यवहार करना। जिस तरह तुम कंप्यूटर में हर बार एक नया कोरा पन्ना लेती हो और लिखती हो, उसी तरह नए रिश्तों में भी नए कोरे पन्ने से शुरुआत करो।

जैसे खराब अनुभव होंगे, वैसे ही अच्छे अनुभव भी होंगे ही। अत: अच्छे अनुभवों की छाप तेरे मन पर अंकित हो, ऐसा प्रयास करना। खराब अनुभवों को याद रखना, अर्थात् कड़वी यादों का संग्रह। अनुभव और उसकी कड़वांश को याद रखने की बजाय उसमें से सीखा हुआ पाठ याद रखो और बाकी सब भूल जाओ, यही श्रेष्ठ रास्ता है।

हम सोचते हैं, जीवन उतना सरल नहीं है। अब इतना तो तुझे समझ में आ ही गया होगा। तू जब भी, जो भी चाहती है, उसी अनुसार कुछ होता नहीं है। यह देखते-देखते तुझे समझ में आया होगा कि जिंदगी बार-बार अपना रंग बदलती है—और हमें उस रंग में रँगते-रँगते, उसके अनुकूल होते-होते आनंद से जीना है।

मेरे पापा हमेशा कहते थे कि—'राम रखे वैसे रहना चाहिए।' बेटा, राम

अर्थात् कोई एक चेहरा, कोई एक मूर्ति या कोई एक भगवान् का नाम नहीं है। राम अर्थात् हमारी परिस्थिति, हमारा जीवन, हमारे आस-पास के लोग और हमें मिलती या न मिलती सुविधाएँ।

बेटा, जब मैं छोटा था, तब से एक बात सीखी है, 'सुविधा या वस्तुएँ मानव के लिए हैं, मानव वस्तुओं या सुविधा के लिए नहीं है।' अगर तू इतना ही समझ सकेगी तो तेरे बहुत से सवाल कम हो जाएँगे। चाहे जितना भी कर लो, आज भी प्रेम के लिए कोई दूसरा ऑप्शन नहीं है। पश्चिमी देशों में लोग अकेले रह जाते हैं और डिप्रेशन या ड्रग्स के गुलाम बन जाते हैं। इसका सबसे बड़ा कारण है वहाँ की वस्तुओं और सुविधाओं के लिए इच्छा, चाहत।...

बेटा! टेलीविजन, फ्रिज या ए.सी. जैसी वस्तुएँ जीवन का हिस्सा हैं। इन्हें जिंदगी मानने की भूल मत करना। इन वस्तुओं के बिना जिया जा सकेगा; लेकिन भावनाएँ, प्यार या परिवार के प्रेम के बिना तो तुझे नहीं ही चलेगा। ये वस्तुएँ तुझे सुविधा देंगी, तेरी कार्यक्षमता को बढ़ाएँगी; लेकिन अगर तुम उनके वश में हो गईं तो उनकी गुलाम हो जाओगी और ये वस्तुएँ तुझ पर राज करेंगी और जैसा चाहेंगी, वैसा तुझसे करवाएँगी।

मैं कई बार देखता हूँ कि अच्छी गाड़ी, अच्छे खिलौने, अच्छे फैशनेबल कपड़े, गहने या सोफेस्टीकेटेड और फैंसी दिखाई देनेवाले लोगों को देखकर तेरी आँखों में एक चमक आती है। बेटा, अच्छी वस्तुओं का उपयोग करने की इच्छा होना कोई बुरी बात नहीं है, उसमें कुछ भी गलत नहीं है। इसके विरुद्ध 'उत्तम की चाहत ही तुम्हें उत्तम बनाती है।' ऐसा 'गीता' में कहा है। और साथ ही यह भी कहा है कि त्याग कर भोगने का आनंद उत्तम है। 'गीता' में आत्मा, ज्ञान और कर्म की महिमा बताई गई है।...

ये अपने धर्म की फिलॉसफी है और मुझे लगता है कि इस उम्र के लिए ये सच्ची फिलॉसफी है। बेटा, ये उम्र अपने आपको बनाने की उम्र है। मैंने तुझे पहले भी कहा है कि तेरी टीनएज, मुग्धावस्था शुरू हो, उससे पहले अपने आपको तैयार करने के लिए तेरे पास ये दो वर्ष हैं, जो तेरे लिए बेहद महत्त्वपूर्ण हैं।

इन दो सालों के दरम्यान तुझे अपने आपको कुछ वस्तुओं के लिए सहज रूप से और कुछ वस्तुओं में सख्त रूप से तैयार करना है। मैंने तुझे सबसे पहले कहा था कि तुझे सच बोलना और सच जीने के लिए हर दिन नए-नए प्रश्नों का सामना करना पड़ेगा। अगर सहज रूप से उन्हें जीती रही तो तुझे कुछ पता भी नहीं चलेगा, इस तरह से सारे सवाल हल होते जाएँगे। साथ-

ही-साथ जीवन के कई प्रलोभन और दूषणों के सामने लड़ने के लिए तुझे अपने आपको सख्त रूप से तैयार करना पड़ेगा। इस सख्ताई में सबसे महत्त्वपूर्ण मुद्दा 'समाज की मान्यता' का भी है।

'समाज की मान्यता', ये शब्द अभी तेरे लिए कठिन शब्द हैं। फिर भी, तुझे समझा दूँ कि एक स्त्री के लिए समाज ने अभी जगह नहीं बनाई है। आज भी देश के कई घरों में गर्भ में लड़की हो तो उसको जन्म नहीं लेने देते। एक उम्र के पलनेवाले दो बेटे-बेटी में भी बड़ा अंतर अधिकांश घरों में दिखाई देता है।

अपने घर में अभी तुझे ये अंतर नहीं समझ में आया होगा; लेकिन जैसे-जैसे समय बीतता जाएगा, तुझे समझ में आता जाएगा कि यह समाज एक स्त्री और एक पुरुष को अलग-अलग तरह से देखता है। जिस प्रकार स्त्री होने के कुछ फायदे हैं, उसी प्रकार नुकसान भी धीरे-धीरे समझ में आता जाएगा और तुझे वह धीरे-धीरे स्वीकारना भी पड़ेगा ही।

अपने कॅरियर के आरंभ से लेकर अपनी शादीशुदा जिंदगी तक इन नुकसानों का प्रभाव तू देख सकेगी; लेकिन उससे डरने या हारने की बजाय निडरता और दृढता से उन घटनाओं में तुझे फिर एक बार अपने आपको साबित करना होगा। बेटा, कॅरियर के बारे में समाज की दृष्टि थोड़ी बदली है। ये सच है, लेकिन मन से व्यक्ति बदले नहीं हैं। जो समाज स्त्रियों को उनके सफल व्यावसायिक जीवन के लिए अभिनंदन देता है या उनका सम्मान करता है उसी समाज के पुरुष और उसी स्त्री का पति, पिता या ससुर या पुत्र उसे उतने मान से नहीं देखते हैं अथवा उसके कॅरियर—सफलता के कारण उन्हें नुकसान हुआ है, इस बारे में उन्हें बहुत कुछ कहना है, ऐसा भी हो सकता है।

लेकिन यह बात सिर्फ स्त्री तक ही सीमित क्यों है? गांधीजी जैसे महान् पुरुष के बारे में भी उनके पुत्र को फरियादें थीं, इस बारे में समाज ने कभी कोई हंगामा खड़ा नहीं किया। एक पुरुष अगर अपने परिवार के प्रति असफल हो जाता है तो उसकी इस असफलता को समाज आसानी से माफ कर सकता है; परंतु स्त्री की दुर्बलता को समाज और बड़ी करके देखता है—और इसीलिए हमें अपनी कोई भी कमजोरी किसी की नजर में आने ही नहीं देनी।

इसका मतलब यह बिल्कुल भी नहीं है कि अपनी कमजोरियों को छुपाना; बल्कि उन कमजोरियाँ को अपने आप में से निकालकर दूर करना। संभव हो सके, वहाँ तक अपनी कमजोरियों को जानकर धीरे-धीरे अपने से दूर करने का प्रयत्न करना चाहिए। कोई हमारी कमजोरी ढूँढ़कर हमें बताए, इसकी अपेक्षा हम स्वयं

ही उसे पहचानकर धीरे-धीरे दूर करें तो अच्छा होगा न! जिस तरह एकदम भरी हुई थैली में से कुछ बिना जरूरत की वस्तुएँ निकाल दें तो थैली की वस्तुओं के लिए थोड़ी जगह बन जाएगी, इसी तरह अपनी कमजोरियों को बाहर निकाल दें तो अच्छी बातों के लिए जगह नहीं होगी क्या?

तू स्वयं में संपूर्ण है। तू स्वयं ही सबकुछ बना सकती है। तेरे अंदर 'स्वयंसिद्ध' होने के वे तमाम गुण मौजूद हैं और तेरे अंदर स्वयं को सिद्ध करने की क्षमता भी है।

तेरे ग्यारहवें जन्म-दिवस पर मैं तुझे शुभेच्छा देता हूँ कि तू 'स्वयं' को पहचाने, 'स्व' को प्राप्त करे और श्रेष्ठ बने।

□

प्यारी आस्था, 12 वर्ष

मेरी प्यारी आस्था,

आज तुझे बारह वर्ष पूर्ण हो गए हैं, बारह यानी एक दर्जन।

वर्ष के महीने बारह होते हैं, राशियाँ भी बारह होती हैं।

अब तक तुझे लिखे पत्र आधा दर्जन हो चुके हैं; क्योंकि यह छठा पत्र है।

तू हर बार पत्र पढ़ती है, फिर मेरे साथ उस बारे में लंबी चर्चा करती है। उसमें से छोटी-छोटी बातें ढूँढ़कर उस बारे में प्रश्न पूछती है। तुझे एक बात कहूँ, बेटा? मुझे यह बात बहुत अच्छी लगती है; क्योंकि तेरे प्रश्नों से मुझे समझ में आता है कि तू मेरे पत्र बहुत ही ध्यान से पढ़ती है और ये पत्र मैं तुझे लिखता ही इसलिए हूँ कि तू इन्हें ध्यान से पढ़े।...

इन पत्रों का एक-एक वाक्य तेरे लिए जीवन का संदेश होता है।

महात्मा गांधी ने कहा है कि, 'मेरा जीवन ही मेरा संदेश है।'

मैंने कहीं पढ़ा था कि, 'मेरे पिता ने हमें कभी जीना नहीं सिखाया। वे सिर्फ जिए और हमने देखा।'

कभी-कभी मुझे भी विचार आता है कि इतने सारे शब्दों में कही गई यह बात कहीं तेरे लिए उपदेश तो नहीं है न? तुझे भाषण जैसा तो नहीं लगता न?

फिर मुझे खयाल आते हैं कि मुझे जो लगता है और जो समझ में आता है, उतना तो मुझे तुझे बता ही देना चाहिए।

बेटा, तुझे शायद कभी ऐसा लगता होगा कि तेरा जीवन तुझे तेरे हिसाब से जीने दिया जाना चाहिए। मुझे क्यों तुझे इतनी सारी सलाहें देनी चाहिए? या किसलिए अपने अनुभवों से मुझे तेरे जीवन को बनाने का प्रयत्न करना चाहिए? तुझे ऐसा लगे, अनुभव हो, यह बहुत ही स्वाभाविक है। सच कहूँ तो तेरी जो उम्र है, उसमें तुझे ऐसा लगना ही चाहिए। क्यों, पता है? क्योंकि तू अब अपनी आँखों से देखने लगी है।

अब हर बात के तुझे अपने अर्थ निकालने आ गए हैं। तेरी अपनी समझ

विकसित होने लगी है।

सच कहूँ तो मानव को अपनी ही नजर से देखना चाहिए, इसलिए कि हर व्यक्ति की आँख से दिखाई देनेवाला दृश्य और उसके मन में पैदा होनेवाले उसके अर्थ शेष सभी से सबसे ज्यादा अलग प्रकार के होते हैं। बेटा, शायद ऐसा हो सकता है कि मेरी आँख से देखी हुई मेरी दुनिया और तेरी तेज भरी नई आँखों से दिखाई देती ये नई दुनिया, दोनों एकदम अलग ही हों; लेकिन बेटा, अनुभव एक ऐसी पूँजी है, जो हर माता-पिता को अपने बच्चों को देनी चाहिए। हम जो जिए, जैसा जिए और उसका जो कुछ भी परिणाम आया, तुझे बताना हमारा फर्ज है। हालाँकि मैं ये पत्र तुझे फर्ज के एक भाग रूप में नहीं लिखता। मुझे तो तेरे साथ ये बातें करना अच्छा लगता है—और मुझे विश्वास है कि तुझे भी इन पत्रों को पढ़ने में उतना ही आनंद मिलता होगा।

बेटा, ये पत्र फिक्स डिपॉजिट जैसे हैं।

तू गणित में पढ़ती है, उस तरह हम निश्चित समय अवधि के लिए अगर अमुक पैसा जमा कर देते हैं तो समय गुजरने के साथ उसकी कीमत दोगुनी और अगर बाद में उस दुगुनी रकम को फिर से रख दें तो वह चार गुना हो जाती है। ब्याज और चक्रवृद्धि ब्याज तो तू पढ़ती ही है।

ये पत्र भी तेरे लिए फिक्स डिपॉजिट बन जाएँगे। इनकी आज जो कीमत है, वह दस वर्ष बाद दुगुनी कीमत के हो जाएँगे और उसके बाद के दस वर्षों बाद चार गुना।

जानती हो, कैसे? आज तो मैं तेरे पास हूँ, तेरी नजर के सामने, तेरे साथ बात कर सकता हूँ; परंतु कल शायद मैं न होऊँ। और तब तुझे मेरे साथ बात करने की इच्छा होगी तो ये पत्र तुझे तेरे पिता बनकर तुझे प्यार करेंगे, तेरे माथे पर हाथ फिराएँगे, तुझे छाती से लगाएँगे; कभी कहानियाँ कहेंगे और कभी झिड़केंगे भी, हाँ।

झिड़कने की बात से याद आया कि पिछले कुछ दिनों से तेरा गुस्सा बढ़ता जा रहा है। दादी या माँ तुझे कुछ कहें, तुझे अच्छा नहीं लगता। तेरे साथ कोई भी बात करने लगें तो अधिकांश रूप से तू उड़ाऊ उत्तर देती है या बेआरामी की स्थिति में। हमें गलत साबित करने में तुझे आनंद आने लगा है। खासकर दादी या माँ कुछ बोलें तो उन्हें सुधारकर मानो कोई जीत हासिल की हो, ऐसा संतोष तेरे चेहरे पर मैं देख सकता हूँ। उनकी सलाह पर ध्यान न देकर, उनका कहा हुआ न मानकर तुझे मानो एक प्रकार का आनंद आने लगा है। मैं देख रहा हूँ कि अब तू हर बात पर दलील कर बहस करने लगी है। हमारी हर

बात को गलत साबित करने में तुझे थोड़ा-थोड़ा आनंद आने लगा है अथवा हमने जो कहा है, वह बात ठीक नहीं है, इसे साबित करने के लिए तू बेहद लॉजिक और बुद्धि का प्रयोग करती है।

तू बुद्धिशाली है, इस बात का ज्ञान तुझे और हमें—दोनों को ही है। तू अगर चाहे तो किसी को भी गलत साबित कर सकती है और सच कहूँ तो जब तू बहस करती है तो अधिकतर तेरी बात सत्य भी होती है। तू माँ और दादी को जब अपनी बात से सुधारती है, तब तेरी बात में वजन होता है। तू अधिक पढ़ती है, आज की दुनिया के अधिक संपर्क में है, इसलिए आधुनिक साधनों के बारे में, टेलीविजन के बारे में या अन्य और बहुत सारी बातों की अधिक जानकारी तेरे पास होती है। ये सब सच है।

मैंने ही तुझे बताया है कि बहस करने में, दलील करने में, अपनी बात की प्रस्तुति में हिचकना नहीं चाहिए; लेकिन तू जिस तरह से बोलती है, वह तरीका सही नहीं है। चिढ़कर, गुस्से होकर और असभ्य/खराब तरीके से तू जो जवाब देती है, क्या वह ठीक है?

शायद तुझे लगता होगा कि जो गलत है, उसे गलत कहने में बुराई क्या है? इसमें कुछ खास गलत नहीं है; परंतु हाँ, सिर्फ करने के लिए की गई बहस या दलील समय और शक्ति दोनों का ही नुकसान करती है। कई बार मैं देखता हूँ कि हमारी बात सच है, यह समझने के बाद भी तुझे तेरी बात सच्ची थी, ये बात कहने के लिए एक-आध वाक्य तो तुझे याद आ ही जाता है।

आखिरी वाक्य तो तू ही बोलती है। उत्तर देकर सामनेवाले का मुँह बंद करने में तुझे आनंद आता है, इसे मैं देख सकता हूँ। परंतु वास्तव में ऐसा करने से तू क्या सचमुच जीतती है? इस व्यवहार से सामनेवाले व्यक्ति को जो दुःख होता है, क्या वह तुझे समझ में आता है? तेरे ऐसे असभ्य व्यवहार से तेरी दादी को जो अपमान का अनुभव होता है, क्या तू इस बारे में जाग्रत् है? माँ कोई काम सौंपती है और तू स्पष्ट न कर देती है, तब उसे जो तकलीफ होती है, उसका खयाल तुझे आता है या नहीं?

तू छोटी थी, हम पर आधारित थी, तब क्या कभी हमने तेरे साथ ऐसा व्यवहार किया है? हम तेरे पीछे-पीछे भागते थे, तेरे मुँह में खाना डालने, कभी तेरी दादी तो कभी दफ्तर से आकर सीधे तुझे लाड़-दुलार करने लगती, तेरे खाने-पीने की चिंता करने लगती तेरी माँ। एक गिलास पानी पीने के लिए भी नहीं रुकते समय

उसने जो तुझे प्यार किया, तेरी जो चिंता की, क्या तूने उसका विचार किया है कभी?

बेटा, हम तेरे माता-पिता हैं, इसलिए हम सच्चे ही हैं, ऐसा मैं नहीं कहना चाहता। तू कभी देखती भी होगी कि तेरी दादी सच्ची न भी हो, मेरे गले से उसकी बात न भी उतरती हो तो भी उस क्षण दलील या बहसबाजी में पड़े बिना मैं शांत होकर उनको सुनता हूँ। इसमें ऐसा नहीं है कि मुझे बुद्धि नहीं है या मैं अज्ञानी हूँ; लेकिन ये दादी के प्रति मेरे मन में जो सम्मान है, वो है।

सच्ची बात कहना तुझे मैंने ही सिखाया है; लेकिन क्रोध से, असभ्य व्यवहार या सामनेवाले व्यक्ति को खराब लगे, इस तरह से कहना ठीक नहीं है। मुझे तेरी बुद्धि पर मान है; लेकिन तेरी यह प्रकृति/स्वभाव मुझे थोड़ा विचलित कर जाता है।

अब तक मैं और तेरी माँ तेरे कपड़ों तथा जूतों को पसंद करते थे, लेकिन अब पिछले साल से ये काम तूने स्वयं करना शुरू कर दिया है, जो तुझे अच्छा लगता है। अपने बाल तू स्वयं सँवारती है। कहाँ क्या पहनना या रेस्टोरेंट में जाकर क्या खाना है, ये भी अब तू तय करती है। छोटी-छोटी बातों में तू खुद पसंद करने लगी है, यह देखकर मुझे बहुत खुशी होती है, इसलिए नहीं कि मैं अपनी जिम्मेदारी से मुक्त होने लगा हूँ, बल्कि इसलिए कि तुझे पसंद-नापसंद का खयाल आने लगा है।

सिर्फ इतनी ही बातों में सब 'खुद' करना ऐसा नहीं है, धीरे-धीरे खुद से हो सके, ऐसे सभी काम तू खुद करना सीख जाए तो मुझे अच्छा लगेगा।

मैं स्वयं की मेहनत और स्वावलंबी होने में विश्वास करता हूँ। जीवन भर मैं तुझे स्वावलंबी बनने और मेहनत करने का उपदेश देता ही रहूँगा। लेकिन अपना काम तू स्वयं करती है, यह देखकर मुझे खुशी इसलिए होती है कि तू दूसरों पर निर्भर होना कम कर रही है। जब हम अपना काम स्वयं करते हैं, तभी हमें खयाल आता है कि उसमें कितना समय लगता है और कितनी मुश्किल पड़ती है।

बाथरूम से आवाज लगाकर तौलिया माँगने की अपेक्षा नहाने जाते समय स्वयं तौलिया लेकर जाना, नाश्ते का डब्बा स्वयं तैयार करना, पानी की बोतल खुद भरना, महीने में एक बार अपने ड्रॉअर सही तरीके से साफ करना, अपना कमरा साफ करना—ये सब काम तू करती है, तभी तुझे समझ में आता है कि तेरी माँ की कितनी मेहनत और कितना समय इनके पीछे जाता है।

अब तू अपना होमवर्क, अपने प्रोजेक्ट खुद करने लगी है। सारी सूचनाएँ भी खुद ही प्राप्त करने लगी है। कंप्यूटर पर खुद टाइप करके खुद ही उस का प्रिंट आउट भी करने लगी है। प्रेजेंटेशन बनाती है। मैं धीरे-धीरे अपनी जिम्मेदारियों से मुक्त हो रहा हूँ। हँस मत मेरी बेटी, मुझे जिम्मेदारी से कोई आलस नहीं आता,

न ही थकावट, अनमना-सा लगता है।

अगर ऐसा होता तो मैंने विवाह करना और परिवार बनाने की बात को भी टाला ही होता न! मुझे खुशी इसलिए हो रही है कि धीरे-धीरे मैं ऐसे काम करूँगा, जिन्हें करने के बारे में मैंने सिर्फ सोचा था कि करूँगा, लेकिन कर नहीं सका।

जिम्मेदारी से मुक्त होने का भी अपना ही एक अलग आनंद होता है; लेकिन जिम्मेदारी पूरी करने के बाद।

अब तू अपना काम खुद कर सकती है, इसलिए अब मैं और तेरी माँ सुबह की चाय साथ में पी सकते हैं। तू छोटी थी, तब तेरा लंच बॉक्स तैयार करना, तेरा स्कूल बैग व्यवस्थित व तैयार करना और तुझे तैयार करने जैसे काम करने में ही हमारी सुबह गुजर जाती थी। तू जाए, तब तक तो खाने और टिफिन का समय हो जाता था। तेरे जन्म के बाद कितने ही वर्षों तक हमने सुबह की चाय साथ पी ही नहीं। लेकिन अब तू अपना काम कर लेती है, इसलिए हम इन जिम्मेदारियों से मुक्त हैं और मुक्त हैं, इसलिए उसका आनंद उठा सकते हैं।

बेटा, अधिकतर लोगों के जीवन ऐसे ही बीत जाते हैं, क्योंकि संसार का चक्र ही ऐसा है। दैनिक काम ही तुम्हारा इतना अधिक समय ले लेते हैं कि वास्तव में जो करने की इच्छा होती है, उसके लिए समय ही नहीं बचता।

सितांशु यशचंद्र ने अपनी एक कविता 'जटायु' में इस बात का निर्देश बहुत ही सुंदर ढंग से किया है। उनकी कविता की पंक्तियाँ कहती हैं—'जंगल का हरा अंधकार जैसा कहे वैसा सभी करते हैं—घूमें, फिरें, चरें, रति करें, गर्भ-धारण करें, पैदा हों, मरें'। बेटा, इसमें 'र' प्रास जो है न, वह संपूर्ण बात को एक रुटीन देता है।

जैसे ही सुबह हमारी आँख खुलती है, वैसे ही हम सब एक दिनचर्या में जीते हैं। हमें पसंद हों, ऐसे काम, जैसे कि उगते हुए सूरज को देखना, पक्षियों का गीत सुनना, छपरे में से टपकते बरसात के पानी को सहना या बारिश के पानी में भीगे हुए पक्षी को पंख फड़फड़ाकर अपने आपको सुखाते हुए, पानी उड़ाते हुए देखना। बाँस में से गुजरती हवा की बाँसुरी सुनना या चाँदनी रात को शांत सरोवर में प्रतिबिंबित होते चंद्र को देखना। अलग-अलग प्रांतों की जीवन-शैली का आनंद उठाना या हिमालय पर बर्फ से ढँके शिखरों को देखकर मन-ही-मन में शिवजी के निवास-स्थान को याद कर लेना। कभी देर रात किसी संगीत के जलसे में जाना या कभी बेमतलब ऐसे ही अकेले बैठकर जिंदगी के दिनों को याद करना।

धीरे-धीरे हम लोग इतनी सारी आवाजों—शोर के बीच जीते हैं कि हमें

अपनी आवाज ही सुनाई देनी बंद हो जाती है।

जिम्मेदारियाँ—चाहे हमने स्वयं ही क्यों न उठाई हों, लेकिन कभी-कभी थका-सी देती हैं। अनचाही समस्याएँ आकर खड़ी हो जाती हैं। सिनेमा जाने के लिए टिकट आ चुकी हो और मेहमान आ जाएँ, तब समय बचाने में जो दौड़-धूप करनी पड़ती है और मन मसोसना पड़ता है, ठीक वैसा ही जीवन की अलग-अलग घटनाओं में बार-बार होता है। जिम्मेदारी से बोझ नहीं लगता है, पर कभी-कभी थकावट लगती है और ये थकावट हमें अपने शौक, अपने मित्रों और अपनी आवाज से दूर ले जाती है।

अब जब जिम्मेदारियाँ घट रही हैं, तब मुझे अपनी आवाज सुननी है।

मैं तब बहुत छोटा था, जब दादाजी का देहावसान हो गया। जिंदगी की भाग-दौड़ में मेरा हाथ मेरे अपने ही हाथ से कब छूट गया, मुझे इसका पता भी नहीं चल सका। मेरे शौक, मेरी पसंद-नापसंद के लिए मुझे समय ही नहीं मिला। मेरा अपने—आपके के साथ वार्त्तालाप कम होते-होते धीरे-धीरे बंद हो गया।

बेटा, मैं नहीं चाहता कि तेरे साथ भी ऐसा हो। किसी भी परिस्थिति में अपने आपके साथ अपना संवाद अवश्य जारी रखना; क्योंकि चाहे तुझे कितने भी मित्र मिलें, परंतु तेरा सबसे सच्चा मित्र तू खुद ही बनेगी। जिंदगी के साल तुझे बहुत कुछ देंगे, जिसमें कितने ही अच्छे मित्रों के साथ-साथ और भी कई बातें होंगी। परंतु बेटा, आनंद-प्रमोद में, सुख के समय में या दु:ख के समय में अपने आपके साथ बात करना भूलना मत। जब तू चारों तरफ से घिर जाए और सारी दिशाएँ बंद हो जाएँ, तब तुझे तेरा मन ही मात्र ऐसा होगा, जो रास्ता बताएगा। यह बतानेवाली तेरी आत्मा या तेरा 'स्व' ही होगा।

कई बार ऐसा हो सकता है कि तेरी अकेले की आवाज दूसरों से एकदम अलग हो। तू जो कह रही हो, उसके साथ कोई भी सहमत न हो। तू जो मानती है, वैसा तेरे साथ का कोई भी न माने।

ऐसे समय में तू अपने आपसे एक बार फिर पूछना कि तू जो कह रही है, वह तेरा अहं है या वास्तव में तेरी मान्यता है या तेरा सिद्धांत है?

हाँ, अगर तेरी आत्मा तुझे यह कहती है कि तू जो कह रही है, वह सचमुच सत्य है तो फिर डरे बिना अपनी दिशा में चलती रहना। मुझे विश्वास है कि तू पीछे मुड़कर देखेगी तो कई लोग तेरे पीछे आ रहे होंगे।

दुनिया के बहुत से महान् लोग पहले अपने विचारों में बिल्कुल अकेले ही थे। जैसे-जैसे समय बीता, आज दुनिया उन्हें उनके उन विचारों के लिए ही नतमस्तक

होकर याद करती है। ईशुख्रिस्त, फ्लोरेंस, नाइटिंगल, जहोन ऑफ आर्क, गांधीजी, गैलीलियो और मदर टेरेसा जैसे कितने ही उदाहरण तुझे दिखाई देंगे। इनमें शुरुआत में इन लोगों की बातों के साथ सहमत होनेवाले मुट्ठी भर लोग ही थे; लेकिन समय के साथ ये लोग एक उदाहरण, एक मिसाल, एक इतिहास या एक सवाल बन गए।

महान् बनना जिंदगी का उद्देश्य नहीं हो सकता। बेटा, ऐसे ही महान् बनना कोई जरूरी भी नहीं।

सामान्य होना भी सही अर्थों में बहुत मुश्किल है। इतनी विशाल दुनिया में, जहाँ भयानक स्पर्धा चल रही हो और एक-दूसरे को धक्का देकर व्यक्ति आगे निकलकर स्वयं के महत्त्व को साबित करने पर तुला हो, अपनी श्रेष्ठता साबित करने के लिए या अपने आपको सबसे बढ़िया साबित करने की दौड़ में लगा हो, ऐसे समय में अपनी सरलता, सामान्य होना और सत्य को सँभालकर रखना सचमुच मुश्किल है।

मैं कई बार सोचता हूँ, तब मुझे समझ में आता है कि नरसिंह मेहता ने अपने शुरुआती दौर के वर्षों में जो पद लिखे, वे बहुत ही कठिन थे।

'ब्रह्म लटका करे ब्रह्म पासे'—जैसे कठिन वाक्य को उन्होंने, 'अखिल ब्रह्मांड में एक तू ही श्रीहरि' जैसे सरल रूप दिए। बात एक ही है, परंतु कहने की रीत बदल गई थी।

और बेटा, सही अर्थों में देखा जाए तो बात वही ठीक है, जो दूसरों तक आसानी से पहुँचती है। तुम्हारी बात इतनी मुश्किल और उसका अर्थ इतना उलझन भरा नहीं होना चाहिए कि सामनेवाले व्यक्ति को तुम्हारी बात से गलतफहमी खड़ी हो जाए। बेटा, सरल व्यक्तित्व होना अच्छे जीवन की पहली सीढ़ी है।

जैसा कि मैंने तुझसे कहा कि अपना पहला मित्र तू खुद है, उसी तरह मुझे तुझसे कहना है कि दुनिया में कोई अकेला नहीं रह सकता है। सभी को साथी की, मित्रों, स्नेहियों और रिश्तेदारों की जरूरत पड़ती ही है। मनुष्य एक सामाजिक प्राणी है। अपने सुख के लिए मनुष्य ने समाज की रचना की है। लेकिन बेटा, धीरे-धीरे मानव के लिए समाज होने की अपेक्षा मानव समाज के लिए जीनेवाला व्यक्ति बन जाता है।

अब गलती इसमें किसी की भी नहीं है। अगर है भी तो पीढ़ी-दर-पीढ़ी चलती आ रही गलत पालन-पोषण की परंपरा है। और हम तुम्हें ऐसा सिखाते हैं कि सच बोलना, लेकिन कोई तुम्हारा विश्वास नहीं करेगा अथवा यूँ सिखाएँ कि

अगर तुम्हें सबका प्रिय बनना हो तो विनम्र बनना या ईमानदार बनना तो ही समाज में तुम्हारा सम्मान होगा। तो गलती किसकी है? मेरी बेटी, क्या तू समझी? और तुम्हें कुछ पाने के लिए कुछ बनना सिखाते हैं, इसका अर्थ यह होता है कि समाज में सम्मान न मिले तो ईमानदार होने की आवश्यकता नहीं है या तुम्हें अगर प्रिय न बनना हो तो विनम्रता की क्या कोई आवश्यकता है? या तुम्हें अगर किसी का विश्वास संपादित न करना चाहिए हो तो क्या सच बोलने की जरूरत है?

मेरी बेटी, यदि नींव ही कच्ची है, तो फिर हम बाँध का काम मजबूत होगा, ऐसी आशा ही कैसे कर सकते हैं? अगर हम ही तुम्हें यह सिखाएँ कि अगर यह सब आपको न मिले तो आपके मन में जो आए, उस तरह से व्यवहार करने की छूट है तो गलती किसकी है—हमारी या तुम्हारी? बेटा, मैं तो तुझे एक ही बात सिखाता हूँ, जीवन में कोई अच्छा गुण कुछ प्राप्त करने के लिए विकसित नहीं करना। अगर विकसित करो तो इसलिए करना, क्योंकि तेरा मन और तेरी आत्मा उसे सद्‌गुण—अच्छा गुण माने।

किसी के साथ सच बोलकर तुझे अच्छा लगेगा ही। कोई तुझ पर विश्वास करे, यह तुझे अच्छा लगेगा ही।

श्रीकृष्ण से रजनीश तक हरेक ने एक ही बात कही है—चाहे अलग तरह से कही हो, पर बात तो एक ही है,—'कर्मण्ये वाधिकारस्ते मा फलेषु कदाचन।' फल की इच्छा रखकर किए गए काम में आनंद प्राप्ति नहीं होती, न ही दूसरों को, न ही हमें, ऐसा मेरा अपना अनुभव कहता है।

अगर तेरा काम सच्चे दिल से किया गया होगा और उसमें तूने अपने शत-प्रतिशत यानी सौ प्रतिशत प्रयत्न किए हों तो जैसा चाहो, वैसा परिणाम आएगा ही, ऐसा भी मेरा अनुभव कहता है।

बेटा, यह बात तुझे इसलिए कहनी है, क्योंकि अगले साल से तुझे दसवीं की परीक्षा की तैयारी करनी है। हमारे देश में मैट्रिक की परीक्षा—दसवीं की परीक्षा का बहुत ही महत्त्व है। उसमें भी हमारे पास तो कोई व्यापार या बाप-दादाओं का कारोबार नहीं है, इसलिए तुझे अपना कॅरियर अपने आप ही बनाना पड़ेगा। 'पहला नंबर' प्राप्त करने की विचारधारा के साथ मैं कभी सहमत नहीं हुआ। मैं ऐसा मानता हूँ कि इनसान जो पढ़ता है, उसे वह बराबर आना चाहिए। हाँ, उसका कौन सा रैंक यानी कौन से नंबर पर वह आया है, इस पर से उसके होशियार होने का आधार न मैंने कभी माना है और न ही कभी किसी को मानने दिया है।

बेटा, मैं चाहता हूँ कि तू जिंदगी में सब कुछ प्राप्त करे। वह सब तू पाए,

जो तू चाहती है। और उसे प्राप्त करने के लिए तैयारी करने का समय अब शुरू हो गया है। तुम्हारे स्पोर्ट्स में वो कहते हैं न कि 'ऑन योर मार्क, गे: सेट'' एंड गो।' बस, इसी तरह से तू अपना मार्ग बना, ध्येय तय कर, लक्ष्य बना—उसके लिए तैयार हो जा और निकल पड़।

'गीता' में भगवान् श्रीकृष्ण अर्जुन से कहते हैं, ''उत्तिष्ठ! जाग्रत्! प्राप्त वरान्निबोधत्।''

उठो! जागो और अपने ध्येय-प्राप्ति तक प्रयास करो।

आज तेरी बारहवीं सालगिरह पर मुझे भी तुझसे यही कहना है।

हैप्पी बर्थडे।

□

प्यारी आस्था, 13 वर्ष

आस्था,

जब तू सात साल की थी, तब से तुझे पत्र लिखता हूँ। यह सातवाँ पत्र है।

अंग्रेजी में 'सेवन इयर्स इच' कहा जाता है। हर सात साल के बाद भूमिशास्त्र, जलवायु और वातावरण में छोटे-बड़े बदलाव आते हैं। ठीक इसी तरह मानव के रिश्तों में भी हर सात वर्ष में एक बदलाव आता है।

आज से अपने रिश्ते में भी एक बदलाव आएगा।

मैं तुम्हारा पिता तो रहूँगा ही, लेकिन आज से मैं तुम्हरा मित्र बनूँगा। कल जब मैं घर आया, तब तू टी-शर्ट पहनकर घर से बाहर जाने के लिए रवाना हुई थी। मुझे आश्चर्य तो हुआ था, लेकिन खुशी भी हुई थी। थोड़ा ढीला, थोड़ा चौड़ा और फिर भी वह टी-शर्ट तुझ पर फब रहा था।

तू थोड़ी बड़ी भी लगती थी।

हालाँकि आजकल तो हर रोज सुबह तू मुझे थोड़ी बड़ी हो गई लगती है। तेरे चेहरे में, तेरे व्यवहार में हर रोज में कई नया, छोटा सा बदलाव दिखाई देता है।

तू अब टीनएज में—किशोरावस्था में प्रवेश करेगी। आज से तू 'टीनएजन' कहलाएगी।

थर-टीन—जिंदगी की बहुत ही खूबसूरत उम्र होती है। टीनएज में प्रवेश कर चुकी तू आज से गुड़िया, छुटकी, ननकी, मुनिया जैसे रिश्तों में से बाहर निकल गई है। तुझे 'यंग लेडी' कहा जा सकता है या 'मुग्धा' अथवा 'किशोरी' कहा जा सकता है।

मुझे ऐसा लगता है, मानो एक ही रात में तू बड़ी हो गई है। क्या सचमुच ऐसा है या मुझे ऐसा लगता है?

कल मैंने तुझे शीशे के सामने खड़े होकर अपने बाल सँवारते हुए देखा। तू जिस तरह ध्यानपूर्वक व गौर से अपने चेहरे को देख रही थी, उसी ध्यान से तू अपने

बाल अपने माथे पर रख रही थी, जिसे देखने का मुझे बहुत आनंद आ रहा था।

आजकल शीशे के सामने तू कुछ ज्यादा ही समय नहीं बिताने लगी? तेरे कपड़ों, तेरे दिखाव के बारे में तू अब सजग हो गई है। शाम को बाहर जाने से पहले कपड़े बदलना या किसी भी जगह जाने से पहले कपड़े कौन से पहनने हैं, इसकी पसंदगी में अच्छा-खासा समय लगाना तुझे अच्छा लगने लगा है। मेकअप के साधन, परफ्यूम और डीओ तेरी आलमारी में जगह लेने लगे हैं।

बाथरूम में भी तरह-तरह के लिक्विड सोप, शैंपू, कंडीशनर और स्किन केयर के साधन दिखाई देने लगे हैं।

अच्छा भी लगता है और थोड़ी हँसी भी आती है। ये तेरी गलती नहीं है, तेरी उम्र का आनंद है।

यह उम्र अपने बारे में जाग्रत् होने की उम्र है। सही अर्थों में देखा जाए तो 'बड़ा होने' की शुरुआत यहीं से होती है। बाल्यावस्था पूर्ण हो और युवावस्था शुरू हो, इन दोनों अवस्थाओं के बीच 'नो मैन्स लैंड' की बाड़ समान है ये उम्र। समझ में न आए, ऐसी भावनाएँ पैदा होती हैं, अपने बारे में समानता का खयाल विकसित होता है। इसके बावजूद बाल-सुलभ कौतूहल रहता है, लाड़-प्यार अच्छा लगता है और बावजूद इस स्वतंत्रता प्राप्ति की इच्छा होती है। ये सब इस उम्र में बड़ा ही स्वाभाविक है।

दादी आजकल बार-बार कहती रहती हैं, 'ताड़ जैसी बढ़ गई है।' तेरी माँ भी कहती है, 'आस्था, अब तू बड़ी हो गई है, बेटा।'

आज तुझे देखा तो लगा कि मेरी बेटी तो सचमुच बड़ी हो गई है।

पाँच फीट सात इंच की लंबाई और कमर तक लंबे बाल, अपनी माँ जैसी नीची नाक, मेरे जैसी आँखें और ठोड़ी में पड़नेवाले गड्ढे को लेकर जनमी तू अब सचमुच किसके जैसी लगती है, यह कहना मुश्किल है।

लेकिन हाँ, मुझे यह तो स्वीकार करना ही चाहिए कि तू बहुत सुंदर दिखती है। ओ! हँस मत। मुझे पता है, तूने तीन दिन पहले ही मुझे कहा था कि "सभी पिताओं को उनकी पुत्रियाँ ब्यूटीफुल ही लगती हैं।" परंतु बेटी, तू सिर्फ मुझे ही सुंदर नहीं लगती, बल्कि मैं अपने आस-पास के कई लोगों की आँखों में तेरे लिए ये भाव देख सकता हूँ। तेरे कमर तक लंबे बाल तेरी उम्र की कई लड़कियों की आँखों में ईर्ष्या के भाव ले आते हैं। तेरी चमड़ी का गोरा गुलाबी रंग और मेरे जैसी भूरी आँखें, तेरी मम्मी जैसी झुकी नाक—कुल मिलाकर तू सुंदर है, इसमें कोई दो राय नहीं है।

लेकिन निरंतर अपनी सुंदरता के बारे में ही जाग्रत् रहना, उसके बारे में ही सोचना और उसे बनाए-बचाए रखने के प्रयत्न करते रहना ही बहुत योग्य नहीं है।

बेटा, शरीर की सुंदरता और उसके लिए जाग्रत् रहना कोई बुरी बात नहीं है। अपने शरीर को प्रेम करना कोई कमजोरी नहीं है; बल्कि मैं तो ऐसा मानता हूँ कि शरीर में आत्मा का निवास होता है, अत: उस शरीर को आत्मा के मंदिर के समान झाड़-पोंछकर साफ रखना चाहिए, उसका शृंगार करना चाहिए। इतना ही नहीं, आत्मा उसमें आराम और शांति से निवास कर सके, ऐसी सारी सुविधाएँ उपलब्ध करानी चाहिए।

परंतु क्या तुझे एक बात समझ में आती है बेटा, कि शरीर को झाड़-पोंछकर साफ करने का मतलब क्या है? मसाज करना? स्कीन केयर करना? नहीं बेटी, शरीर के अंदर एक मन रहता है और उस मन के अंदर बहुत ही गंदगी भरती जाती है। शरीर को साफ-सुथरा करने का मतलब है—उसमें व्याप्त ईर्ष्या, क्रोध, अहंकार जैसे दुर्गुणों को बाहर निकालना। इन सब भावों को दुर्गुण क्यों कहा गया होगा? इनमें ऐसा क्या है कि वे शरीर को गंदा करते हैं?

बेटा, क्या कभी तूने इस बात पर गौर किया है कि तू हँसती हो, गाती हो, बारिश को अपनी भूरी आँखें और लंबी पलकों से टुकुर-टुकुर देखती हो, तब तू कितनी सुंदर लगती है? लेकिन, क्रोध में जब बहस करती हो, पैर पछाड़ती हो, अपनी माँ के साथ ऊँची आवाज में बोलती हो या दादी को अमुक प्रकार से चुप रहने को कहती हो, तब तुम इतनी सुंदर नहीं लगती हो, बल्कि तनी हुई भवें, फूले हुए गाल और तंग हो चुके चेहरे के साथ तू भद्दी, असुंदर लगती है।

जो वस्तु तुझे असुंदर, भद्दा दिखाए, वे भाव अर्थात् कचरा। अपने रूप-रंग के बारे में, गुणों के बारे में, अपनी कार्य-कुशलता या श्रेष्ठता के बारे में जब तुम्हारे मन में अभिमान आता जाता है, जब तुम्हें दूसरों की बातें अच्छी नहीं लगतीं—चाहे वे सच्ची ही क्यों न हों; जब तुम्हें ईर्ष्या, क्रोध आने लगे और तब ये भावनाएँ धीरे-धीरे तुम्हारे स्वभाव में स्थायी होने लगें, तुम्हारा स्वभाव बन जाए। याद रखना, मानव का चेहरा उसके स्वभाव का दर्पण होता है।

एकदम छोटे से बच्चे की आँखों जितनी स्वच्छ आँखें या त्वचा हमारे पास नहीं होतीं, क्योंकि हमारे पास उसके जितना स्वच्छ मन नहीं होता। जैसे धीरे-धीरे बच्चे में छोटे-बड़े अवगुण प्रवेश करने लगते हैं, तब उसकी भी आँखें और त्वचा बदलने लगती है—अवगुण सिर्फ हमारे मन पर ही नहीं, हमारे संपूर्ण अस्तित्व पर

प्रभाव डालते हैं। हम जैसा सोचते हैं, वैसा ही बनते जाते हैं।

एक ही व्यक्ति का चेहरा दो अलग-अलग भावों की अभिव्यक्ति में अलग-अलग दिखता है। क्यों, ठीक है न?

इसका अर्थ यह है कि चेहरों में जो भाव अच्छे हैं, प्रेममय, पसंदीदा या खूबसूरत दिखते हैं, वे भाव सद्‌गुण हैं और चेहरों के जिन भावों में से तिरस्कार दिखाई दे, जिसे फिर देखने की इच्छा न हो, जो जरा भी अच्छे न लगते हों, वे भाव अर्थात् दुर्गुण हैं?

मैं चाहता हूँ, तेरा चेहरा हमेशा फूल के समान खिला और प्रेम से भरा हुआ रहे। सभी तुझे तेरी अच्छाई, तेरी सरलता, निरभिमान और तेरी सच्चाई के लिए तुझे चाहें।

मैं फिर से कहता हूँ, लोग तुझे चाहें, इसलिए इन गुणों का विकास करना, प्राप्त करना नहीं है, बल्कि तेरे अंदर ये गुण होंगे ही, इसलिए सभी तुझे चाहें।

तू मेरी बेटी है और मुझे तो तू हमेशा प्यारी लगेगी ही; लेकिन जब तू सरल हो, सच्ची हो, अभिमान-रहित हो और विनम्र हो, तभी तू मुझे अधिक प्यारी लगेगी।

मैं जब बहुत छोटा था, तब एक परी कथा पढ़ी थी—'स्नो व्हाइट'। मैंने कई बार यह कहानी तुझे सुनाई भी है। इस कहानी में एक रानी संगमरमर पर गिरी अपने खून की एक बूँद को देखकर भगवान् से कहती है कि हे भगवान्! बर्फ जैसी सफेद, खून जैसे लाल होंठ हों जिसके तथा आबनूस की लकड़ी जैसे काले बाल हों जिसके और सेब की ललाश लिये हुए गाल हों जिसके, ऐसी कोमल बेटी उसे वरदान में दें··· । ठीक है। मैंने भी ईश्वर से ऐसी ही एक बेटी माँगी थी और उसने मुझे ऐसी ही बेटी दी भी है।

पहले जब मैं तुझे कहानी सुनाता था, तब तेरी आँखों में आश्चर्य दिखाई देता था। तेरे बाल-सुलभ प्रश्न और चेहरे पर आते-जाते भाव देखकर मुझे बहुत मजा आता था। धीरे-धीरे कहानियाँ सुनाना बंद हो गया और अब तुझे पढ़ते हुए देखता हूँ, तब भी तेरे चेहरे पर आते-जाते ये भाव मैं देखता हूँ।

मुझे तेरी यह बात बहुत अच्छी लगने लगी है। तू बहुत पढ़ती है। इतना ही नहीं, तुझे याद भी खूब रहता है। कहानियों की पुस्तकें पढ़ते हुए तो तुझे मैं देखता हूँ बार-बार, लेकिन परीक्षा के लिए पढ़ने हेतु तुझे टोकना पड़ता है। जबकि कोई नई पुस्तक या पत्रिका घर में पहुँची नहीं कि पहले पन्ने से आखिरी पन्ने तक पढ़े बगैर तू छोड़ती नहीं है। बेटा, मैं भी इतना ही पढ़ता था और मुझे लगता है कि आज मेरा जो भी व्यक्तित्व है, उसमें पुस्तकों का बहुत बड़ा योगदान है।

पिछली बार मैंने तुझे तेरे पहले मित्र—तेरे स्वयं के बारे में कहा था। इसी तरह आज तुझे तेरी दूसरी मित्र—पुस्तकों के बारे में कहना है। कवि सुरेश दलाल कहते हैं कि ''पुस्तकें विश्व की तरफ खुलती मन की बारी हैं।'' तुझे क्या यह वाक्य समझ में आता है, बेटा? इसका अर्थ है—'पुस्तकें तुम्हें विश्व की तरफ देखने के लिए खिड़की को खोल देती हैं।'

पुस्तक में से मानो दुनिया सिमटकर तुम्हारे मन में उतर जाती है। हालाँकि अब तो इंटरनेट और ई-बुक पुस्तकों का स्थान लेती जा रही है। कोई भी जानकारी अगर पुस्तक में से चाहिए तो समय लगता है; जबकि नेट या ई-बुक, सी.डी. अथवा डी.वी.डी. रोम जैसे साधन—तुम्हें जैसी चाहिए—वैसी जानकारी तुरंत खोलकर दे देते हैं।

लेकिन बेटा, उसके लिए लैपटॉप या पी.सी. चाहिए, इंटरनेट कनेक्शन चाहिए, बैटरी या इलेक्ट्रिसिटी चाहिए; जबकि पुस्तक तुम्हारे एक हाथ में समा जाती है। अपने लिए पुस्तक कोई सुविधा नहीं चाहती। घर के किसी भी शेल्फ पर पड़ी हो और तुम उसे छुओ, प्यार करो और खोलो। वह उसकी राह देखा करती है। कितना सच्चा और अच्छा मित्र।

जबकि तुम्हारे मित्र? आज शायद उनके पास समय हो, लेकिन कल न भी हो—तुम्हारे अपने पास भी समय हो न हो; लेकिन पुस्तक के पास तुम्हारे लिए निरंतर समय होता है। बेटा, एक पुस्तक जो तुम्हें सिखा सकती है, वह शायद कोई और नहीं सिखा सकता, ऐसा भी हो सकता है। तुझे मैं अपना एक रसप्रद अनुभव कहूँ, मैं जब-जब उलझन में फँस गया, परेशान हुआ, जब-जब प्रश्नों ने मुझे उलझन में डाला, तब-तब रैक पर पड़ी हुई किसी भी पुस्तक को उठाकर उसका कोई भी एक पन्ना मैंने खोला—और बेटा, तू नहीं मानेगी; लेकिन मुझे हर बार उसमें से मेरे प्रश्न का उत्तर मिला है।

पुस्तक का उत्तर ईश्वर जैसा होता है।

ईश्वर से आप कुछ माँगो या फरियाद करो तो वे स्वयं हाजिर नहीं होते हैं; लेकिन किसी-न-किसी रूप में, किसी-न-किसी तरह तुम तक तुम्हारे सवाल का उत्तर अवश्य भेजते हैं।

ऐसा भी हो सकता है कि उत्तर 'न' में हो। अपनी समस्या यह है कि हमें 'न' सुनने की आदत नहीं है। माता-पिता, मित्र या किसी से भी हम अपेक्षा रखते हैं और ये अपेक्षा जब पूरी नहीं होती है तो हमारा मन दुःखी होता है अथवा मन को खराब लगता है। 'न' एक उत्तर है और यह उत्तर आपको सुनना और समझना

आना चाहिए, यह महत्त्वपूर्ण है।

सिर्फ यह उत्तर सुनकर या समझकर रुक जाना नहीं है, बल्कि उसे स्वीकार करना भी आना चाहिए।

जब ईश्वर तुम्हें कुछ प्राप्त करते हुए रोकता है या तुम्हें वह देने से इनकार करता है तो उस बारे में दुःखी होना, फरियाद करने की बजाय सिर्फ प्रतीक्षा करनी चाहिए। उसने तुम्हारे लिए कुछ अधिक श्रेष्ठ, अधिक उत्तम भविष्य की पिटारी में छुपाकर रखा होगा, ऐसा मानकर आगे बढ़ते रहना चाहिए।

प्रयत्न करते रहना चाहिए और प्रयास करते रहना चाहिए।

ईश्वर की तरह पुस्तक की भी अपनी भाषा होती है।

बेटा, मैं भाषा अर्थात् गुजराती, हिंदी, इंग्लिश या मराठी की बात नहीं करता हूँ। मैं जो कहता हूँ, उस भाषा को शब्दों से कुछ लेना-देना नहीं है। उस भाषा की कोई लिपि नहीं है। उसे लिखा नहीं जा सकता, पढ़ा नहीं जा सकता, फिर भी उसे समझा जा सकता है।

मैं तुझे छुऊँ कि तुरंत तुझे समझ आता है कि मेरे स्पर्श में प्यार है। कभी गुस्से होकर तेरी मम्मी तेरा हाथ पकड़ती है तो स्पर्श से तुझे क्रोध या नापसंदगी का पता चलता है।

तेरी आँखों से आँसू गिरे नहीं कि हमें तुरंत समझ में आता है कि ये आँसू जिद के हैं या पीड़ा के हैं। तू जब हमारे सामने देखती है तो तेरी आँखों में नापसंदगी है, फरियाद है, प्यार है या हमारे किसी व्यवहार के प्रति गुस्सा है, वह तेरे द्वारा शब्दों में कहे बगैर ही हमें समझ में आता है। मैं उस शब्द रहित, बिना लाइन की, लिखा न जा सके, जिसे पढ़ा न जा सके, फिर भी समझा जा सके, अनुभव किया जा सके, ऐसी भाषा की बात करता हूँ।

तुझे पता है बेटा, बच्चा जब एक शब्द भी नहीं बोल सकता हो, तब से शुरू करके भाषा पूरी तरह से बोलना शुरू करे, वहाँ तक उसे उसकी माँ बराबर समझ लेती है। ऐसा कैसे होता होगा?

ईश्वर भी सामान्य रूप से हमारे बिना कहे ही हमारी बात जानता है और समझता है।

याद है, मैंने तुझे उस गुरु और चेले की बात कही थी, जिसमें गुरु चेले को एक फल देता है और कहता है कि 'जहाँ कोई भी न हो, ऐसी जगह जाकर इसे खाना।' चेला खूब घूमता है, लेकिन फिर फल लेकर वापस आ जाता है और गुरु से कहता है कि 'ईश्वर न हो, ऐसी कोई भी जगह मैं ढूँढ़ हिंदी नहीं सका हूँ।'

सचमुच ऐसा ही है। इस संसार का सर्जनहार—क्रिएटर, जिसकी शक्ति में से—ऊर्जा में से हम सब जनमे हैं, जी रहे हैं, वह राम-कृष्ण-बुद्ध या महावीर नहीं, वह इसलाम नहीं, वह सिख भी नहीं। उसका कोई धर्म नहीं है, कोई आकार नहीं, कोई नाम नहीं।…

वह हमारी संपूर्ण चेतना का विस्तार है, हमारे अस्तित्व का आधार है। वह हमारे अंदर भी है, हमारे आस-पास भी है। उसके कारण ही बालक जन्म लेता है। उसके कारण ही सूर्य उदय होता है और अस्त होता है। उसके कारण ही वृक्षों पर फूल खिलते हैं और उसके कारण ही ऋतुएँ बदलती हैं। उसके कारण ही मानव साँस ले सकता है और उसके कारण ही किसी भी पल मानव की साँस बंद हो जाती है।

मानव के पास पाँच इंद्रियाँ हैं। स्वाद की इंद्रियाँ—जिनसे स्वाद की परख होती है, घ्राणेंद्रिय—जिनसे सुगंध का ज्ञान होता है, जननेंद्रिय—जिनसे प्रजनन होता है, स्पर्शेंद्रिय—जिनसे स्पर्श का ज्ञान होता है और दृष्टि—जिससे मानव देख सकता है। बेटा, इन पाँच के अलावा एक और इंद्रिय भी है, जिसका कोई नाम नहीं है, जिसे अंग्रेजी में 'सिक्स्थ सेंस' और हिंदी में छठी इंद्रिय कहते हैं। जैसे स्वाद परखने, सुगंध परखने, सुनने और देखने की शक्ति हरेक में कम-ज्यादा होती है, वैसे ही यह छठी इंद्रिय भी सब में एक जैसा—एक समान काम नहीं करती है। बेटा, इस छठी इंद्रिय का अर्थ है—अपना मन।

यह मन हमारे शरीर में कहाँ है, आज तक कोई विज्ञान इसे खोज नहीं सका है। उसका कोई आकार, रंग या स्वरूप नहीं है, फिर भी हमारी तमाम इंद्रियों को कम या अधिक मात्रा में वही काबू में रखता है या उसे आजाद छोड़ देता है।

हो सकता है, यह बात तुझे अभी समझ में नहीं आए; परंतु तुझे कहता हूँ, इसलिए कि यह तेरहवाँ वर्ष तेरी मुग्धावस्था की शुरुआत का वर्ष है और मुग्धावस्था तुझे तेरे मन से परिचित करवाएगी। मन तुझे नई दुनिया बताएगा, नए-नए खेल खेलेगा और तरह-तरह के इंद्रधनुषी भाव तेरे मन में पैदा करेगा। तेरा मन तुझे आकाश में उड़ाएगा, सपने दिखाएगा, बार-बार शीशे में तुझे अपने आपको देखने की तरफ ले जाएगा। तेरे बॉयफ्रैंड्स—ऐसे लड़के, जो तेरे मित्र हैं उनके साथ बातें करना, उनका हल्का सा स्पर्श करने की ललक। इतना ही नहीं, तुझे तेरा अपना चेहरा भी आकर्षक लगने लगेगा। अच्छी तरह से तैयार होना, टिप-टॉप बनना और कोई तुझे देखा करे, यह बात तुझे खुद को भी अच्छी लगेगी।…

कोई तुझे महत्त्व दे, दूसरों की अपेक्षा अलग अधिक महत्त्व दे, तुझे अधिक

सुंदर एवं अधिक होशियार माने—ये सब तुझे इस उम्र में अच्छा लगेगा, बेटा।

उपन्यासों की नायिकाओं के स्थान पर तू अपने आपको रखने लगेगी। ऐसा भी हो सकता है कि कभी फिल्मों की हीरोइन के स्थान पर तू अपना चेहरा देखने लगे। लेकिन बेटा, ये सब सामान्य बातें हैं। यह सब होना ही चाहिए। इन सब सपनों और सपनों की दुनिया से तू डरना मत। सपने तो बहुत सुंदर वस्तु हैं। सपने तो तुम्हें उस दुनिया में ले जाते हैं, जहाँ तुम जाग्रत् अवस्था में जा नहीं सकते और हाँ, मुग्धावस्था के सपने तो खुली आँखों के सपने हैं। इसी उम्र में ये सपने दिखाई देंगे। इस इंद्रधनुषी रंगों की बौछार इसी उम्र में दिखाई देगी तुझे। कभी नहीं देखी होंगी, नहीं अनुभव की होंगी, ऐसी बातें इसी उम्र में तेरे आस-पास परी बनकर नाचेंगी और सपनों की डोरी बाँधकर तेरी इच्छाओं को निचोड़ेंगी।

देख लेना बेटा, ये सपने और ये दुनिया तेरे आस-पास बहुत लंबे समय तक नहीं रहेगी।

जैसे रात को देखा हुआ परियों के नगर का सपना आँख खुलते ही तुम्हें, तुम्हारे घर के छह बाई छह के पलंग पर ले आता है, उसी प्रकार ये सपने पूरे होंगे और शुरू होंगी दुनिया की कठोर वास्तविकताएँ।

सपनों और वास्तविकताओं के बीच का अंतर—यह गैप—यह डिस्टेंस तुझे जीना सिखाएगा। ये सपने ही तुझे आगे ले जाएँगे। ये सपने ही तुझे मेहनत करना सिखाएँगे। जब तू उन्हें हकीकत में बदलने का प्रयत्न करेगी, तब तुझे समझ में आएगा कि दो-दो पलकों के बीच देखे हुए सपने और खुली आँखों से दिखाई देती वास्तविकता—दोनों आमने-सामने के छोर हैं।

सपने एकदम बादल जैसे, हवा जैसे, मेघ धनुष जैसे, बरसात की बूँदों जैसे हैं। अगर तुझे उन्हें हाथ में पकड़ना हो, तेरी हस्तरेखाओं में लिखना हो तो तुझे मेहनत करनी पड़ेगी।

आकाश को छूने के लिए हाथ तो लंबाना ही पड़ता है, परंतु जमीन से पाँव उठाना नहीं। है न मजे की बात!

यथार्थ की जमीन पर खड़े रहकर तुझे सपनों को हाथ में पकड़ना है। जमीन को छोड़ना नहीं है और आकाश जितने ऊँचे सपनों को छूना है, यह भी तय ही है।

यह उम्र ही सपने और हकीकत के बीच का पुल है। तू धीरे-धीरे इस पुल पर से गुजरते हुए बहुत कुछ सीखती व समझती जाएगी। धीरे-धीरे उन इंद्रधनुषी सपनों को अपनी मुट्ठी में पकड़ती तू उन्हें सत्य साबित करने का प्रयत्न करती जाएगी। समय तुझे सिखाएगा कि हवा में खींचे हुए दृश्यों को हकीकत की ठोस

भूमि पर किस तरह लाना है।

सपने—और उसमें भी मुग्धावस्था में देखे हुए सपने—कभी व्यक्ति की सफलता की नींव बन जाते हैं।

ठीक कहता हूँ बेटा, ये सपने देखना! और, ये सपने तुझे दिखें, तब तक देखती रहना।

सपने अगर देखेगी नहीं तो पूरे किस तरह करेगी?

और बेटा, विरासत में संपत्ति, जमीन, मकान तथा दूसरी वस्तुएँ तो कई माँ-बाप देते हैं, लेकिन मुझे तो तुझे विरासत में सपने देने हैं।

ऐसे सपने, जो अगर पूरे हों तो सिर्फ तेरा ही नहीं, सारे देश का सपना पूरा होगा।

बेटा, अब तू समझी है मेरी बात! अपना सपना सिर्फ तू अपने आस-पास ही न देखना, धीरे-धीरे जैसे कैमरा अपार्चर खोलता है, वैसे-वैसे तू भी अपने सपने का विस्तार बड़ा करना। खुद में से निकलकर परिवार, गाँव, देश और मानव जाति के लिए सपने देखने लगना।

बेटा, मुझे ऐसा लगता है कि अगर तू ऐसा कर सकी तो सच्चे अर्थ में ग्लोबल ह्यूमनबीइंग बनेगी।

हमारे सर्जनहार ने हम सबको इस धरती पर कोई विशेष काम हेतु भेजा है। हमें कुछ करना है। अपने 'होने' का अर्थ ढूँढ़ना है और वह अर्थ हमें अपने तक सीमित रहे, ऐसे नहीं ढूँढ़ना है।

अभी तुझे मुश्किल लगेगा, लेकिन समझने का प्रयत्न करना। जो कुछ भी प्राप्त करे, वह सिर्फ अपने लिए ही प्राप्त मत करना; दूसरों के बारे में भी सोचना। हर बार हम जो कुछ भी प्राप्त करते हैं, उसमें किसी दूसरे का हिस्सा भी होता ही है। प्रसिद्ध शायर 'मरीज' का एक शेर तुझे सुनाने का मन हो रहा है—

"बस इतनी समझ मुझे अय परवरदिगार दे,
सुख जब जहाँ मिले, मुझे सबका विचार दे।"

'सुख' शब्द का विस्तार बहुत छोटा मत कर डालना। इसे जितना बड़ा रखेगी, जितना विशाल रखेगी, उतना ही अधिक तू खुश भी हो सकेगी।

बेटा, खुशी का गणित बहुत ही विचित्र है। जैसे-जैसे आप बाँटते जाओ वह और बढ़ता जाता है, दुगुना होता जाता है।

सपने का गणित भी कुछ ऐसा ही है। जैसे-जैसे बाँटेंगे, वैसे-वैसे और बढ़ता जाता है।

जब सपना टूटता है, तब व्यक्ति अकेला हो तो चल सकता है, असफलता को व्यक्ति अकेले झेल जाता है उस बात को; लेकिन जब सपना पूरा होता है, सफलता मिलती है, तब खुशी को बाँटने के लिए जितने ज्यादा लोग होते हैं उतना ही सुख, सफलता या खुशी का आनंद बढ़ता जाता है।

यह तुझे अपने अनुभव से ही समझ में आएगा।

मेरी बेटी, आज से तेरे जीवन का एक नया अध्याय शुरू होता है, ऐसा कहूँ तो गलत नहीं होगा।

इस नए अध्याय में तू अवश्य कुछ ऐसा लिखेगी, जो तुझे तो खुशी देगा ही, तेरे परिवार के लोगों को भी आनंद और गौरव दिलाएगा।

हैप्पी बर्थडे!

□

प्यारी आस्था, 14 वर्ष

आस्था बेटा,

तेरी हर सालगिरह पर जब-जब तुझे पत्र लिखने बैठता हूँ, तब-तब ईश्वर की बनाई इस दुनिया और उसके बनाए हुए मनुष्यों का विचार करके गद्‌गद हो उठता हूँ। बेटा, मैं हमेशा सोचता हूँ कि ईश्वर के पास ऐसी कौन सी शक्ति होगी, जो ईश्वर को मानव बनाने के लिए—और बनाते रहने के लिए प्रेरित करती होगी?

जबकि अपनी बनाई हुई किसी वस्तु में अगर कोई छोटी सी भी भूल रह जाती है तो हमें अच्छा नहीं लगता है। हम निराश हो जाते हैं। किसी भी रिश्ते में अगर कुछ हमारी इच्छा के अनुसार नहीं होता है या किसी भी व्यक्ति के लिए जब हम कुछ भी करते हैं और सामने से उसका प्रतिभाव नहीं मिलता है, वह हमारा आभार न माने तो फिर कभी उसके लिए कुछ भी नहीं करने का निर्णय हम ले लेते हैं।

अभी परसों ही तू कह रही थी, "वेदांती को सारा होमवर्क करने में मैं मदद करती हूँ; लेकिन मैंने उससे दो सवाल पूछे, जो उसे आते थे, तो भी उसने मुझे नहीं बताए। मैं आज के बाद वेदांती की कोई मदद नहीं करूँगी।"

तभी मुझे विचार आया कि इनसान तो भगवान् के पास से सभी तरह का फायदा ले लेता है। पानी, हवा, सूर्य का प्रकाश, धरती और आकाश जैसी प्राथमिक सुविधाओं से शुरू करें तो अपने छोटे-से-छोटे काम करवाने मंदिर में जाकर प्रार्थनाएँ करता है, खुशामद करता है। काम हो जाए तो बहुत अच्छा, पर न हो तो भगवान् को भी गालियाँ देने में हिचकते नहीं हैं।

अरे, और तो और, भगवान् बदल डालने में भी हिचकते नहीं हैं। आज एक भगवान् है तो कल दूसरा। एक से काम पूरा नहीं होता है तो दूसरा दरवाजा खटखटाकर देखता है। एक अगर मदद नहीं करता है तो उसे छोड़ देगा। जैसे वह भगवान् न होकर कोई ग्राहक हो या किसी साड़ी की दुकान पर हाथ में पकड़ी हुई

कोई साड़ी हो।

मानव का मन तुरंत नकारात्मक हो जाता है, अगर अपनी इच्छा पूर्ण न हो, जैसा चाहा वैसा न हो या व्यक्ति ने जो माँगा, वह न मिले तो भाग्य के बारे में, ईश्वर के बारे में, उसके आस-पास की दुनिया के बारे में उसके मन में नकारात्मक विचार आने लगते हैं। संबंध तोड़ देना, काम छोड़ देना या आत्महत्या तक पहुँच जाते हुए लोगों को हमने देखा है। अखबारों में रोज कितने ही किस्से हम पढ़ते हैं।

बेटा, आज तुझे एक बात कहनी है। हमने जो माँगा, अगर वह न मिले; हमने जो तय किया, सोचा, वह न हुआ तो दोष ईश्वर पर, नसीब पर या अन्य किसी और बात पर डालने की बजाय नकारात्मक होने के बदले परिस्थिति को स्वीकार करके नए सिरे से आगे बढ़ने का प्रयत्न करना चाहिए। वह काम में मिली हुई असफलता हो या संबंधों में, महत्त्वपूर्ण यह है कि हमें आगे की तरफ देखकर चलना चाहिए। मुड़-मुड़कर, पीछे देखकर उस असफलता को याद करते रहने मात्र से नकारात्मकता बढ़ती है।

दुनिया में चारों तरफ अच्छी-खासी नकारात्मकता दिखाई पड़ती है। चारों तरफ देखता हूँ, तब एक-दूसरे को हराने, मार डालने या पीछे घसीट देनेवाले और दूसरों से दुःखी लोग दिखाई देते हैं। मंदिर में से भी चोरी होती है। इनसान ईश्वर को भी वस्तु बनाकर बेचता है। प्रेम के नाम पर कितने ही लोगों का जीवन बरबाद हो जाता है।

ऐसे समय में ईश्वर को ऐसा तो क्या सूझता होगा कि मानव जाति पर अभी भी विश्वास! कई बार ऐसा विचार आता है कि यह भगवान् थक-हारकर मानव बनाना बंद क्यों नहीं कर देता? मंदिर में जाकर ईश्वर के समक्ष अपनी स्वार्थी इच्छाओं को रखनेवाले मनुष्य की ईश्वर मदद क्यों करता होगा?

फिर यह विचार आता है कि इसीलिए तो ईश्वर है न! सर्जनहार का काम सर्जन करना है। वह अपनी ऊर्जा का अंश देकर तुमको इस दुनिया में भेजता है। अपनी चेतना, बुद्धि और अन्य सभी वस्तुएँ तुम्हें देता है—वे सब, जो जीने के लिए बहुत जरूरी हैं। फिर भी, मानव इन सब वस्तुओं को नकार देता है और जो उसे नहीं मिला है, उसी में अपना समय नष्ट करता रहता है, दुःखी होता है। जो नहीं मिला, उसे अधिक महत्त्व देकर जो मिला है, उसे भी बेकार कर देता है।

वह हमेशा सकारात्मकता, सरलता और सच्चाई देने में विश्वास करता है। कोई उसकी खुशामद करे या गालियाँ दे, उसे कोई फर्क नहीं पड़ता। मानव कभी ईश्वर में अपनी श्रद्धा व विश्वास को खो देता है, लेकिन ईश्वर मनुष्य में अपने

विश्वास को कभी खोता नहीं है।

क्या है यह श्रद्धा?

तेरा नाम आस्था है। मैंने तुझे पहले ही पत्र में लिखा था कि आस्था अर्थात् श्रद्धा, फैथ! किसी के अस्तित्व के बारे में हमारे अंदर एक मजबूत सकारात्मक भावना होती है। ऐसी सकारात्मक, जो दूसरे अस्तित्व के बारे में, अपने अस्तित्व और अपने उस दूसरे अस्तित्व के अनुसंधान के बारे में एकदम दृढतापूर्वक जो हम मानते हैं, यह सकारात्मकता अर्थात् श्रद्धा है।

बेटा, तेरी इस वर्षगाँठ पर मुझे तुझे श्रद्धा के बारे में ही बताना है। श्रद्धा जैसी बड़ी कोई भी वस्तु इस दुनिया में नहीं है। श्रद्धा के बल पर ही दुनिया में बड़े-से-बड़े काम होते मैंने देखे हैं। मुझे लगता है, जीवन में जितने चमत्कार मैंने श्रद्धा के बल पर होते हुए देखे हैं, उतने आज तक किसी और बल के द्वारा हुए हों, ऐसा दिखाई नहीं देता है।

कबीर, नरसिंह मेहता, मीरा, सूरदास और ऐसे कितने ही नाम ले लो, जो सिर्फ श्रद्धा के बल पर ही ईश्वर को पा सके हैं। बेटा, ईश्वर किसी स्वरूप का नाम नहीं है।

ईश्वर स्वयं ही एक श्रद्धा है।

हमने किसी ने भी ईश्वर को देखा नहीं है। जिन्होंने देखने का दावा किया है, उसमें से कोई भी उसके स्वरूप के बारे में कुछ भी कह नहीं सकता है। वे सिर्फ हैं तथा अपने अस्तित्व के बारे में यदा-कदा हमें प्रतीति करवाते रहते हैं।

सोचकर देख, इनसान को भूकंप या बाढ़ के बारे में पहले से जानकारी क्यों नहीं होती? विज्ञान चाहे कितनी ही प्रगति कर चुका हो, लेकिन निश्चित रूप से बच्चे के जन्म के समय के बारे में क्यों पहले से कहा नहीं जा सकता?

मौसम विभाग विज्ञप्ति जारी करता है, लेकिन निश्चित रूप से कैसी और कितनी बारिश कब पड़ेगी, इसकी खबर देता है कभी!

यहीं तो ईश्वर के अस्तित्व की प्रतीति होती है। उसने सभी कुछ हमारे हाथ में सौंप दिया है, परंतु कुछ बातें तो अपने ही हाथ में रखी हैं। ये ईश्वर अर्थात् कुदरत, ये ईश्वर अर्थात् सर्जनहार, ये ईश्वर अर्थात् ऊर्जा, ये ईश्वर अर्थात् चेतना, ये ईश्वर अर्थात्—जिसकी कोई परिभाषा नहीं, ऐसा निराकार-निर्गुण स्वरूप।

इस स्वरूप की पूजा करने की बजाय, उससे कुछ माँगने की बजाय, उससे डरने के स्थान पर उसे अपना मददगार, रहबर के रूप में, अपने रास्ते के प्रकाश के रूप में देखने का प्रयत्न करना चाहिए तो शायद अपनी नकारात्मकता थोड़ी कम

हो जाएगी। जो रास्ता उसने हमारे लिए तय किया है, उस रास्ते पर चलने के लिए मदद माँगना ही उसके अस्तित्व को सच्चा स्वीकार करना है। चीखने-चिल्लाने, उसके साथ झगड़ा करने की बजाय उसके द्वारा सौंपे गए काम को आनंद से करके शांति से जीना क्या अधिक सच्चा रास्ता नहीं है?

तू खुश हो, आनंद में हो; तुझे जब तेरे मित्रों के साथ या अन्य किसी परिस्थिति में कोई तकलीफ न हो, तब तुझे मम्मी-पापा की खास याद नहीं आती है।

अरे, अरे! भई, गुस्से मत हो। मैं यह नहीं कहता कि तुझे अपना आनंद मम्मी-पापा के साथ बाँटना अच्छा नहीं लगता। मैं तो सिर्फ इतना ही कहना चाहता हूँ कि जब हम आनंद में होते हैं, तब मम्मी-पापा या कोई और याद नहीं आता, यह एकदम स्वाभाविक बात है; लेकिन जब तुम उलझन में हो, तुम्हें कोई परेशानी हो, चाहे वह छोटी सी ही परेशानी क्यों न हो; जैसे कि गणित का कोई सवाल तुझे न आ रहा हो या विज्ञान का कोई मुश्किल प्रश्न तुझे न समझ में आ रहा हो, तुझसे किसी बोतल का ढक्कन खुल न रहा हो या कोई वस्तु ऊँची हो और तुम वहाँ पहुँच न पा रही हो, तब तुम क्या करती हो? तुम मुझे बुलाती हो और तुझे ये विश्वास तो होता ही है कि तेरे पापा तेरा यह काम कर ही देंगे। इस भी अधिक तुझे यह विश्वास होता है कि मुझसे तो यह काम होगा ही।

माँ-बाप के कंधे पर सिर रखकर गहरी नींद में सो जानेवाले छोटे बच्चे को क्या पल भर के लिए भी ऐसा विचार आता है कि उसके माँ-बाप उसे गिरा देंगे तो? पिता जब बच्चे को ऊपर उछालता है तो खिलखिलाकर हँसता बच्चा पिता की श्रद्धा के बल पर ही उछलता है कि वह वापस पिता के हाथ में ही लौटेगा और पिता उसे हाथों में पकड़ लेगा।

मेरी नन्ही डार्लिंग, मुझे ऐसा खयाल आता है कि यही संबंध शायद मानव जाति और ईश्वर के बीच में है।

तुम्हारी श्रद्धा ही ईश्वर को ईश्वर बनाती है।

हमारी श्रद्धा ही पत्थर की मूर्ति में भगवान् को देखती है। अपनी श्रद्धा ही हमें यह कहती है कि जो काम हमसे नहीं हो सका, उसे ईश्वर करके बताएगा।

और यह श्रद्धा ही ईश्वर को यह सब करने के लिए मजबूर करती है, जो व्यक्ति उसके पास से करवाना चाहता है।

ईश्वर ने इनसान को कितना कुछ दिया है! सबसे पहले तो जिंदगी। अच्छे-से-अच्छे वैज्ञानिक न बना सकें, ऐसा परफेक्ट मशीनरी-युक्त शरीर बनाया है—उसने, धड़कता हुआ दिल, साँस लेते हुए फेफड़े, समय पर लगनेवाली भूख और

खाने को पचाने के लिए दिया पाचन तंत्र, खून को बहता रहने के लिए दिया है नसों का जाल, देखने के लिए दी हैं आँखें और दृष्टि, दिमाग तक संदेश पहुँचाने के लिए चेतना तंत्र और ये सब एकदम ऑटोमैटिक, पूरी तरह आत्मनिर्भर। इस हद तक कि चमड़ी अकड़ जाए, हड्डी टूट जाए, बाल गिर जाएँ, नाखून उखड़ जाएँ, जो फिर से वापस उगने लगते है, जुड़ने की सेल्फ हीलिंग सिस्टम के साथ।

शरीर के साथ-साथ मन, विचार, बुद्धि, भावनाएँ, संवेदनाएँ, पसंद-नापसंद, स्वार्थ और सुगंध के लिए पसंद-नापसंद।

फिर जल, वायु, पृथ्वी और आकाश।

पेड़, उगता सूरज, बारिश, पक्षियों का गान, बहती हवा, कितने ही तरह के जीव, खेती के लिए जमीन और अनाज उगाने की तैयार की गई एक संपूर्ण व्यवस्था। वो तो आज भी इनसान को देता ही रहता है, हर रोज। जैसे कि एक दाने को आप बोते हैं तो हजार करके वह आपको वापस देता है। एक वृक्ष में कितने ही फल लगते हैं, रंग-बिरंगे फूल, तितलियाँ, पक्षी और नए-नए जीवों के साथ-साथ नई-नई शोध रहती है।

सबसे महत्त्वपूर्ण बात है इनसान की बुद्धि। हालाँकि इनसान ने ईश्वर द्वारा दी गई इस बुद्धि का उपयोग ईश्वर को हराने के लिए ही किया है। ईश्वर ने जो बनाया है, उस सबका सर्जन इनसान कर सकता है, इसी भ्रम में इनसान ने ईश्वर के साथ लड़ने में ही अपनी बुद्धि का प्रयोग किया है। आश्चर्य की बात तो यह है कि इनसान अपनी बुद्धि का सबसे पहला प्रयत्न ईश्वर बनने में ही करता है।

हवा में उड़ना या विज्ञान की नई-नई सुविधाएँ देती खोज तो बराबर है, परंतु अब तो मानव शरीर अंगों का प्रत्यारोपण और माँ की कोख के बिना भी बच्चे का जन्म वह कराने लगा है। खून बनाने का प्रयोग भी हो रहा है और इन सबके बावजूद बेटा, सबसे ज्यादा मजे की बात यह है कि एक बार शरीर से निकल गई आत्मा कहाँ जाती है, इसकी मनुष्य को खबर नहीं है। इसी प्रकार माँ की कोख में या परखनली में घूमते बच्चे में 'आत्मा' कहाँ से आती है, इसकी खोज भी इनसान नहीं कर सका है।

और हाँ, आस्था बेटा, इनसान अपने आपको हमेशा ईश्वर से अधिक अच्छा, अधिक होशियार, ईश्वर से अधिक चालाक बनने का प्रयत्न करता है। प्रकृति जो करे, उसे मात देकर उस पर अपनी विजय दरशाने का प्रयत्न—वह बंदर से इनसान बना—तब से शुरू हो गया है।

इनसान के इस स्वभाव के बारे में सोचता हूँ तो सचमुच इनसान के बजाय

ईश्वर की श्रद्धा की दाद देनी चाहिए।

इनसान खुश हो, आनंद में हो, अधिकतर काम उसकी अपनी इच्छानुसार हो रहे हों, वह चाहता हो, उस प्रकार सब चल रहा हो, वहाँ तक उसे ईश्वर की याद नहीं आती है। हाँ, कुछ लोग जरूर होते हैं, जो नियमित रूप से ईश्वर को बराबर याद करते हैं। जबकि उनमें भी दो प्रकार के लोग होते हैं—कुछ तो सिर्फ याद करने की खातिर ही याद करते हैं, जबकि कुछ अवश्य ही सच्चे दिल से उसे याद करते हैं। सच्चे हृदय से ईश्वर को याद करनेवाले इनसान को ईश्वर से कुछ माँगना ही नहीं पड़ता।

तू छोटी थी, तब तू बोल ही नहीं सकती थी, फिर भी तुझे कुछ माँगना पड़ता था? माँ, पापा, दादी सभी को समझ में आता था कि तुझे क्या चाहिए। इसी तरह ईश्वर भी हमें चाहता है, प्रेम करता है और उसे यह समझ में आता है कि हमें क्या चाहिए। तू दो साल की बच्ची हो और पाँच-छह चॉकलेट खा जाए तो हम तुझे रोकेंगे न, बेटा? यह जानते हुए कि तुझे चॉकलेट बहुत पसंद है…तुझे चाहिए भी, फिर भी हम तुझे नहीं देंगे, ठीक है न? इसका कारण यह नहीं है कि हम तुझे दुःखी करना चाहते हैं। उसका कारण यह है कि हम तुझसे बड़े हैं और समझते हैं कि तेरे लिए क्या अच्छा है और तुझे क्या मिलना चाहिए, क्या नहीं मिलना चाहिए।

ईश्वर आपकी हर माँग का उत्तर देता ही है। वह उत्तर कभी 'न' होता है तो इनसान यह सोचता है कि उसकी माँग का उत्तर नहीं मिला।

बेटा, इनसान जब आनंद में होता है, खुशी में होता है, तब उसे ईश्वर के अस्तित्व के बारे में शंका भी नहीं होती। लेकिन जिस क्षण वह मुश्किल में पड़ता है, तकलीफ आ पड़ती है उसे; जो चाहा, वह नहीं होता है या कोई प्रिय वस्तु या व्यक्ति उसके पास से छिन जाता है, तब तुरंत उसे ईश्वर याद आता है। वह तुरंत ईश्वर से प्रार्थना करने लगता है कि उसकी परिस्थिति बदलकर उसके अनुकूल कर दे और इस प्रार्थना को अगर ईश्वर नहीं सुनता है, उसकी इच्छा अनुसार कार्य सिद्ध नहीं होता है तो उसे ईश्वर के अस्तित्व के बारे में शंका होने लगती है।

संक्षेप में कहें तो इनसान को लगता है कि ईश्वर उसका सर्जक है और ईश्वर को इनसान की इच्छानुसार और जैसा उसने चाहा है, वैसा उसके अनुसार चलना चाहिए। बेटा, तुम मुश्किल घड़ी में जिसे याद करो, वह ऐसा व्यक्ति होना चाहिए, जो तुमसे अधिक बलवान, अधिक शक्तिशाली या तुमसे अधिक जानकार, समझदार व बुद्धिशाली हो। इसीलिए तो तुम उसकी मदद माँगते हो, ठीक है न; लेकिन तुमने जो कहा हो, वही वह करे या तुमने जिस समय कहा हो, उसी समय

और उसी तरह से वह करे, यह कदापि जरूरी नहीं है। क्यों, ठीक है या नहीं?

एक तरफ तुम स्वयं यह मानते हो कि जिसकी मदद तुमने चाही है, वह तुमसे अधिक शक्तिशाली और बुद्धिशाली है। तुम उससे मदद चाह रहे हो, इसका स्पष्ट अर्थ ही यह है कि तुम उससे थोड़े से कमजोर हो, थोड़े कम सक्षम हो और उस पर आधारित हो···तो फिर, तुम यह अपेक्षा कैसे रख सकते हो कि वह तुम्हारे कहने के अनुसार आचरण करे?

बेटा, जैसे इनसान को लगता है न कि उसने भगवान् से जो माँगा, वह उसे नहीं मिला या वह उसे शीघ्र नहीं मिलता, बस, वह भगवान् के अस्तित्व के बारे में ही शंका करने लगता है और इस हद तक पहुँच जाता है कि ईश्वर के अस्तित्व को ही नकार देता है। लेकिन मजे की बात यह है कि इनसान द्वारा किए गए ऐसे तुच्छ व्यवहार के बावजूद ईश्वर कभी भी मानव के अस्तित्व को नकारता नहीं है। वह तो हर रोज नए जीवन को जन्म देकर मनुष्य को कहता ही रहता है कि अभी भी उसे मानव जाति पर अटल विश्वास है।

बेटा, मैं आज तुझे इतना ही कहना चाहता हूँ कि किसी के अस्तित्व को नकार देने से वह नहीं है, यह बात साबित नहीं होती है। फिर वह परिस्थिति हो, मुश्किल हो, कोई प्रश्न हो या मनुष्य—जिसका अस्तित्व है, वह तुम्हारे सामने आकर खड़ा हो ही जाता है। तुम आँखें बंद कर लो, इसका अर्थ यह नहीं है कि 'वह नहीं है'—ऐसा माना भी कैसे जा सकता है?

आँखें बंद करके जीनेवाले अधिकांश लोग कायर होते हैं। जिंदगी से भागते हुए और जिंदगी से डरते हुए लोग···वे लोग जिंदगी की आँखों में आँखें डालकर देखने के स्थान पर आँखें बंद करके भाग जाने में ही अपना अधिक फायदा देखते हैं। लेकिन वे समझते नहीं हैं कि उनके भाग जाने से परिस्थिति उनसे अलग नहीं हो जाएगी। उनके सवाल, उनकी कठिनाई या उनकी उलझन तो उनके अंदर ही है। वे जहाँ जाएँगे, वह सब उनके साथ-साथ वहाँ जाएगा।

और इसीलिए तुझे कहता हूँ, बेटा, तू बहुत साहसी बनना और जीवन में खड़े होनेवाले प्रश्नों से दूर मत भागना। जिंदगी से डरना मत। जिंदगी की आँखों में आँखें डालकर देखना।

अधिकतर लोग ऐसा मानते हैं कि जिंदगी अधूरी, क्रूर और उलझन भरी है; लेकिन वास्तव में ऐसा नहीं है। जिंदगी की आँखें तो शीशे जैसी हैं। अधिकतर लोगों को उसमें उनके विचारों का ही प्रतिबिंब दिखाई देता है। ये विचार क्या हैं या कैसे हैं, उसके आधार पर ही उन्हें जिंदगी का स्वरूप दिखाई देता है।

मैंने कहा न कि सपने तुझे सोते हुए दिखाई दें, इतना ही नहीं है बस, वे सपने तुझे जगा दें, यह महत्त्वपूर्ण है। इसी तरह जिंदगी तुम्हें डरा दे, उसके स्थान पर तुम्हारी स्वस्थता, तुम्हारी हिम्मत जिंदगी को विचलित कर डाले तो वह तुम्हारे सामने हथियार उठाने की बजाय तुम्हारे कंधे पर हाथ रखकर चलेगी, ऐसा मेरा अनुभव है।

बेटा, फरियादें करना बहुत ही आसान काम है। हमारे पास जो है, वह कम है, यह मानकर चलना हो तो इसका कोई अंत नहीं है। हमारे पास जो है, वही पर्याप्त है, ऐसा मानकर चलना हो तो दुनिया की कोई भी कठिनाई कभी तुम्हारे रास्ते में अड़चन नहीं बन सकती, आड़े नहीं आ सकती।

एक इच्छा रखना या कुछ चाहना बुरी बात नहीं है। उस इच्छा व माँग की प्राप्ति के लिए प्रयत्न करना भी बुरा नहीं है। परंतु अगर वह इच्छा पूरी नहीं होती तो उसके लिए फरियाद करना एकदम गलत बात है। हमारे पास जो है, वह पर्याप्त है, ऐसा मानना अर्थात् संतोष का अनुभव करेगा। संतोष का अर्थ यह नहीं है कि काम नहीं करना, मेहनत नहीं करना वगैरह। संतोष अर्थात् एक बार अपनी मेहनत की जाँच करना और हमने जितनी मात्रा में प्रयत्न किए, मेहनत की, उसी मात्रा में हमें जो मिला, वह पर्याप्त है कि नहीं, इस बात की पुष्टि ईमानदारीपूर्वक अपने आपसे पूछकर करना।

सच्चे अर्थों में कहूँ तो अपने आपके बारे में ईमानदारीपूर्वक निर्णय अपने सिवा और कोई दूसरा कर ही नहीं सकता। जब हम ईमानदारीपूर्वक अपने बारे में निर्णय करते हैं, तब निश्चित रूप से यह बात समझ में आती है कि हमें जो मिला है, वही उत्तम है और पर्याप्त है। इसका यह अर्थ बिल्कुल नहीं है कि तुझे इस बात को मान लेना है कि जो है, वह पर्याप्त है और आगे उसके लिए मेहनत की कोई जरूरत नहीं पड़ेगी।

सपने देखना, उन्हें पूरा करने की हिम्मत करना, लक्ष्य रखना और उसे सिद्ध करना, जीवन में आगे बढ़ना और सफल होना, इसमें कोई बुराई नहीं है। इन सबको करने में ईश्वर की मदद माँगने में भी कोई बुराई नहीं है।

हमें जो चाहिए, उसे ईश्वर से माँगना चाहिए, इससे कोई इनकार नहीं है। जिस प्रकार तुझे इस बात की पूरी इजाजत है कि तू अपने पिता से कुछ भी माँग सकती है, उसी प्रकार हम सबके पिता ईश्वर हैं, जिनके पास से हम कुछ भी माँग सकते हैं, कुछ भी।

लेकिन, हर बार ईश्वर हमारी बात सुने या सुने ही या हमारी ही बात सुने,

ऐसा संभव होता नहीं है। हमें जो नहीं मिला, उसके बारे में फरियाद करने के बाद वह अरजी वहाँ पहुँचे, वे सुनें और उस बारे में कुछ करें, इतना इंतजार करना जरूरी होता है। अधिकांश लोग तो आधे रास्ते में ही अपनी हिम्मत छोड़ देते हैं। इस बारे में एक शेर में ऐसा कहा गया है कि—

"वर्षों से पर्वत पर चढ़नेवाले इनसान के चारों ओर हो खाई, खाई और गहरी घाटियाँ···

एक कंदम ही बाकी हो और आखिर में ये ध्यान आए··· तब दिल को लगती है ठेस।"

बेटा, जिंदगी में हर कदम पर धीरज का साथ मत छोड़ना और इसका भी प्रयत्न करना कि धीरज भी तेरा साथ न छोड़े। पूर्ण निष्ठा से किया गया कोई भी प्रयत्न कभी भी खाली नहीं जाता है, यह हमेशा याद रखना।

मेरी बेटी, आज के दिन तुम चौदहवें वर्ष में प्रवेश कर रही हो।

तुझे पता है, तेरी दादी तो चौदहवें वर्ष में तेरे दादाजी के साथ विवाह कर चुकी थीं। उस समय तो बाल विवाह का समय था। उनके सोलहवें वर्ष में तो मेरा जन्म हो गया था। ऐसे समय में तेरी दादी तो अधिक पढ़ नहीं सकी थीं। अपने संसार में व्यस्त वे और अधिक दुनियादारी नहीं देख सकीं। इसलिए कभी-कभी उनके व्यवहार में थोड़ी संकुचिता, खुरदरापन और तुझे जिस तरह की स्वतंत्रता मिलती है, उसे बारे में उन्हें थोड़ी नापसंदगी का अनुभव होता है, जिसे तू अपने मन पर मत लेना।

वे आज भी पूरी खुली आँखों से इस दुनिया को देख नहीं सकती; परंतु बेटा, वही दादी तुझे कितना प्यार करती हैं, तुझे यह याद रखना है। चौदह वर्ष की तू जब खाना खाते समय टी.वी. देखते हुए तेरा हाथ रुक जाता है, तब तेरे मुँह में कौर डालने के लिए वे हाजिर हो जाती हैं न!

तू पढ़ने के लिए सुबह जल्दी उठती है, तब तेरे उठने से पहले तेरे नहाने के लिए वह गीजर में गरम पानी ऑन कर देती है। तेरे लिए चाय भी वही दादी बनाती हैं। जब तू तैयार होकर बाहर जाती है, तब चाहे उन्हें तेरी आधुनिक पोशाक के बारे में थोड़ी-बहुत पसंद-नापसंद हो, फिर भी तुझे नजर न लगे, इसलिए काजल का टीका वही दादी लगाती हैं न!

बेटा, श्रद्धा और संबंधों में भी कुछ ऐसा ही है। बेटा, सर्वांग संपूर्ण संबंध या व्यक्ति तो इस दुनिया में होते ही नहीं हैं। हमें ही उन्हें सर्वांग संपूर्ण बना लेना होता

है। देख बेटा, सर्वांग संपूर्ण बना लेने के लिए कहा है, मान लेना नहीं।

यथार्थ के आगे आँखें बंद मत कर लेना।

रिश्तों को खाद-पानी, सूरज की धूप मिले, इस तरह उनका पालन-पोषण करना। उन्हें अपनी तरह से पल्लवित होने देना।

श्रद्धा को भी छोटी-छोटी बात में डिगने मत देना, साथ-ही-साथ छोटी-छोटी बातों में भी श्रद्धा को बीच में लाना मत।

तुम्हें अपना प्रयत्न करना है—रिश्तों के लिए भी और श्रद्धा के लिए भी और शेष सब प्रकृति पर छोड़ देना। जीने का यही रास्ता है—ऐसा मुझे इस उम्र में लगता है।

तू जहाँ है और जैसी है, वहीं और वैसे ही सुखी होने का अगर प्रयत्न करेगी तो अवश्य ही सुखी होगी; परंतु तू जहाँ है और जैसी है, उस परिस्थिति के बारे में अफसोस करती रहेगी तो जितना है, उसका भी आनंद नहीं उठा सकेगी।

आधा भरा हुआ प्याला अगर तुझे आधा खाली दिखेगा तो उसमें जो पानी है, वह तेरे लिए बेकार होगा। लेकिन अगर तुझे उस चतुर कौए की तरह पत्थर डाल-डालकर पानी को ऊपर ले आने का सलीका आ जाएगा तो जीवन में कभी भी तकलीफ नहीं उठानी पड़ेगी।

और बेटा, मेरी प्यारी बेटी को कहीं कोई तकलीफ पड़े, ऐसा तो मैं कभी नहीं चाहूँगा ना!

तेरा जीवन बहुत सुखमय, शांति, संतोष और आसानी से व्यतीत हो, ऐसी शुभकामनाओं के साथ चौदहवें जन्मदिन की शुभकामनाएँ। हैप्पी बर्थडे!

□

प्यारी आस्था, 15 वर्ष

दिन-प्रतिदिन बड़ी होती मेरी आस्था,

बेटा, जब मैं छोटा था तब मेरी दादी मुझे कहानियाँ सुनाया करती थीं। वह उन कहानियों में कहतीं कि राजा की राजकुमारी दिन में न बढ़े, उससे अधिक रात को बढ़ती थी; रात को न बढ़े, उतनी दिन को बढ़ती थी। तब मुझे ऐसा खयाल आता था कि क्या वास्तव में ऐसा होता होगा? लेकिन अब तुझे देखता हूँ तो लगता है, सचमुच ऐसा होता ही होगा।

हर रोज सुबह तुम थोड़ी बड़ी हो चुकी हो, ऐसा मुझे लगता है। और मुझे समझ में आता है कि तू अपनी दिशा में एक कदम आगे बढ़ गई है।

तेरी दिशा अर्थात् तेरे सपनों की दिशा, तेरे कॅरियर की दिशा, तेरी निजी जिंदगी की दिशा।

बेटा, हर व्यक्ति की एक निश्चित दिशा होती है और वह व्यक्ति अमुक उम्र से—जब वह समझदार या समझने लायक बने, तब से वह उस दिशा में प्रयास करने की शुरुआत करता है। यह प्रयास उसे उसकी मंजिल, उसके ध्येय और उसके लक्ष्य तक ले जाती है।

नौवीं कक्षा में तेरे अच्छे अंक आए हैं। अब तेरे जीवन का निर्णायक वर्ष, तेरे कॅरियर का सबसे पहला पड़ाव आ पहुँचा है। तू दसवीं कक्षा में पढ़ रही है। मैं देख सकता हूँ कि तू काफी मेहनत करती है। बेटा, सही अर्थों में ईमानदारी से मेहनत करना, यही अच्छे विद्यार्थी का कार्य है।

विद्यार्थी अर्थात् क्या? जो विद्या के लिए कार्य करता है, वह विद्यार्थी। जिसे ज्ञान की, विद्या की, नॉलेज की भूख हो, वह विद्यार्थी। दुनिया के लिए अंकों या स्पर्धा का महत्त्व होगा—कॅरियर के लिए भी वह शायद महत्त्वपूर्ण बात मानी जाती होगी; लेकिन मैं इस बात को नहीं मानता हूँ। मेरे लिए यह महत्त्वपूर्ण है कि तू जो पढ़ती है, वह तुझे बराबर आए। मैं नहीं चाहता कि तू सिर्फ परीक्षार्थी बने।

इस देश का सिस्टम ऐसा हैं, जिसमें शामिल हुए बिना आगे बढ़ना मुश्किल है। हमें जो विषय पसंद नहीं है, वह भी बारहवीं कक्षा तक पढ़ना पड़ता है। हर देश में ऐसा सिस्टम नहीं है। वहाँ जो विद्यार्थी जिस विषय में अच्छा होता है और जो विषय उसे पसंद होता है, उस विषय में उसे आगे बढ़ने की आजादी दी जाती है। अपने देश में अभी तक जो शिक्षा-प्रणाली है, वह सर्वसामान्य को ध्यान में रखकर ही बनाई गई व्यवस्था है। गाँव के विद्यार्थी जो पुस्तक पढ़ते हैं, वही शहर के विद्यार्थी पढ़ते हैं। गणित में बहुत होशियार विद्यार्थी को भी गुजराती और अंग्रेजी में पास होना ही पड़ता है।

यह शिक्षा-प्रणाली सच्ची नहीं है, ऐसा मैं मानता हूँ; परंतु मैं इसका विरोध करके जीत नहीं सका हूँ। मैं भी इसी शिक्षा-प्रणाली के माध्यम से इंजीनियर बना हूँ और तुझे भी इसी सिस्टम में से बाहर निकलकर अपना कॅरियर बनाना है।

इतने वर्षों में मैंने एक बात सीखी है, यह ये कि सिस्टम को दोष देने की बजाय 'सिस्टम' की खराब बातों से खुद को दूर रखकर उसी सिस्टम में उत्तम परिणाम लाए जा सकते हैं। तुम्हारी मेहनत और तुम्हारा प्रयत्न ही उसमें तुम्हारी मदद करता है।

संस्कृत में एक सुभाषित है—

“क्षणस: कणस: च विद्या अर्थं उपार्जयेत,
क्षण त्यागे कुतो विद्या कण त्यागे कुतो धनम्?
सुखार्थीन कुतो विद्या विद्यार्थीन् कुतो सुखम्?”

इसका अर्थ यह होता है कि पल को त्यागनेवाले को, व्यर्थ करनेवाले को विद्या प्राप्त नहीं हाती। इसी तरह कण को त्यागनेवाले को धन नहीं मिलता। सुख की आशा रखनेवाले के लिए विद्या कहाँ है और विद्या की आशा रखनेवाले के लिए सुख कहाँ है?

बेटा, इंदिरा गांधी ने एक वाक्य में बीस मुद्दों को समा दिया था। मुझे आज भी वह वाक्य बहुत अच्छा लगता है। उन्होंने कहा था कि, “कठोर परिश्रम का कोई विकल्प नहीं है।”

यह बात भी एक तरह से देखा जाए तो मैंने जो बात कही, वह इस सुभाषित से मिलती-जुलती है। मेहनत करनेवाले इनसान के लिए दुनिया की हर चीज के दरवाजे खुले हैं; लेकिन जिसे मेहनत नहीं करनी है, उसके लिए शिक्षा भी नहीं है और अगर शिक्षा नहीं है तो दुनिया में उसके लिए कहीं कोई जगह नहीं है।

यहाँ शिक्षा से मेरा मतलब डिग्री से नहीं है। सबसे बड़ी डिग्री तो अपनी बुद्धि की होती है, अपनी कार्यक्षमता की है, अपने मन के सामान्य ज्ञान और आंतरिक सूझ-बूझ की है। तू देख सकती है, तेरी दादी अधिक पढ़ी-लिखी नहीं हैं, लेकिन बहस में कभी-कभी वह मुझे व तेरी माँ को भी हरा देती हैं। उनके पास किसी यूनिर्वसिटी की डिग्री नहीं है, लेकिन इनसान को पहचानने की उनकी जो शक्ति है वह दाँतों तले उँगली दबाने पर मजबूर कर देती है। वे कोई डॉक्टर नहीं हैं, लेकिन उनके डॉक्टरी नुस्खे या वनस्पति के उपयोग के बारे में जो जानकारी उन्हें है, वह किसी भी डॉक्टर से कम नहीं है।

अपने पड़ोसी मंगू चाचा का पेशाब बंद हो गया था, तब केसूड़ा के फूलों को उबालकर पानी पिला तुम्हारी दादी ने उन्हें अस्पताल जाने से रोक दिया था। यहाँ से शुरू करें और देखें तो सामान्य खाँसी, सर्दी, जुकाम, पेट में दर्द, सिर दुखना या बुखार जैसी बीमारियों में तो दादी की दवाई रामबाण के समान होती हैं। इस बात को तो तू जानती ही है कि तेरे चचेरे भाई सुजय को जब दस्त हुए, तब डॉक्टर भी उलझन में थे। तब बेलपत्र का मुरब्बा खिलाकर चौबीस घंटे में तेरी दादी ने उसे ठीक कर दिया था न।

डिग्री का महत्त्व है, परंतु कॅरियर तक ही।

सच्ची डिग्री तो है इनसान की अपनी कार्यक्षमता और सूझ-बूझ। चाहे व्यक्ति कितना ही पढ़ा-लिखा हो, लेकिन अगर उसमें समझदारी नहीं है, अपने कार्य के बारे में कोई जानकारी न हो तो वह सफलता प्राप्त नहीं कर सकता।

करसनभाई पटेल हों या धीरूभाई अंबानी, अमिताभ बच्चन हों या रामनाथ गोयनका, इनमें से किसी के भी पास विश्वविद्यालय की बड़ी-बड़ी डिग्रियाँ नहीं थीं। उन्होंने जो कुछ भी किया, वह अपनी समझदारी से किया और दुनिया में जीने के अपने अंदाज के कारण वे एक मिसाल बन गए।

एक छोटे से कमरे में हाथ से बनाया हुआ डिटरजेंट पाउडर साइकिल पर सवार होकर घर-घर बेचते-बेचते करसनभाई की प्रगति निरमा यूनिवर्सिटी तक पहुँच गई है, जबकि पैंट पीस बेचते हुए धीरूभाई अंबानी विश्व में प्रसिद्ध एक टेक्सटाइल मिल के मालिक बन गए; इतना ही नहीं, हजारों करोड़ की रिलायंस ग्रुप ऑफ कंपनी के प्रणेता बन गए। इस सबके पीछे मेहनत और लगन के अलावा एक निश्चित रूप से समझदारीपूर्वक ली गई उनकी शिक्षा और ज्ञान का भी महत्त्वपूर्ण हिस्सा जिम्मेदार है।

इससे यह बात समझ में आती है कि ज्ञान सिर्फ पुस्तकों तक ही सीमित रहे

या तोते की तरह फट-फट बोलना आ जाए, इतना ही नहीं है। तुम्हारे ज्ञान का उपयोग स्वयं के लिए, परिवार के लिए और समाज के लिए अगर योग्य रूप से किया जाए तो उस ज्ञान का कुछ अर्थ बनता है।

'विश्व मानव' की संपूर्ण परिभाषा इसी बात पर आधारित है। अगर तुम्हारा ज्ञान सिर्फ तुम्हारे ही फायदे के लिए उपयोग में लाया जाता है तो तुम सामान्य मानव हो। तुम अपने कॅरियर में सफल हो सकते हो, परंतु उससे आगे जाकर तुम कुछ प्राप्त नहीं कर सकते। महान् बनने के लिए या असामान्य बनने के लिए अपने आपसे बाहर निकलकर देखना पड़ता है, बेटा। होमी भाभा, जमशेदजी टाटा, विक्रम साराभाई जैसे लोगों ने अपने आप से बाहर निकलकर अपने ज्ञान का विस्तार किया। अफ्रीका में वकालत छोड़कर देश के लोगों के लिए आजादी की अलख जगानेवाले महात्मा गांधी को आज हम इसीलिए नहीं भूल सकते हैं।

हाँ, ज्ञान प्राप्त करने का समय कभी भी पूरा नहीं होता है। बच्चा जन्म लेता है, आँख खोलता है, तब से वह सीखना शुरू करता है और जब तक उसकी आँखें बंद न हों और साँस थमे नहीं, तब तक निरंतर वह सीखता ही रहता है। मनुष्य की ज्ञान-प्राप्ति की वृत्ति या भूख का ही मानव की बुद्धि के साथ संबंध है।

गार्गी ने अपने पति याज्ञवल्क्य से ज्ञान माँगा। मंडन मिश्र की पत्नी भारती जैसी स्त्री ने शंकराचार्य को चुनौती दी और फिर उन्हें ही अपने गुरु के रूप में स्वीकार किया।

नन्हा सा नचिकेता पिता उद्दालक के शाप से यम के द्वार पर जाकर खड़ा तो हो गया, परंतु उसे उसने शाप न मानते हुए यम से मृत्यु के रहस्य को जानने का प्रयत्न किया। इसी प्रकार कुत्ता, छोटा बच्चा, वृक्ष जैसी चौबीस वस्तुओं को अपना गुरु बनानेवाले दत्तात्रेय भी ज्ञान के भंडार कहे जा सकते हैं।

अपने वेद-पुराणों में ज्ञान की महिमा की गई है, प्रश्न की महिमा की गई है।

'महाभारत' यह दरशाता है कि माँ सुभद्रा की कोख में ही अर्जुन ने अभिमन्यु को चक्रव्यूह के सात द्वार भेदने की विद्या दे दी थी।

ज्ञान-प्राप्ति हेतु राजपाट को त्यागकर जंगलों में चले जानेवाले सिद्धार्थ बाद में 'बुद्ध' कहलाए।

श्रीकृष्ण ने अर्जुन को जो उपदेश दिया, वह आज अपना धर्मग्रंथ बन गया है और घर-घर में पवित्र ग्रंथ के रूप में उसकी पूजा होती है। कई साल पहले से देश-विदेश से यात्री भारत में ज्ञान की खोज के लिए आते रहे हैं, ऐसा हमारा इतिहास कहता है। ह्वेनसांग से शुरू कर अलबेरुनी और न जाने कितने ही विदेशी

इस धरती पर ज्ञान की सरिता में नहाते रहे हैं।

मैं मानता हूँ कि मनुष्य के पास अगर बुद्धि है तो उसे निरंतर प्रखर बनाते रहना चाहिए। बुद्धि एक ऐसा हथियार है, जिसे तुम अगर उपयोग में न लाओ तो धीरे-धीरे वह कटने लगती है और ज्ञान या नॉलेज ऐसी वस्तु है, जिसका तुम अपने दैनिक जीवन में पल-पल आनंद उठा सकते हो। इसी दुनिया के बीच में रहकर अपनी सब जिम्मेदारियाँ और धर्म निभाते-निभाते अनंत ज्ञान की प्राप्ति की जा सकती है। इसके लिए महत्त्वपूर्ण हैं दो बातें—एक है तुम्हारी तैयारी और दूसरी है ग्रहण-शक्ति।

बोतल का ढक्कन खोले बिना तुम उस पर कितना ही पानी डालो, बोतल के अंदर एक बूँद भी नहीं जाएगी। क्यों, ठीक है न? इसी प्रकार नॉलेज प्राप्त करने, ज्ञान को पाने के लिए बोतल का ढक्कन खोल देना बहुत ही आवश्यक है।

अगर तुम ध्यान देकर अपनी सारी शक्ति काम पर लगा दोगी और अपनी शिक्षा में संपूर्ण रूप से रुचि लोगी तो सफलता को कोई रोक नहीं सकता है। तू जो पढ़ती है, वह तुझे अच्छी तरह से आए, यह अधिक महत्त्वपूर्ण है। तेरे अंक चाहे कितने भी अच्छे आएँ, लेकिन अगर तेरा अभ्यास क्रम तुझे न आता हो तो जीवन में तेरे ये अंक कहीं भी काम नहीं लगेंगे; क्योंकि चाहे जितने भी अच्छे गुण-मार्क्स प्राप्त कर, तू जब कोई भी काम करने के लिए खड़ी होगी तब, अगर तुझमें क्षमता नहीं होगी, सूझ-बूझ नहीं होगी तो तेरी डिग्री या अंक का कोई अर्थ नहीं रह जाएगा।

सच्ची आवश्यकता इस बात की है कि जो हमें पढ़ाया जाता है, वह अगर हमें समझ में आए और हम उसे अपने जीवन में उतार सकें।

महात्मा गांधीजी ने अपनी एक पुस्तक 'शिक्षा की फिलॉसफी' में लिखा है कि "शिक्षा के लिए विभिन्न लोगों के विभिन्न आदर्श और विभिन्न उद्‌देश्य होते हैं। हर व्यक्ति का शिक्षा का उद्‌देश्य उसके संपूर्ण जीवन की फिलॉसफी का प्रतिबिंब होता है। शिक्षा के लिए हर व्यक्ति के उद्‌देश्य भिन्न-भिन्न होते हैं, इस बात से हमें यह नहीं मान लेना चाहिए कि सभी उद्‌देश्य परस्पर एक-दूसरे के विरोधी होते हैं। जॉन ड्युई की शिक्षा के उद्‌देश्य अर्थात् जिसमें हम आस-पास के दृश्यों को स्पष्टतापूर्ण देख सकें, ऐसी पहाड़ी की चोटी के साथ उसकी तुलना कर सकें। अगर इसी प्रदेश को दूसरी दृष्टि से देखा जाए तो उसका अलग ही दृश्य हमें दिखाई देगा। अलग-अलग दृष्टि एक-दूसरे की विरोधी ही हो, यह जरूरी नहीं है। कई उदाहरण तो इसमें एक-दूसरे के पूरक होते हैं।

मैं भी ऐसा चाहता हूँ कि तू अपनी शिक्षा का उद्देश्य ढूँढ़ निकाले। चाहे वह उद्देश्य हमारे उद्देश्य से भिन्न हो, शायद विरोधी भी हो सकता है, फिर भी, तुझे यह जान लेना चाहिए कि तू क्या पढ़ना चाहती है और किसलिए? सिर्फ कमाने के लिए पढ़ाई करने का कोई अर्थ नहीं है।

आवक् को शिक्षा का बायप्रोडक्ट कह सकते हैं; परंतु सिर्फ आवक् के लिए प्राप्त की हुई शिक्षा व्यक्ति को कमाने की मशीन बना देती है। कॅरियर का अर्थ ऊँचा पद और बड़ा वेतन प्राप्त करना नहीं है, बेटा। कॅरियर अर्थात् अपना ज्ञान, अपनी शिक्षा का सही उपयोग करना है।

जैसा कि मैंने तुझे पहले कहा है, अपनी शिक्षा, तुम्हारी संपत्ति और तुम्हारी शक्ति सिर्फ अपने स्वार्थ के लिए तुम उपयोग करो, इसका कोई अर्थ नहीं है। ये तीनों वस्तुएँ जितना तुम्हें, उतना ही औरों को भी फायदा पहुँचाएँ, तभी उसका सच्चा अर्थ फलित होता है और एक सफल कॅरियर बनता है। सभी को तुमसे एक सफल कॅरियर की अपेक्षा होती है।

मैंने पहले कई बार कहा है कि "सफलता अर्थात् अधिक आवक् नहीं, अगर ऐसा ही हो तो स्मगलर और गुनाहगार लोग इस दुनिया में सब से अधिक सफल लोग कहलाते। क्यों, ठीक है न? सफलता अर्थात् निरंतर आगे बढ़ते रहना, जीतते रहना या दूसरों को पछाड़कर यह दरशाना नहीं है कि हम महत्त्वपूर्ण हैं, सबसे आगे हैं—सबसे ऊपर या श्रेष्ठ हैं। इसे साबित कर बताना तो नहीं ही है। सफलता अर्थात् तुम कितने 'मानव' हो और कैसे 'मानव' हो।"

इसी प्रकार जानवरों से जो हमें अलग करता है, वह सबसे बड़ा एक गुण हमारी 'मानवता' है।

इसीलिए इस मानवता के भी गुण को निरंतर जीवंत व धड़कता रखनेवाली सीख अर्थात् शिक्षा?

मानव को मानव बनाती शिक्षा अर्थात् संस्कार, हमें समाज में रहने का पाठ पढ़ानेवाली शिक्षा अर्थात् सभ्यता।

अभ्यास में पढ़ाए जानेवाले हर विषय की अपनी उपयोगिता और आवश्यकता है।

कला से आरंभ कर गणित तक हर विषय की जीवन में आवश्यकता है। और इसीलिए शिक्षा में हर बात को शामिल किया जाता है। लेकिन शिक्षा अर्थात् व्यक्तिगत रूप से तुम्हें अच्छी तरह माँजकर चमकाए, ऐसी एक पद्धति है, जो तुम्हें जीवन के हर रास्ते पर दीपक बनकर राह दिखाती है।

आज की तारीख में शिक्षा अर्थात् पढ़ाई, शायद ऐसा समझें तो भी हमें इतना समझना पड़ेगा कि गांधीजी ने उस समय जो कहा था, वह आज की तारीख में भी उतना ही महत्त्वपूर्ण है। उन्होंने कहा था कि "शिक्षा का उद्देश्य हर व्यक्ति के लिए अलग हो सकता है; परंतु इसमें एक उद्देश्य सबसे महत्त्वपूर्ण है और वह है सांस्कृतिक—कल्चरल हेतु।"

संस्कृति को बनाए रखने के लिए भी शिक्षा जरूरी है।

पढ़े हुए व्यक्ति अलग-अलग तरह से सोच सकते हैं, समाज को आगे ले जा सकते हैं और परस्पर संबंधों के बारे में भी अलग दृष्टि से देख सकते हैं। अनपढ़ व्यक्ति में संवेदनशीलता नहीं होती, ऐसी बात नहीं है; परंतु सूक्ष्मता और छोटी-छोटी बातों के प्रति सजगता सिर्फ अभ्यास और शिक्षा से ही आती है। परंपरागत मान्यताएँ, कुरीतियाँ, अंधश्रद्धा या गलत बातों से मन में भय या समाज का डर आदि बातें सिर्फ और सिर्फ शिक्षा से ही दूर की जा सकती हैं।

हमारे देश की बेहाली-परेशानी का मुख्य कारण यहाँ की जनसंख्या, अज्ञान और गैर-समझ है, यह तो तुझे अब समझ में आ ही गया होगा। तू समझ सकेगी कि पढ़ाई करने से जीवन में कितना फर्क पड़ता है।

अपनी कामवाली शांता बहन की बेटी और तू दोनों एक ही उम्र की हो, लेकिन उसकी जिंदगी में और तेरी जिंदगी में, उसके विचारों में और तेरे विचारों में कितना अंतर है! ऐसा किसलिए है?

क्योंकि तुम पढ़ी-लिखी हो। दुनिया में घटनेवाली घटनाओं से शुरू कर तेरे आस-पास के लोगों तक सबको देखने और समझने की तेरी दृष्टि अलग ही है। ऐसा कहा जाता है कि ज्ञान मानव की आँखें हैं। जिस प्रकार चर्मचक्षु—चमड़ी की आँखें—मानव को देखने के काम आती हैं, उसी प्रकार ज्ञान रूपी आँखें मानव की जीवन के प्रति दृष्टि को खोल देती हैं। और तुझे हकीकत में कहूँ कि मानवमात्र को ज्ञान की भूख होती है। कुछ भी नया सीखने की, जानने की वृत्ति किसी भी मनुष्य में हमेशा से होती है। विज्ञान की इतनी सारी खोजें इसका ही परिणाम हैं न!

पढ़ी-लिखी माँ अपनी संतान की शिक्षा के बारे में विचार कर सकती है। हमने शांता बहन को कितना समझाया, परंतु वह अपनी बेटी को स्कूल भेजने के लिए तैयार ही नहीं थी। आखिरकार बहुत माथा-पच्ची के बाद पिछले वर्ष से उसकी बेटी स्कूल जाती है।

आज तू देख सकती है कि शांता बहन और उसकी बेटी दोनों के विचारों के बीच कितना अंतर है! दोनों दुनिया को कितनी अलग तरह से देख सकती हैं। ऐसा

किसलिए होता है? शिक्षा और अभ्यास, संस्कार और सभ्यता तुम्हें अलग-अलग तरह से जीना सिखाती हैं। इतना ही नहीं, जिंदगी को अलग तरीके से देखना भी तुम्हें सिखाती हैं।

जिसके पास ज्ञान है, शिक्षा है, वही ज्ञान का महत्त्व समझ सकता है, यह सत्य है। गार्गी और याज्ञवल्क्य की बातें मैंने तुझे बताई थीं। उसमें 'बृहदारण्यकोपनिषद्' में उनका संवाद दिया गया है। शास्त्रार्थ के समय जब याज्ञवल्क्य तमाम ऋषियों के सामने श्रेष्ठ साबित हुए, तब गार्गी ने उनसे प्रश्न पूछा था और याज्ञवल्क्य ने विनम्रतापूर्वक उनके प्रश्न के उत्तर दिए थे। जबकि गार्गी को अपमानित कर देना और उनके प्रश्नों के उत्तर न देना उनके लिए बहुत ही सहज था। परंतु ऐसा न कर उन्होंने गार्गी के ज्ञान का सम्मान किया और वह स्त्री थीं फिर भी उन्होंने उनके प्रश्नों के उत्तर दिए।

स्त्री होने के बावजूद इसलिए कहता हूँ, क्योंकि उस समय स्त्रियों का सम्मान उच्च कक्षा में किया जाता था। भारतीय पुराणों में स्त्री के महत्त्व का अच्छा आकलन किया है। स्त्री का ज्ञान कमाई करने के लिए नहीं, ऐसा कहने के बावजूद स्त्री के ज्ञान को नम्रतापूर्वक नमन करने की सभ्यता भारतीय संस्कृति में है।

एक बात तय है कि आज के दौर में शिक्षा का अर्थ रोजी-रोटी या सुविधाओं तक सीमित हो गया है। छोटे बच्चों को कहा जाता है कि 'पढ़ेगा नहीं तो खाएगा क्या?' इसका अर्थ यह होता है कि पढ़ाई की पहली आवश्यकता कमाने की है।

मैं इस आवश्यकता से इनकार नहीं करता हूँ, परंतु तुझे समझाने का प्रयत्न करता हूँ कि यह एकमात्र जरूरत नहीं है।

शिक्षा के और बहुत से उद्देश्य होते हैं।

कवि टी.एस. इलियट ने कहा है कि, "नॉलेज लिबरेस ह्यूमन बीइंग।" संस्कृत में एक वाक्य है—'सा विद्या या विमुक्तये'—जो मुक्ति दिलाती है, वही सच्ची विद्या है।

मुक्ति किससे?

मुक्ति—तुम्हारे जड़ विचारों से, तुम्हारी दृढ मान्यताओं से, तुम्हारे अहंकार से, तुम्हारी गलत समझ से, तुम्हारे क्रोध से, तुम्हारे पूर्वग्रहों से। तुम जो मानते हो, वह और उतना ही सत्य इस संसार में अस्तित्व रखता है, ऐसा नहीं है। सत्य तो आकाश जैसा है। तुम जहाँ जाकर खड़े रहे, वहाँ सत्य तो है ही और इस सत्य को समझने के लिए—देखने के लिए, उसके अंदर निहित ग्रह-नक्षत्रों को पहचानने के लिए ज्ञान की दूरबीन अनिवार्य है।

कार्डिनल न्यूमन नामक एक लेखक के कथनानुसार—'ज्ञान अर्थात् स्वतंत्रता, न्यायपरायणता, शाम होना, मिताचार और विवेक बुद्धि अथवा जिसे तत्त्व-परायणता कहते हैं वह।'

गांधीजी हमेशा अक्षर ज्ञान की अपेक्षा शिक्षा को अधिक महत्त्व देते थे। और मुझे लगता है कि अब तुझे शिक्षा और पढ़ाई के बीच का अंतर समझ में आ गया होगा।

बेटा, जब-जब मन में कोई सवाल उत्पन्न हो, जब-जब तुम्हें लगे कि जीवन में उलझन खड़ी हो गई है, उस हर स्थिति में जो तुम्हारी मदद करता है वह है तुम्हारा ज्ञान। फिर एक बार कहता हूँ—शिक्षा नहीं, पर ज्ञान है।

इस बार यह पत्र हो सकता है, तुझे थोड़ा कठिन लगेगा। शायद तुझे ऐसा भी लगे कि मैं यह सब तुझे क्यों लिख रहा हूँ! परंतु मैंने जैसे तुम्हें पहले भी कहा है कि यह पत्र सिर्फ आज की तारीख के लिए ही महत्त्वपूर्ण नहीं है।

कल और परसों, आनेवाले कई वर्षों में, इन पत्रों का अर्थ अधिक-से-अधिक महत्त्वपूर्ण बनता जाएगा।

मेरे लिए ये पत्र धीरे-धीरे मेरे अपने आपके साथ बातचीत का माध्यम भी बनने लगे हैं। तुझे लिखते-लिखते मेरे विचार अपने आप अधिक स्पष्ट और अधिक दृढ बनते गए हैं, ऐसा मैं अनुभव कर सकता हूँ। बेटा, ये पत्र सिर्फ तुझे ही सिखाते हैं ऐसा नहीं है। इन पत्रों को लिखते-लिखते मैं भी बहुत कुछ सीखता हूँ या जो सीखा हुआ भूल गया था, वह फिर एक बार याद कर रहा हूँ।

शायद, शिक्षा इसे ही कहते होंगे—जो परस्पर दो व्यक्तियों को अधिक-से-अधिक ज्ञानमय, अधिक-से-अधिक प्रकाशमय, अधिक तेजस्वी और अधिक समझदार बनाए।

तेरे आनेवाले वर्ष ज्ञानवान्, प्रकाशवान्, आनंदमय और प्यार से भरे बने रहें, ऐसी तेरे पापा की हृदयपूर्वक शुभेच्छा है।

□

प्यारी आस्था, 16 वर्ष

मेरी सोलह वर्ष की सुंदर आस्था,

आज तेरे जीवन का एक नया अध्याय शुरू हुआ।

तेरे जीवन में आज से अजीब-सा परिवर्तन होगा। सोलह वर्ष की उम्र, ये किशोरावस्था और जवानी के बीच की एक उम्र है। सत्रहवें वर्ष में प्रवेश करते ही किशोरी युवती बन जाती है।

कल तक उछलती-कूदती, भाग-दौड़ करती लड़की अचानक ही शरमाती, धीरे चलती, धीरे बोलती और आँखों में शर्म भरी एक सुंदरी बन जाती है, यह मेरा अनुभव है। गुजराती भाषा में एक कहावत है—'सोण वर्षे शान', अर्थात् सोलह वर्ष में सब समझ आ जाता है।

जबकि तुझमें तो यह समझदारी थोड़ा पहले ही आ गई है।

मैं अब तुझमें अपनी किशोरावस्था और जवानी देख रहा हूँ।

मैं तेरे जैसा ही था। इतनी ही ऊर्जा, इतने ही सपने, जिंदगी के बारे में इतने ही सवाल और रिश्तों के बारे में इतना ही कुतूहल था। मुझे भी तेरी तरह हमेशा उछलते-कूदते, भागते-दौड़ते रहना पसंद था। निरंतर कोई-न-कोई प्रवृत्ति करते ही रहना मुझे पसंद था। ऐसा लगता था, मानो सारी दुनिया मेरी मुट्ठी में हो।

आज तुझे देखता हूँ तो मुझे लगता है, मानो तू सारी दुनिया को जीतने निकल पड़ी हो।

बेशक, ऐसा कहा जाता है कि माता-पिता संतान में अपना जीवन जीते हैं। जो अपनी जवानी में नहीं जिया, वह सब अपनी संतानों की जवानी में जीने का अधिकांश माता-पिता प्रयास करते हैं। अपनी महत्त्वाकांक्षाएँ, अधूरी रह गई इच्छाएँ—ये माँ-बाप अपने बच्चों में आरोपित करते हैं और उनके द्वारा अपनी इच्छाएँ पूरी करने का प्रयत्न करते हैं; परंतु तब ये माँ-बाप इस बात को भूल जाते हैं कि वे

उनकी संतान हैं, उनकी संपत्ति नहीं। संतानों के अपने दिल और दिमाग होते हैं। वे खुद विचार कर सकते हैं और उनके विचार उनके माता-पिता से अलग हैं, अलग होते ही हैं।

ये माता-पिता ऐसा समझ नहीं सकते हैं कि उनकी संतानें भी उनकी अपनी नहीं हैं। वे तो इस जगत् में जन्म देने ही वाले थे, सिर्फ उनके जन्म के लिए ये तो माध्यम मात्र बने हैं।

खलील जिब्रान ने अपनी पुस्तक 'द प्रोफेट' में लिखा है—"तुम्हारे बच्चे तो तुम्हारे बच्चे नहीं हैं, बल्कि संसार जीवन की अपनी कामनाओं के लिए वे संतानें हैं। वे तुम्हारे द्वारा आती हैं, तुम्हारे में से नहीं आतीं। वे तुम्हारी शरीर का भाग होती हैं, लेकिन तुम्हारी नहीं होतीं। चाहे तुम उन्हें अपना प्रेम दो, लेकिन तुम अपनी कल्पनाएँ नहीं; क्योंकि उनकी अपनी कल्पनाएँ होती हैं। तुम चाहो उनके जैसे ही प्रयत्न करना, लेकिन उन्हें अपने जैसा बनाने का प्रयत्न मत करना; क्योंकि जीवन बीत गए मार्ग पर वापस नहीं जाता है और अतीत पास में रुका नहीं रहता है।"

ओशो कहते हैं कि बालक के लिए माता और पिता का प्रेम अलग-अलग होता है। माना कि प्रेम में कभी कोई अपेक्षा नहीं होती। माँ का प्रेम अपना वतन है, धरती है, सागर है, प्रकृति है, जो हमें बिना किसी शर्त के प्राप्त होता है; लेकिन पिता बच्चे को योग्य बनाने का प्रयत्न करता है। पिता अपनी संपत्ति का, अपने विचारों और संस्कारों का वहन करनेवाले वारिसदार के रूप में अपनी संतान को पसंद करता है। पिता के प्रेम में कहीं बच्चे की योग्यता या उसके विकास की शर्त शामिल होती है; जबकि माँ का प्रेम पाने के लिए संतानों को अच्छे या श्रेष्ठ बनने की जरूरत नहीं होती। परंतु पिता को अपनी संतानों से अपेक्षाएँ होती हैं और वे होती ही हैं।

सआदत हसन मंटो ने 'लाल मिर्च' नाम की एक कहानी लिखी थी, जिसमें एक पुरुष सारी जिंदगी लाल मिर्च जैसी एक लड़की ढूँढ़ता रहता है। अपने जीवन में अनेक स्त्रियों को रिजेक्ट करने के बाद एक दिन उसे लाल दुपट्टा ओढ़े हुए अपनी बेटी में वह 'लाल मिर्च' मिल जाती है।

बेटी हर पुरुष के लिए सपने जैसी होती है। स्वयं देखा हुआ एक ऐसा सपना, जिसे सोते-जागते, बंद और खुली आँखों से देखा जा सके। हर बेटी के जन्म के साथ पिता 'एक बेटी का पिता' बन जाता है। संतान का पिता और बेटी का पिता होने में बहुत अंतर है, बेटा।

गुणवंत शाह ने अपने एक लेख में लिखा है कि "गांधीजी के चार पुत्र थे।

अगर उनके साथ एक बेटी होती तो?''

दशरथ के एक बेटी थी, जिसका नाम शांता था, जिसका ऋष्यशृंग नामक मुनि के साथ विवाह किया गया था। 'उत्तररामचरित' में इस बात का उल्लेख है। नरसिंह मेहता की 'बेटी कुँवरबाई' से शुरू करके गुजराती साहित्य में धूमकेतु की कहानी 'पोस्ट ऑफिस' तक बेटी का उल्लेख मिलता है। जवाहरलाल नेहरू की बेटी इंदिरा, सरदार वल्लभभाई की बेटी मणिबेन, विक्रम साराभाई की बेटी मल्लिका जैसी कितनी ही बेटियों के बारे में गुजरात सिर उठाकर बात कर सकता है।

चंद्रकांत बक्षी ने लिखा है—''दीकरी ए सवायो दिकरो छे'', अर्थात् बेटी बेटे से अधिक श्रेष्ठ है; यानी बेटा अगर एक रुपया है तो बेटी सवा रुपया है। बेटी जिंदगी की आखिरी साँसों तक तुम्हारे साथ रहती है। एक ऐसा दिन आता है, जब 'डैडी' शब्द 'मैं' पर छा जाता है।

मैं मानता हूँ, वहाँ तक हर पुरुष के जीवन में इसी तरह होता होगा। जिस प्रकार की स्त्री की खोज वह करता है, अपनी बेटी को भी उसी तरह बनाने का प्रयत्न करता है। मेरे सपनों की 'मिस परफेक्ट' तू ही है।

तुझे हँसी आती है? ठीक है न! लेकिन मैं सच कहता हूँ। तू अभी वैसी ही है, जैसी मैंने कल्पना की थी। एक स्वतंत्र मिजाजवाली, अपनी पसंद-नापसंद को स्पष्ट दरशानेवाली, अपने निर्णय स्वयं ले सकनेवाली और जिंदगी की लड़ाई के मैदान में उतर सके, खड़ी रह सके, ऐसी एक अच्छी मजेदार लड़की।

ऐसा कहा जाता है कि पिता के जीवन की अंतिम स्त्री उसकी बेटी होती है। मेरे जीवन की पहली स्त्री तेरी माँ और अंतिम स्त्री तू है, अगर मैं ऐसा कहूँ तो उसमें जरा भी गलत नहीं है।

बेटा, तुझे याद है, पिछले हफ्ते हम वॉक पर गए, तब तूने मुझसे पूछा था, ''पापा, अब मैं इंडीपेंडेंट हूँ?'' और मैंने कहा था, ''तू जनमी है, तब से स्वतंत्र है।'' बेटा, तेरा चेहरा तेरा अपना है। तेरे विचार तेरे अपने हैं। तेरे मन की उथल-पुथल, तेरी बुद्धि और तेरा ज्ञान सब तेरा अपना है। तेरी गलतियाँ भी तेरी अपनी ही होंगी और उनके परिणाम भी तुझे ही भोगने होंगे। स्वतंत्रता का अर्थ स्वच्छंदता नहीं है। स्वतंत्रता का अर्थ है—अपने निर्णय स्वयं लेना और उसके परिणाम भोगने के लिए भी तैयार रहना। अधिकतर माता-पिता स्वतंत्रता के नाम पर अपनी संतानों को या तो स्वच्छंद बना देते हैं या जो उनकी अपनी इच्छा हो, उस हद तक की छूट देते हैं। बेटा, स्वतंत्रता का मतलब है—अपनी संतान को भूल करने की भी मुक्ति देना, छूट देना। मैं हमेशा ऐसा मानता रहा हूँ कि छूट देनेवाले हम कौन हैं?

हर व्यक्ति के पास उसका अपना एक स्वतंत्र व्यक्तित्व होता है। उसकी एक विशेष बुद्धि, विचार-शक्ति और छोटे-बड़े अनुभवों के आधार पर उसकी अपनी बनाई हुई मान्यताओं की श्रेणी होती है।

तू मुझसे अलग हो ही सकती है; बल्कि मैं तो यह चाहूँगा कि हर बात में तेरा स्वतंत्र अभिप्राय हो।

हरिवंश राय बच्चन की एक कविता है, जिसमें उन्होंने लिखा है कि ''पेड़ के नीचे कभी भी पौधे विकसित नहीं होते। अर्थात् पेड़ की छाया के नीचे सीमित सूर्य प्रकाश के कारण कभी पौधे का संपूर्ण विकास नहीं हो सकता। पौधे को सच्चे और सही ढंग से विकसित होने के लिए जिंदगी की धूप—जीवन की कड़क धूप—लगना जरूरी है। पेड़ को सिर्फ इस बात का ध्यान रखना है कि तेज धूप में कोमल पौधे झुलस न जाएँ।''

मैंने एक जगह पढ़ा था कि ''हम अपने बच्चों को मूल और पंख दे सकते हैं।'' संस्कार की जड़ें उन्हें हमारी परंपराओं के साथ, हमारी संस्कृति के साथ, हमारी भाषा के साथ, हमारी आध्यात्मिकता के साथ जोड़े रखती हैं; जबकि पंख हमें विश्व का परिचय कराते हैं। जिसकी जड़ें जमीन में गहरे उतर जाती हैं, वही अधिक ऊँची उड़ान भर सकता है। जिस प्रकार हाइराइज बिल्डिंग बनाने के लिए नींव गहरी खोदनी पड़ती है, उसी तरह ऊँचा जाने के लिए शुरुआत निचाई में ही करनी पड़ती है।

दूर की तरह ही हम आगे जाने की बात भी कर सकते हैं, तब भी मुझे तुझे यही कहना है कि जो दूर जाने का साहस कर सकता है, उसे ही पता चलता है कि कितनी दूरी तक जाया जा सकता है।

बेटा, आज इस दिन मुझे तुझे जिंदगी के सोलहवें वर्ष के बारे में कहना है।

गुजराती भाषा में एक कहावत है कि ''सोणे सान अने विशे वान।'' इसका अर्थ होता है कि सोलहवें साल में बच्चे में दुनियादारी की प्रथम समझ प्रकट होती है। बुद्धि के साथ-साथ 'सान' अर्थात् व्यवहार का ज्ञान भी उसे आता है। यह व्यवहार उसे जीवन की बहुत सी बातों के बारे में जानकार बनाता है। सोलहवें साल में आती बुद्धि तुम्हें दुनियावी व्यवहार सिखाती है। यह व्यवहार अर्थात् सिर्फ लेन-देन नहीं है या यह व्यवहार सिर्फ दूसरों के साथ का व्यवहार नहीं है। दुनिया का व्यवहार अर्थात् पहले अपने आपके साथ लिये जानेवाले कुछ निर्णय, अपने लिए सृजित कुछ बंदिशें—दीवारें, कुछ अभिप्राय। सोलहवें वर्ष में आनेवाला व्यावहारिक ज्ञान तुमसे सवाल पूछता है तुम्हारे आनेवाले भविष्य के बारे में—अगर आर्किटेक्ट की भाषा

में कहूँ तो तुम्हारे जीवन की बाँधनेवाली बिल्डिंग का प्लान क्या है?

तुम्हें व्यावहारिक ज्ञान का खयाल आए तो सबसे पहले यह बात तय करनी पड़ेगी कि तुम अब संसार के साथ किस तरह का व्यवहार करना चाहते हो? जगत् तो सदियों से ऐसे-का-ऐसा ही रहा है। उसके व्यवहार कभी भी बदले नहीं हैं। सदियों पुरानी अहम भरी मान्यताएँ आज भी जीवंत हैं। स्वयं जो करें, उसे स्वीकार करने की हिम्मत बहुत कम लोगों में होती है। स्वयं जिस बात को मानते हों, उसे विनम्रता से, निर्भय होकर कहने की हिम्मत भी बहुत ही कम लोगों में होती है।

शेक्सपियर कहते हैं कि "डरपोक लोग अपनी मृत्यु से पहले कई बार मरते हैं। लेकिन साहसी और निर्भीक लोग एक ही बार मृत्यु का स्वाद चखते हैं।" इसका अर्थ सिर्फ इतना ही है कि जिसमें जीने की हिम्मत होती है, वही जीता है; शेष सब सिर्फ साँस लेते हैं और जीवन पूरा करते हैं।

ग्लोबल नेटवर्क, कम्युनिकेशन और विकास, प्रगति जैसे शब्द गलत हैं, ऐसा मत कहना। परंतु आधुनिक टेक्नोलॉजी समाज की मानसिकता बदल सकती है, यह बात बिल्कुल गलत है। विकास हुआ है, यह सत्य है। मशीनें आई हैं, सुविधाएँ बढ़ी हैं और मेहनत कम हुई है, ये सब सत्य है। परंतु जीवन की समस्याएँ पिछली सदी में जो थीं, वही आनेवाली सदी में भी रहेंगी; क्योंकि चाहे जितनी आधुनिकता और चाहे जैसी भी टेक्नोलॉजी आ जाए, वह मानव के मूल स्वभाव को बदल नहीं सकती है। मानव स्वभाव से ही अधूरापन अनुभव करनेवाला प्राणी है। अधिकांश लोगों को उनके पास जो है, वह कम ही लगता है। हम बचपन से ही ये सीखते रहे हैं कि जिंदगी के हर कदम पर लड़ना-झगड़ना, दूसरों को पछाड़कर स्वयं आगे बढ़ जाना।

अविनाश व्यास ने एक गीत में कहा है कि—

"अच्छे-बुरे स्वार्थ के लिए, एक-दूसरे को पकड़ते
करते कशमकश,
दौड़ा-दौड़ी, पकड़ा-पकड़ी, उलटे-सीधे खेल खेलते
बहादुर से बहादुर का खेल हो रहा भाई
दुनिया चाहे जागती हो या सोती हो…
हे…हू तू तू तू तू
खेल की ऋतु जम गई है
अपने आप बन एक दूजे के साथी
सारा जग खेलता आया और खेलता है
हू तू तू तू…"

यह बात बहुत सच्ची है। आज के जमाने में देखने जाएँ तो हर व्यक्ति दूसरे को छल रहा है। लेकिन वह मानता ये है कि खुद छलता है और दूसरे छले जाते हैं। सच पूछो तो ये झूठ है। सबसे पहले झूठ बोलनेवाले को ही, झूठे को गिराते हैं। छल हमेशा छलनेवाले को ही छलता है।

हर व्यक्ति स्पर्धा में भागता है, दौड़ता है, यह मानकर कि वह सबसे आगे दौड़ता है, दूसरों को पीछे छोड़ देने के लिए; सिर्फ यही एकमात्र ध्येय रखकर अपना जीवन जीता है। इसे 'रैट रेस' कहते हैं—चूहे जैसे दौड़ते हैं, वैसे मानव भी दौड़ने लगा है। आँखें बंद कर हाँफता-भागता, दूसरों को धकेलता, अवसर मिले तो दूसरों को गिराकर मनुष्य प्रतियोगिता में पहले स्थान पर आने के लिए निकल जाता है। लेकिन दौड़ते हुए मानव को सिर्फ अपना लक्ष्य ही दिखता है। उसे अपने साथ दौड़ते हुए अन्य लोग नहीं दिखते। इतना ही नहीं, अपने आस-पास की दुनिया देखने के लिए वह खड़ा भी नहीं रहता। उसे जब लगता है कि वह अपने लक्ष्य तक पहुँच गया है, दौड़ में पहले स्थान पर आया है और उसने अपने प्रतिस्पर्धियों को पीछे छोड़ दिया है, तब आगे एक नई दौड़, नई स्पर्धा और नए प्रतिस्पर्धी उसकी राह देखते हुए खड़े ही होते हैं। वह साँस ले सके, अपनी जीत का जश्न मना सके, उससे पहले तो शुरू हो जाती है एक नई दौड़।

और जाने-अनजाने व्यक्ति फिर एक बार इस नई दौड़ में शामिल हो जाता है नए प्रतिस्पर्धियों के साथ दौड़ने के लिए।

आज की दुनिया में 60 प्रतिशत लोग ऐसा ही जीवन जीते हैं। शेष 40 प्रतिशत में से अधिकांश लोगों को स्पर्धा या दौड़ने का विचार भी नहीं आता। उनके लिए अपनी रोजी-रोटी कमाना, उदर-पूर्ति करना, यही सबसे अधिक महत्त्वपूर्ण बात होती है।

लेकिन मुट्ठी भर लोग होते हैं, जिन्हें दौड़ने में दिलचस्पी नहीं होती। वे निश्चित ध्येय के साथ, निश्चित गति के साथ, जन्म से मृत्यु तक अपना सफर अद्भुत तरह से पूरा करते हैं। उन्हें अपने इस सफर में कोई अफसोस, कोई दरार या कोई फरियाद नहीं होती। उन्हें जो प्राप्त हुआ, उसका अभिमान भी नहीं होता और जो गँवाया, उसका अफसोस भी नहीं होता।

मानव हैं हम सब। सामान्य जीवन जीते हैं। वस्तुएँ, मान-सम्मान, प्रतिष्ठा, प्रेम, स्वीकार जैसी बातें हमें पसंद हैं। प्राप्त करना हम सबको अच्छा लगता है। कहीं पहुँचना, कहीं जीतना हम सबकी आकांक्षा है। परंतु उसे प्राप्त करना, जीत

तक पहुँचने के रास्ते के चुनाव में हम मार खा जाते हैं। सीधे रास्ते से वहाँ पहुँचने की बजाय शॉर्टकट पसंद करने में छोटे-बड़े छल-कपट हमारे साथ दौड़ने लगते हैं और ये छल हमको, स्वयं को धोखा देते हैं।

इसलिए दुनिया में कभी किसी को धोखा देने, छलने का इरादा नहीं रखना चाहिए। हम अगर छले जाते हैं तो कोई बात नहीं, परंतु दूसरों के साथ धोखा करके हमें कुछ भी मिलता नहीं है, हमेशा इस बात को याद रखना। फिर चाहे वे अपने माता-पिता हों, मित्र हों, शिक्षक हों या कोई और। मैंने जब तुझे पहली बार पत्र लिखा, तब लिखा था कि सच बोलना बहुत मुश्किल है, असंभव नहीं। और मेरे कहे पर अगर विश्वास हो तो इतना जान लेना कि किसी को धोखा देकर प्राप्त पैसा, सफलता, डिग्री या रिश्ता—सब क्षण भर के होते हैं।

वह भी इस हद तक कि इसमें से कुछ भी टिकाए रखने के लिए बोला गया झूठ या किया गया छल आखिर तो आपको वह संबंध, प्रतिष्ठा, डिग्री या पैसा सब गुमाने की दिशा में ही ले जाता है।

सामान्य रूप से इनसान को सत्ता, संपत्ति, सुख, सुंदरता का नशा चढ़ता जाता है और नशा ऐसी वस्तु है, जो तुम्हें तुम्हारी बुद्धि और ईमानदारी से दूर ले जाती है। स्पर्धा में जीतना एक अच्छी बात है, लेकिन जीत का अभिमान होना बेकार बात है। कछुए से जीत गया खरगोश आगे निकल जाता है और सो जाता है और यह नींद उसके अहंकार की नींद है। अभी तो उसे अपने निश्चित ध्येय तक पहुँचना बाकी है, उससे पहले ही उसने मान लिया कि वह सफल हो गया है और सो जाता है। यह नींद उसके ढीले और कमजोर प्रतिस्पर्धी को पीछे छोड़ देने के अभिमान की नींद है।

इस नींद में तुम और तुम्हारा मगज दोनों ही काम करने से रुक जाते हैं।

संसार की स्पर्धा तो निरंतर चलती ही रहने वाली है। उसकी गति भी बढ़ती ही जाने वाली है। तुम्हें यह तय करना है कि तुम्हें इस स्पर्धा में किस गति से दौड़ना है और कहाँ पहुँचना है। यह बहुत मुश्किल निर्णय है, लेकिन फिर भी अनिवार्य है; क्योंकि यह निर्णय लिये बिना तुम संसार की स्पर्धा में उतरे तो मान लेना कि जिंदगी अब तक दौड़ती-हाँफती स्पर्धा बनकर रह जाएगी।

तुम कुछ गलत मत समझना। मैं यह नहीं कहता कि तुझे स्पर्धा में रहना नहीं है, निरंतर दौड़ते नहीं रहना है या अपने प्रतिस्पर्धी को हराने के लिए अधिक ताकत से प्रयत्न नहीं करना। नहीं, मैं ऐसा तो कभी भी नहीं कहूँगा। परंतु बेटा, अहंकार भरी नींद मनुष्य को बहुत नुकसान पहुँचाती है। सच पूछो तो अहंकार का मतलब

ही नींद है।

यह अहंकार या सफलता बहुत ही क्षणिक होती है। जिंदगी का कोई घंटा 60 मिनट से ज्यादा लंबा नहीं होता। वह सुख का हो या दुःख का समय, पूरा हो ही जाता है और तुम्हारे बाद तुम्हारी कुरसी लेनेवाला—तुमसे अधिक सफल, तुमसे अधिक चालाक लोग इस दुनिया में आते ही रहते हैं। तुम्हें तय यह करना है कि तुम्हारी स्पर्धा किसके साथ है और तुम इस स्पर्धा को कहाँ तक जारी रखना चाहती हो।

हमारे पास जो है, वह है, फिर वह हमारी कार्यक्षमता हो, रूप हो, पैसा हो या सुविधाएँ—ये सब हमें हमारे कर्मों के फलस्वरूप प्राप्त हुए हैं। ऐसा मानकर ईश्वर का आभार मानना। यही जीवन की श्रेष्ठ रीत है।

"जो तुमने पाया है, वह तुम्हारा नहीं है और जो तुम नहीं पा सके, वह तो कभी तुम्हारा था ही नहीं।" यह वाक्य उपनिषद् में लिखा है। उपनिषद् में कहा गया है कि "तुम्हें जीवन और चेतना का उपहार देकर ईश्वर ने पृथ्वी पर भेजा है। वृक्ष के पास जीवन है, चेतना नहीं; प्राणियों के पास मगज है, लेकिन समानता नहीं है। ईश्वर ने सिर्फ एकमात्र ऐसा सर्जन किया है, जो है मानव, जिसके पास जीवन, चेतना, जागरूकता, विचार-शक्ति और सभ्यता है।"

मानव के रूप में हमारे पास बहुत कुछ है। अर्थात् कोई वस्तु उसका एक भाग हो सकती है; परंतु वस्तुएँ प्राप्त करने के लिए व्यक्तियों को छोड़कर आगे बढ़नेवालों का प्रयास कभी भी पूरा नहीं होता है, बल्कि उन्हें जीवन भर एक अधूरापन निरंतर सालता रहता है।

इतना सबकुछ प्राप्त करने के बाद भी मैटीरियलिस्टिक—भौतिक वस्तुएँ प्राप्त करने की दौड़ तुम्हें छोटा और सामान्य बना डालती हैं। यहाँ राजेश व्यास 'मिस्कीन' की दो पंक्तियाँ याद आती हैं—

"तेरा कुछ नहीं है तो छोड़ के बता तू,
तेरा सब कुछ है तो छोड़ के आ तू।"

इन दो पंक्तियों में जीवन की फिलॉसफी समझाई गई है। मैं जितनी बार ये दो पंक्तियों पढ़ता हूँ, उतनी बार मुझे इनमें एक नया ही अर्थ प्राप्त होता है। हर बार मुझे लगता है कि ये दो वाक्य तुम्हारे संपूर्ण जीवन का सार बन सकते हैं, लक्ष्य बन सकते हैं या सिद्धांत बन सकते हैं।

चलो छोड़ो, फिलॉसफी बहुत हो गई, क्यों?

इस उम्र का अपना ही एक अलग चार्म—आनंद होता है और वह हरेक को

मिलना ही चाहिए।

कवि चीनू मोदी कहते हैं—

सोलह साल की उमर ये कैसी उमर,
ना ही अंदर, ना ही बाहर पाँव जकड़े, दहलीज।

बेटा, तू बेटी है, इसलिए तू थोड़ा अधिक समय तक घर की दहलीज के अंदर रही। लड़का होती तो शायद थोड़ा पहले घर से बाहर निकल गई होती। एक दिन आएगा, जब तू भी इस दहलीज को पार कर बाहर जाएगी, विशाल दुनिया में पाँव रखेगी और तब तेरे सामने कई प्रश्न खड़े होंगे।

वे प्रश्न अधिकांश रूप से पसंदगी से जुड़े होंगे। मैंने तुझसे पहले भी कहा है कि पसंदगी का प्रश्न कदम-कदम पर आता रहेगा और हर समय पसंदगी लगभग एक जैसी ही होगी—पसंद और अच्छा, आसान और कठिन, श्रेय और प्रेय, श्रेष्ठ और इच्छित।

पिछले कुछ समय से मैं देख रहा हूँ, 'हाइटेक' वस्तुओं में तेरी रुचि बढ़ गई है। एम. टी.वी., लाइफ स्टाइल चैनल्स, रिच एंड फेमस, ट्रावेल आदि देखना तुझे पसंद है। तेरी देर रात की पार्टियों के साथ तेरा बाहर जाकर खाना और तेरी वेशभूषा में भी बदलाव आता जा रहा है। तू सुंदर है, कोई भी वस्तु तुझे शोभा देगी, इस बात में 'ना' नहीं है; बल्कि तेरे लंबे अमेरिकन पाँव और पतली कमर के साथ तेरे पश्चिमी वस्त्र अधिक सुंदर लगते हैं—इस सत्य को स्वीकारना ही चाहिए। तेरी दादी को तेरे ऑल्टरनेक कपड़े, छोटे स्कर्ट, बेलीटोप और लो वेस्ट कपड़ों का विरोध है—सख्त विरोध है। वह तो तुम दोनों के बीच जब-तब होती बहसबाजी से समझा ही जा सकता है।

इसमें सैंडविच की-सी स्थिति होती है तुम्हारी माँ की। अगर वह तुझे कुछ कहने लगती है तो तू पाँव झटकती, भौहें चढ़ाती, साँप की तरह फन उठाती कहती है, "तू दादी को कुछ नहीं कहती।" अगर तेरी माँ दादी को कुछ कहने जाती है तो तेरी दादी जोर-जोर से तेरी माँ को धमकाती है, "उठाना नुकसान, मेरा क्या जाता है? इतनी ज्यादा छूट देना ठीक नहीं है—पराए घर जाना है। ये कपड़े तो देखो इसके। हफ्ते के आधे दिन घर में खाना नहीं खाती। पिज्जा और सैंडविच चबाती रहती है।" और उसके बाद चलता आधे घंटे तक का भाषण तेरी माँ को ही सुनना पड़ता है।

बेटा, एक सच्ची बात कहूँ? दादी बिल्कुल गलत नहीं है।

हमारे आहार-विहार, पोषण आदि का प्रभाव हमारे जीवन पर बहुत गहरा पड़ता है। यह बात वैज्ञानिक रूप से भी साबित हो चुकी है। महात्मा गांधी उपवास करते तथा सादा खाना खाते थे, शायद इसलिए ही उनके विचार सात्त्विक थे। तीखा, तला हुआ मसालेदार भोजन हमारे विचारों को तामसिक बनाता है। इसी प्रकार अमुक प्रकार की पोशाक हमारे मन में और दूसरों के मन में अमुक खास प्रकार के विचार पैदा करती हैं।

मैं फैशन का विरोधी नहीं हूँ। तुझे जो शोभा दे, वह तुझे पहनना चाहिए। आधुनिक पाश्चात्य वस्त्रों का भी मैं कोई विरोधी नहीं हूँ; परंतु तुझे एक बात विशेष रूप से कहनी है और इसी उम्र में कहनी पड़ती है कि तुम अपने वस्त्रों के कारण सामनेवाले व्यक्ति के मन में तुम्हारे प्रति एक खयाल, एक इंप्रेशन खड़ी करती हो। अधिकतर लोग तुम्हारा मूल्यांकन तुम्हारे पहनावे-दिखावे से ही करते हैं। तुम्हारी आधुनिकता उनके लिए खराब, छिछलापन कहला सकता है।

हर व्यक्ति की दृष्टि समान नहीं होती और बेटा, शरीर का प्रदर्शन भारतीय संस्कृति में आसानी से स्वीकार्य नहीं होता, यह तो तू भी जानती ही है। देर रात तक पार्टी में ऑल्टरनेक वस्त्र पहनकर तू जाए और देर रात को घर वापस लौटे तो हमें तेरे बारे में चिंता होना बिल्कुल स्वाभाविक है। फिर, आज के दौर में अखबारों और टेलीविजन पर जिस प्रकार के किस्से हम देखते हैं, वे माँ-बाप के रूप में हमारी और दादी के रूप में उनकी नींद उड़ा देते हैं। इसमें तुझे दुःखी होने की बजाय हमारी चिंता और हमारी भावनाओं का विचार करना चाहिए।

'अच्छा' और 'मनपसंद' दोनों में अंतर है। उसी तरह तुम शरीर को क्या पोषण देती हो और जीभ को क्या पसंद है, इसमें भी अंतर है। दूसरों की नजरों को क्या पसंद है और हमारे शरीर पर क्या शोभा देता है, इसमें भी बहुत अंतर है।

यहाँ भी एक बार फिर चुनाव-पसंद तेरे सामने आकर खड़ी हो जाएगी। सवाल सिर्फ यह है कि दहलीज लाँघने से पहले तुझे कुछ बातें तो तय कर ही लेनी होंगी।

यह दहलीज लाँघ लेने के बाद हम निरंतर तेरे साथ नहीं होंगे। इन दुनिया का मुकाबला तुझे अकेले ही करना होगा। यह जगत् बहुत ही निष्ठुर और कठोर है। तुम्हें तुम्हारी गलती के लिए आसानी से माफी नहीं देगा।

बेटा, हर समय स्वतंत्रता का अर्थ हमें योग्य लगे, वह कुछ भी करना नहीं है। स्वतंत्रता का एक अर्थ है—हम दूसरों के नियंत्रण में से छूट गए और अपने

आप पर हमें स्वयं नियंत्रण करना है।

'स्व' को नियंत्रित कर लेने की शक्ति यानी—स्वतंत्रता। अब तुझे स्वतंत्रता का अर्थ समझ में आया होगा। और तू उस अर्थ के अनुसार जीवन जीने के लिए अपने आपको तैयार करने का प्रयास करेगी, ऐसा मुझे विश्वास है।

आज उस दिन मुझे तुझे एक सुंदर उपहार देना है—तेरे जैसा ही छोटा सा, नाजुक-सा, सुंदर और मधुर आवाज करता, तेरे जैसा ही आधुनिक और हाइटेक मोबाइल।

तेरी जासूसी करने के लिए नहीं, हाँ।

तेरी चिंता करना, तेरा ध्यान रखना और तुझे हमारी जरूरत पड़े तो तुरंत हम तुझ तक पहुँच सकें, इसलिए।

आजकल तेरी लेट नाइट पार्टीज थोड़ी बढ़ने लगी हैं। तेरी माँ चिंता करती है। इसलिए, जब देर होनी हो, तब तुझे इस मोबाइल का उपयोग करना, नहीं तो तेरी माँ तो तुझे करेगी ही। उसे तेरी बहुत चिंता होती है। वह स्त्री है और शायद बाहर की दुनिया को अपनी नजर से स्पष्ट देख सकती है, इसलिए होगी। मैं चिंता नहीं करता हूँ, ऐसा नहीं है। परंतु मुझे तुझ पर बहुत ही विश्वास है और तू उस विश्वास को हमेशा बनाए रखेगी, ऐसा भी मुझे विश्वास है।

इसीलिए तो मैंने तेरा नाम 'आस्था' रखा है।

तू मेरी श्रद्धा है, विश्वास है और मेरा गौरव है, तू आस्था है मेरी।

आई लव यू बेबी। फोर व्हाट यू आर, एंड व्हाट यू हैव मेइड आउट ऑफ मी।

हैप्पी बर्थडे!

□

प्यारी आस्था, 17 वर्ष

आस्था,

आज तुझे यह पत्र लिखता हूँ, तब तुझे देखकर एक गजब-सा आनंद मुझे महसूस होता है। तेरी उम्र में कोई भी बालक समझ सके, इससे कहीं अधिक समझदारी तुझमें देख सकता हूँ।

तेरी उम्र की दूसरी लड़कियों की अपेक्षा तेरे शौक अलग हैं, तेरी पसंद-नापसंद, तेरे टेस्ट अलग हैं।

वैसे तो हर माता-पिता को लगता है कि मेरी बेटी दूसरों की अपेक्षा अलग है। अलग अर्थात् अधिक होशियार, अधिक चालाक और अधिक टेस्टफुल—अस्थेटिक।

अस्थेटिक और ऐथिक दोनों के बीच में अंतर है। इन दोनों शब्दों का अर्थ अब तू समझ सकती होगी। सुरुचि और सिद्धांत—ये दोनों एक-दूसरे के विरुद्ध जाएँ, ऐसा हो सकता है। कभी दोनों एक-दूसरे का हाथ पकड़कर आगे बढ़ें, ऐसा भी हो सकता है; लेकिन ये दोनों अलग हैं, भिन्न हैं, यह सत्य है।

लँगोट पहने हुए महात्मा गांधी शायद सुंदर वस्त्र पहने हुए अरुचिपूर्ण अंग्रेजों को पसंद न हों, परंतु उनके सिद्धांतों ने बड़े-से-बड़े बुद्धिमान और सुरुचिपूर्ण व्यक्तियों को भी नतमस्तक कर दिया था। टैगोर की कलात्मकता या वान गोग की सुरुचि की दुनिया चाहे प्रशंसा करती है, परंतु जब नीतिमत्ता या सिद्धांतों की बात आती है, तब उनके बारे में कहीं चर्चा होती हम सब ने सुनी है।

यह संसार कला और विज्ञान के बीच बँटा हुआ है। स्वाद और स्वास्थ्य के बीच बँटा हुआ है, संपत्ति और सिद्धांत के बीच बँटा हुआ है, सुख और दुःख के बीच बँटा हुआ है।

और हमें कदम-कदम पर उसमें से एक को पसंद करने की जिम्मेदारी उठानी पड़ती है। इतना ही नहीं, उस पसंदगी के साथ-साथ हमें रखनी पड़ती है

उसके परिणामों की तैयारी, गँवाने की तैयारी।

कभी बहुत ही पसंदीदा, अच्छा लगता और प्यारा—उसे भी छोड़कर आगे बढ़ जाना पड़ता है, ऐसा भी हो सकता है।

और इस समय तुझे जो पसंद है, उसे देखकर मुझे ऐसा लगता है कि तू जीवन की ऐसी पसंदगियों में संतुलन बनाकर ही पसंद कर सकेगी। मैं सचमुच ऐसा मानता हूँ; क्योंकि छोटी-से-छोटी चीजों में तेरी पसंद को मैं देखता हूँ, तब मुझे लगता है कि तेरे पास दूसरों की अपेक्षा अलग ही दृष्टि है और यह अलग दृष्टि अर्थात् थोड़ी अधिक कलात्मक और थोड़ी अधिक सुंदरता की तरफ की दृष्टि। परंतु यह दृष्टि या कला के प्रति तेरा झुकाव तुझे समाधान करने को ललचाता नहीं है। मुझे इसमें कुछ नया नहीं लगता, क्योंकि मैंने तुझे कला और साहित्य दोनों की तरफ तेरी रुचि हो, इस तरह से जाग्रत् प्रयत्न किए हैं।

बेटा, ऐसा कहा जाता है कि साहित्य, संगीत और कला के बिना इनसान बिना पूँछ के पशु समान है। तुम्हारी पढ़ने की प्रवृत्ति ने तुझे संसार को पहचानने की एक सुंदर दृष्टि दी है। तू अच्छा, खराब पसंद कर सकती है और उसे स्पष्ट रूप से व्यक्त भी कर सकती है। इस दृष्टि के कारण ही तू दूसरों से अलग है और जीवन भर साहित्य की तरफ, कला की तरफ अपनी यह रुचि बनाए रखना, साथ ही अपने सिद्धांतों को भी इतना ही महत्त्वपूर्ण मानना।

सुरुचि और सिद्धांत के बीच का संतुलन बनाए रखना। ऐस्थेटिक और ऐथिक्स दोनों ही जीवन में एक समान महत्त्वपूर्ण हैं।

बेटा, आज तुझे यह लिखने का खास कारण ये है कि अब तू कॉलेज जाने लगी है। पिछले वर्ष से तुझे तेरी पॉकेट मनी मिलने लगी है। तेरी मम्मी यह मानती थी कि तुझे 18 वर्ष की उम्र से पहले पॉकेट खर्च के पैसे नहीं देने चाहिए? तेरी दादी मानती थी कि तुझे पॉकेट खर्च के पैसे दिए ही नहीं जाने चाहिए। परंतु मुझे लगता था कि तेरे मित्रों के पास खर्चने के लिए अपने पैसे हों तो तेरे पास भी अपने पैसे होने ही चाहिए।

पैसे चाहे हमारे द्वारा दिए गए हों, परंतु उन्हें खर्च करने का अधिकार तो तेरा अपना है। मैं तुझे पूछूँगा जरूर, लेकिन रोकूँगा नहीं; क्योंकि मैं दृढतापूर्वक ऐसा मानता हूँ कि किसी भी व्यक्ति को एक बार स्वतंत्रता दिए जाने के बाद उसे उसका पूरा-पूरा आनंद लेने देना चाहिए, स्वाद चखने देना चाहिए। हाँ, स्वतंत्रता के इस स्वाद के प्रति जाग्रत् किया जा सकता है, परंतु यह स्वाद हमने कहा, इतना ही बस है। हमने कहा और वह वैसे ही स्वाद चखे तो यह दुराग्रह है।

बेटा, मुझे तो अठारह वर्ष की उम्र में किसी ने पैसे नहीं दिए थे, बल्कि मुझे घर में पैसे देने पड़े, ऐसी स्थिति खड़ी हो गई थी। जिस तरह से दादाजी गुजर गए और उनके बाद एकमात्र पुत्र होने के करण सारे घर की जिम्मेदारी मुझे उठानी पड़ी। दादी तो बहुत पढ़ी-लिखी नहीं थी, इसलिए कमा सके, ऐसी कोई संभावना नहीं थी। घर तो चलाना ही था, शायद इसीलिए मैं बहुत छोटी उम्र में ऐथिक्स और अस्थेटिक के बीच पसंद करना सीख गया था।

मुझे भी मेरी उम्र के लड़कों की तरह कभी बीयर पीने, सिगरेट पीने तो कभी सारा दिन कैंटीन में बैठे रहने का मन होता था। हमेशा तो नहीं, परंतु कभी दूसरों से ईर्ष्या होती थी। अपनी गाड़ी लेकर कॉलेज में आते लड़कों का रोब देखकर मुझे बसों में धक्के खाने पर गुस्सा आने लगता था।

पर फिर तुरंत मुझे समझ में आ जाता कि मुझे तो पूरे महीने का बजट बनाना है। उसमें से अगर कुछ बचेगा तो ही अपने लिए कुछ खर्च कर पाने की संभावना होगी। लड़कियाँ, सिनेमा, नए-नए कपड़े मुझे भी कभी-कभी अपनी तरफ खींचते थे; परंतु तब ऐसा विचार आता कि यह सब करने के लिए सारा जीवन पड़ा है। अगर शुरुआत के दिन मैं यूँ नष्ट कर दूँगा तो जिंदगी भर मुझे कहीं क्लर्क या कोई और नौकरी करके जीवन बिताना पड़ेगा।

इतनी तकलीफ थी, फिर भी मैं पढ़ता रहा। उसका मुख्य कारण यही था कि मुझे कुछ वर्ष इन्वेस्ट करके बहुत सारे साल अच्छी तरह से जीना था। मेरे पास पिताजी की दी हुई संपत्ति या कोई व्यापार नहीं था। मेरे पास कोई तैयार कुरसी भी नहीं थी, जिस पर बैठकर मेरी आवक शुरू हो जाती। मुझे तो शून्य में से सर्जन करना था और आज मेरे पास जो कुछ भी है, वह मेरा गौरव है—मेरा परिवार भी, मेरा घर भी और मेरी संपत्ति भी।

मैं कमाता था और सच पूछो तो मुझसे कोई हिसाब पूछनेवाला भी नहीं था। मैं जैसा चाहता वैसा कर सकता था, क्योंकि वे मेरे पैसे थे—मेरे अपने कमाए हुए, मेरी अपनी मेहनत के। मैं चाहे जैसा उन्हें खर्च कर सकूँ; लेकिन उस समय अगर मैंने ब्रांडेड कपड़े, गर्लफ्रेंड्स, सिनेमा, बीयर यसा मौज-शौक के साधनों के पीछे पैसे उड़ाए होते, समय बिगाड़ा होता तो आज तेरे पापा का जो सम्मान है, जो कॅरियर है और अपने पास जो सुख-सुविधाएँ हैं, वे शायद न होतीं।

मेरे सारे दोस्त एक या दूसरी तरह से मौज-शौक करते थे, समय बरबाद करते थे; परंतु वह उनके लिए संभव था, क्योंकि उनके पास जीवन के दूसरे रास्ते भी थे। उनके पिता उनके लिए अच्छी-खासी संपत्ति, लगभग तैयार कॅरियर लेकर

उनके भविष्य के लिए खड़े थे।

मेरे पास कोई नहीं था, कुछ नहीं था—यह मेरी मजबूरी नहीं थी; परंतु हाँ, यह मेरी परिस्थिति थी और उसके साथ आँख में आँख मिलाकर देखे बिना, उसे यथास्थिति में स्वीकारे बिना मेरे पास कोई भी और उपाय नहीं था। इसीलिए मैंने उस परिस्थिति को दुःखी हृदय से स्वीकारने के स्थान पर आनंद से स्वीकार लिया। उसे चुनौती माना और आज़ मैं जो हूँ, वह तुम्हारे सामने हूँ।

इसलिए, फिर एक बार तुझसे कहता हूँ कि पैसा खर्च करने का अधिकार मुझे तुझे देना था; सिर्फ इसलिए कि जो सुख मुझे नहीं मिला, वह सुख तुझे मिलना चाहिए—ऐसा मैं हृदय से चाहता था।

किसी भी जिम्मेदारी के बिना आनंद के लिए मिले हुए पैसों का आनंद अलग ही होता है।

परंतु बेटा, इन पैसों का उपयोग तुझे कैसे करना है, इस बारे में तू अपने ऐस्थेटिक और एथिक्स विचारों का उपयोग करना।

पिछले साल मैंने तुझे लिखा था कि अपने आहार-विहार और पोशाक का प्रभाव अपने जीवन पर पड़ता है, यह बात वैज्ञानिक तौर पर भी साबित हो चुकी है। हम जो खाते हैं, वह खुराक सिर्फ खुराक नहीं, ऊर्जा का स्रोत है। वह ऊर्जा हमारे शरीर को बढ़ने, जीने और काम करते रहने की शक्ति देती है। मैंने तुझे पिछले साल लिखा था कि तू बार-बार बाहर जाए, यह तेरी दादी को पसंद नहीं है। इसमें सिर्फ दादी की पसंद-नापसंद का विचार न करके थोड़ा शांति से विचार करेगी तो समझ में आएगा कि तुझे जो कुछ अच्छा लगता है या तू जो कुछ स्वाद से खाती है, उसमें से किसी वस्तु का तेरे शरीर को आवश्यक पोषण मिलता नहीं है।

गुस्सा मत होना बेटा, मैं तो तुझे सिर्फ जानकारी दे रहा हूँ। तय तो तुझे करना है कि तुझे सैंडविच अच्छा लगता है या नहीं। उसमें मैदा, बटर और दूसरे ऐसे तत्त्व होते हैं, जिनका शरीर को कोई फायदा नहीं होता, बल्कि नुकसान होता है। तू कहेगी कि उसमें वेजीटेबल्स—सब्जियाँ—होती हैं। वे सब्जियाँ कब की साफ की हुई या उबाली हुई होती हैं? इसी तरह चाइनीज खुराक में आजीनो तथा विनेगर—सिरका जैसे तत्त्व होते हैं, भेल या पानीपुरी आदि में सिर्फ स्वाद होता है। और तीखे मसालेदार और थोड़ी गंदगी से अलग—भाजी पाव की सब्जियाँ कैसी और कब की उबाली हुई होती हैं! वे धोई हुई हैं कि नहीं, इस बारे में तो हमें जरा भी पता नहीं होता और उसके साथ में पाव यानी पूरा मैदा।

भोजन में पाँच प्रकार के सफेद जहर बताए गए हैं। ये पाँच सफेद जहर हैं—

मैदा, नमक, चीनी, सोडा और साइट्रिक ऐसिड (नींबू के फल)। तू सोच तो सही कि बाहर के खाने में इनमें से कौन सी ऐसी वस्तु है, जो नहीं होती?

बेटा, तेरे दादाजी हमेशा कहते थे कि जैसा अन्न वैसा डकार, जैसा आहार वैसा विचार।

बेटा, हमारे शरीर में जानेवाला भोजन और गाड़ी में डाला जानेवाला पेट्रोल एक समान है। अगर पेट्रोल में कचरा हो तो गाड़ी अटकने लगती है। उसी प्रकार अगर हमारे शरीर में गड़बड़वाला, बिना पोषण का भोजन जाता है तो शरीर भी धीरे-धीरे बिगड़ने लगता है। बेटा, यह सलाह देने का कारण और कुछ नहीं है, बल्कि यह बताना है कि स्वाद और स्वास्थ्य दो अलग वस्तुएँ हैं। हर बार स्वादिष्ट भोजन हो, लेकिन वह स्वास्थ्यवर्धक न भी हो, ऐसा हो सकता है। तुम कितना खाते हो या क्या खाते हो, यह महत्त्वपूर्ण नहीं है। महत्त्व इस बात का है कि इससे तुम्हारे शरीर को क्या मिलता है! तुम्हारी त्वचा, बाल, हड्डियों और खून तक को क्या तुम्हारे भोजन से पोषक तत्त्व पहुँचते हैं? खुराक/भोजन सिर्फ जीभ को सुख देने की चीज नहीं है।

खुराक लेना ही एकमात्र जरूरी बात नहीं है। पौष्टिक, सात्त्विक और फिर भी हल्का खुराक के लिए उत्तम है, ऐसा समझकर अगर भोजन खाया जाए तो ही खुराक त्वचा, शरीर, बाल, हड्डियों और खून के लिए पोषण-युक्त साबित हो सकती है।

किसी भी व्यक्ति को अपने दिन भर के काम को करने के लिए, सोचने, घूमने-फिरने, लिखने के लिए या साँस लेने के लिए भी शक्ति की, ऊर्जा की आवश्यकता पड़ती है। यह ऊर्जा या इस शक्ति का माप कैलोरी में लिया जाता है। किसी भी व्यक्ति के भोजन में वह कितनी कैलोरी लेता है, उसका माप व्यक्ति जो खुराक लेता है, उन तत्त्वों में रही ऊर्जा (कैलोरी) से तय होता है। जरूरत से कितनी ज्यादा चरबी यसा कॉलेस्टरोल उसके शरीर में जाता है, वह भी उसकी खुराक के तत्त्वों की कैलोरी से ही तय किया जा सकता है।

तुम्हारे शरीर को आवश्यक ऐसे सभी तत्त्व खनिज, प्रोटीन, कार्बोहाइड्रेट्स तथा विटामिन्स तुम्हारे भोजन में मिल सकें, यह उत्तम है। इनके अलावा अतिरिक्त शक्तिवर्धक दवाएँ और अन्य प्रकार की दवाएँ लिये बिना तुम्हारी खुराक सभी जरूरी तत्त्व शरीर को देती हो, ऐसा संतुलन बनाए रखना चाहिए।

बेटा, बौद्ध धर्म में तो ईटिंग को भी एक प्रकार का मेडिटेशन ध्यान बताया गया है। जिस तरह ध्यान करने से तुम्हारा मन, मगज संयम में रहता है और तुम्हारा

कंसंट्रेशन बढ़ता है, तुम्हारा बुद्धि-कौशल्य खिल उठता है, उसी तरह अच्छी व उत्तम खुराक चबा-चबाकर शांति से खाने से तुम्हारे शरीर को एक प्रकार की ऊर्जा प्राप्त होती है। यह ऊर्जा तुम्हारे शरीर को काम करने की शक्ति देती है। बेटा, ऊर्जा जिस मात्रा में जरूरी हो, उसी मात्रा में लेनी चाहिए, ऐसा भी मैं मानता हूँ। रजनीश कहते हैं कि, ''अधिक खुराक खानेवाले लोग अनावश्यक ऊर्जा शरीर को देते हैं। इस प्रकार की ऊर्जा का उपयोग बाद में गलत कामों में होता है।''

खुराक के बारे में हमने काफी बातें कर लीं।

ये सारी बातें करने के दो मुख्य कारण हैं—एक, तू स्वास्थ्य का महत्त्व समझे और दो—थोड़े वर्षों के बाद जब तू पत्नी और माँ बने, तब अपने परिवार को तू किस तरह स्वस्थ बनाए रखेगी, यह बात तुझे समझ में आएगी।

बेटा, हम जो जीते हैं, हमारी वृत्तियाँ भी वैसी ही हो होती जाती हैं। ऐसा हिंदू शास्त्र कहते हैं। व्यक्ति की प्रकृति तीन प्रकार की होती है—सात्त्विक, राजसी और तामसी।

व्यक्ति की प्रकृति उसके जन्म, लालन-पालन और आहार-विहार पर आधारित होती है। सात्त्विक प्रकृति के लोग शांत, स्वस्थ, स्वच्छ और समाधान की प्रकृतिवाले होते हैं। वे संसार को हमेशा सकारात्मक नजर से देखते हैं और सकारात्मक ऊर्जा प्रदान करते हैं। इसी प्रकार राजसी प्रकृति के लोग अधिक पोषण-युक्त, घी और चरबी-युक्त, मीठे से भरी खुराक पसंद करते हैं। दुनिया में नेता या लीडर की क्वालिटी लेकर जन्में, इन लोगों के लिए भाग्य उच्च स्थान पर विराजमान है और बड़े कार्य करता है। उदार, समझदार और रजोगुण की मनोवृत्तिवाले इन लोगों के कई मित्र और प्रशंसक होते हैं। तामसी प्रकृति के लोग तीखी, गरम, तली व मसालेदार खुराक को पसंद करते हैं, जिसमें मांसाहारी भी गिने जा सकते हैं। ऐसे लोग क्रोधी, शंका-कुशंका करनेवाले, छोटी-छोटी बात पर लड़नेवाले और आपराधिक प्रवृत्ति तथा संकुचित मानसिकतावाले होते हैं। ऐसे लोगों के कोई खास मित्र या प्रशंसक नहीं होते हैं।

ये शास्त्रों में बताई बातें है। अब शायद तुझे समझ में आएगा कि जीवन में खुराक का क्या महत्त्व है। हमने जैसी ऊर्जा अपने शरीर में ली वैसी ही ऊर्जा बाहर निकलेगी और हमारे जीवन को आगे धकेलती है, तू इस बात को समझ गई होगी।

अब एक और बात कहनी है। तुम्हारा बाहरी दिखावा तुम्हें ईश्वर देता है, यह बात सच्ची है। तुम सुंदर हो या नहीं, यह इतना महत्त्वपूर्ण नहीं है, जितना महत्त्व तुम्हारी आंतरिक सुंदरता का होता है। सुंदरता का प्रदर्शन ये कोई बड़ी योग्य

बात नहीं है, ऐसा मुझे हमेशा लगता रहा है। ईश्वर द्वारा दी गई कोई भी वस्तु, चाहे फिर वह बुद्धि हो या सुंदरता, तुम्हें तुम्हारे पूर्वजन्म के पुण्यों अथवा किस्मत या माता-पिता के आनुवंशिक गुणों, जींस के कारण मिलती है। इसमें तुमने क्या किया? हमेशा मेरे मन में ऐसे सवाल उठते रहते हैं।

मैं आजकल देख रहा हूँ कि तू किसी भी कारण से पीठ दिखाई दे, पाँव दिखाई दें, पेट दिखे—ऐसे वस्त्र पसंद करने लगी है। ये फैशन है, यह बात मैं समझता हूँ। मैं तुझे टोकता नहीं हूँ। मैं पुराने विचारों का व्यक्ति नहीं हूँ। मुझे तेरे कपड़ों में कोई खराबी दिखती है या मैं उनका विरोध करता हूँ, ऐसा भी नहीं है। मैं तुझसे एक सवाल पूछना चाहता हूँ, "ये वस्त्र क्या सचमुच अपनी परंपरा, संस्कृति, अपने देश और अपने समाज को शोभा देते हैं?"

यह शायद तेरा बलवा-लड़ाई हो, दादी की रोक-टोक के सामने या परंपरा के विरुद्ध, मैं समझ सकता हूँ। सवाल सिर्फ यह है कि तुझे जो कहना है, उसे कहने की क्या यह एकमात्र रीत है, तरीका है? तू पुरानी परंपरा का विरोध करना चाहती है, क्या वह सिर्फ शरीर दिखाकर ही किया जा सकता है? बेटा, जिस प्रकार रहस्य हम सबको आकर्षित करता है, उसी प्रकार ढके इस शरीर में भी एक रहस्य है—और वह अधिक रुचिकर होता है, अधिक कलात्मक और अधिक सुंदर लगता है।

ढका हुआ शरीर, लज्जा और सभ्यता हमारी परंपरा है—हमारी भारतीयता है और वही हमारी सुंदरता की परिभाषा भी है।

सोचना, विचार करना—तेरी माँ जब कोरन साड़ी पहनकर, सुंदर तरीके से बाल बाँधकर तथा बड़ी लाल बिंदी लगाती है, तब तू ही कहती है, "मम्मी, तुम बहुत सुंदर लग रही हो।" यह सुंदरता क्या है? मम्मी में से झलकती हुई भारतीयता तुझे अच्छी लगती है।

कला—हमारी परंपरा है। हाथ से तैयार किए गए वस्त्र, अद्‍भुत रंग, रेशम और ट्रेडिशनल गहने विदेशियों को भी आकर्षित करते हैं। जब हम पश्चिमी वस्त्रों की तरफ दौड़ते हैं तो शरीर दिखाना या नग्नता वहाँ की संस्कृति है शायद, परंतु उसका सेक्स के साथ कोई संबंध नहीं है। वृक्ष नंगे हैं, प्राणी नंगे हैं, छोटे बच्चे नंगे होते हैं और उसमें कहीं भी गंदगी नहीं होती है। सवाल सिर्फ इतना ही है कि शरीर के खास भागों को खुले रखकर, सामनेवाले व्यक्ति को उत्तेजित करने की मानसिकता हमें पश्चिम की देन है। हमारे देश में खजुराहो, कोणार्क और मोढेरा के सूर्य मंदिर हमारे देश की कलात्मक नग्नता को खुलेआम पुजाते हैं। लेकिन पश्चिम में मानो

प्रगति के साथ-साथ मानसिक तनाव उसके पर्याय की तरह अधिक-से-अधिक आगे बढ़ता जा रहा है। आज की पीढ़ी पश्चिमी संस्कृति के पीछे समझे बिना ही दौड़ रही है और छोटे रास्ते यानी शॉर्टकट में ही तेजी से प्रगति कर आगे बढ़ने की कोशिश में मानसिक तनाव का भोग बन रही है। इस तनाव से बचने के लिए फैशन, फ्रैंड, इच्छा और सेक्स का सहारा लेने लग गई है। क्या यह उचित है?

तू गलतफहमी का शिकार मत होना। मैं सिर्फ तेरे अकेले की बात नहीं कर रहा। मेरा यह सवाल सारी पीढ़ी के साथ है। पश्चिम के पास से अगर कुछ सीखना हो तो वह है उनकी नियमितता। शिक्षा और ज्ञान के प्रति सम्मान और अनुराग। सदी की स्वतंत्रता है। उनकी टेक्नोलॉजी, उनकी भाषा और देश के प्रति उनकी गहरी भावनाएँ हैं, जो हमें सीखनी चाहिए।

इसकी अपेक्षा हम सीख रहे हैं वह सबकुछ, जिसने पश्चिम को डिप्रेशन की तरफ धकेल दिया है।

आज वहाँ दस में से सात साइकियाट्रिस्ट के पास जाते हैं। क्यों? क्योंकि वहाँ मन और मन के साथ जुड़ी कई भावनाओं का महत्त्व किसी ने समझाया ही नहीं है। वह सारा समाज देह और भौतिक आवश्यकताओं पर आधारित समाज बन गया है। और बेटा, सिर्फ शरीर के आधार पर जीवन नहीं जिया जा सकता, यह सत्य हमारे वेद-पुराणों में हजारों साल पहले कहा जा चुका है। देह पर आधारित उस समाज ने मन को, आत्मा को पहचानना हमारे पास से सीखा है।

और फिर भी हम उनका अनुसरण-अनुकरण करने में गौरव का अनुभव करते हैं तो क्या यह आश्चर्य की बात नहीं है?

आज टेलीविजन पर आनेवाले दस विज्ञापनों में से आठ शरीर की सुंदरता बनाए रखने के लिए उपयोग में लाए जानेवाले साधनों के आते हैं, स्वाद या आकर्षण से जुड़े विज्ञापन हैं। हम चमक-दमक, बाह्य सुंदरता और उनकी अतिशय चमचमाहट से आकर्षित होने लगते हैं। यह भयानक है, बेटा। कौन क्या पहनता है, इसकी बजाय कौन क्या जानता है और कौन कैसा दिखता है, उसकी बजाय किसके पास कितना ज्ञान है, किसके पास कितने पैसे हैं, कैसी गाड़ी है, इसकी बजाय वह कितनी किताबें पढ़ता है—इस तरह की तुलना होनी चाहिए, क्या तुझे ऐसा नहीं लगता?

बेटा, मैंने आरंभ में ही तुझे जैसा लिखा कि तू दूसरों से अलग है। मैंने अलग तरह से तेरा पालन-पोषण, तेरी दृष्टि को अलग तरह से विकसित करने का प्रयास किया है। आज सत्रहवें वर्ष यानी तेरे प्रि-एडल्ट वर्ष में मैं तुझसे पूछना चाहता हूँ

कि क्या तू जीवन भर अपना यह अलग व्यक्तित्व बनाए रख सकेगी? अगर तू ऐसा करना चाहती है तो इस अंधे अनुकरण की तरफ जाए बिना अपनी भारतीयता, अपने अध्यात्म को, ज्ञान और अपनी परंपरा को सम्मान दे; क्योंकि जो लोग अपना सम्मान नहीं कर सकते, उनका दूसरे भी कभी सम्मान नहीं करते—और…

अभी-अभी तुझमें बहुत से बदलाव जो आए हैं, मैं उनका अनुभव कर सकता हूँ। तेरी उम्र के अनुसार तुझमें ये बदलाव होने भी चाहिए। एक पिता के रूप में तुझमें आनेवाले इन सूक्ष्म परिवर्तनों को देखकर मुझे आनंद भी होता है, आश्चर्य से भरा आनंद! मैं देख सकता हूँ कि तेरे अंदर एक युवती पैदा होती जा रही है। अभी कल तक तू झट से मेरी गोद में आ बैठती थी या गले में हाथ डाल झूल पड़ती मेरी आस्था अचानक मानो संकोचशील हो गई है।

शीशे में अपने आपको देखती है कि कोई तेरी सुंदरता की तारीफ करे, तब तेरे चेहरे पर एक सजग गर्व के साथ-साथ आती लज्जा को भी मैंने देखा है।

तेरे मन के बदलते इस मौसम से मैं अनजान नहीं हूँ, बस, तुझे इतना ही कहना है।

अभी कई दिनों से देखता हूँ कि तू खोई-खोई-सी रहती है। तेरा सारा ध्यान फोन के आस-पास ही रहता है। तू कुछ भी करती है, फोन की घंटी बजी नहीं कि तेरे कान चौकन्ने हो जाते हैं। अभी दो-तीन महीने पहले तू टी.वी. देखती हो और पास में ही टेलीफोन की घंटी बजती हो तो भी तू उठाती नहीं थी; लेकिन अब देखता हूँ कि हम में से कोई भी फोन उठाए, उससे पहले तुम दौड़कर फोन उठा लेती हो।

क्या बात है, बेटा? दो-तीन दिन पहले तू घर पर नहीं थी, तब 'युग' नाम के किसी लड़के का फोन आया था। वैसे तो कई लड़के तेरे मित्र हैं और हमने इस बारे में कभी कोई विरोध भी प्रकट नहीं किया—करना भी नहीं था; लेकिन अभी युग के फोन कुछ ज्यादा ही आने लगे हैं और अन्य लड़कों की अपेक्षा उससे तेरी टेलीफोन पर बातचीत भी लंबी चलती है।

इस बात पर रोष क्यों प्रकट करती हो? मैं बाप हूँ तेरा। तेरी छोटी-छोटी बातों का ध्यान रखना मेरा फर्ज है। मैं तेरी निगरानी नहीं करता, सिर्फ ध्यान रखता हूँ।

बेटा, यह उम्र ही ऐसी है, जिसमें पहली बार एक नया अनुभव होता है, हरेक को होता है। मुझे भी हुआ था। मैं सोचता हूँ कि यह युग तुझे तेरे दूसरे मित्रों की अपेक्षा थोड़ा ज्यादा अच्छा लगता है। इसमें भी कुछ बुराई नहीं है। मैं इस भावना को और कोई नाम देने की बजाय तुझे पसंद है, ऐसा कहता हूँ; क्योंकि इस

उम्र में किसी का अच्छा लगना स्वाभाविक बात है।

बेटा, मुझे तुझसे एक बात कहनी है। इस उम्र में संबंध बहुत कच्चे और अपरिपक्व होते हैं। वसंत ऋतु में पेड़ पर आए हुए बौर की तरह। मैं यह नहीं कहता कि यह सब गलत होता है और न ही इसके सत्य के बारे में मेरा कोई विरोध है। मैं अपनी पीढ़ी या पुरानी पीढ़ी के चश्मे लगाकर तेरी पीढ़ी को नहीं देखता हूँ। हर बार जो बीती हुई पीढ़ी हो, उसे नई पीढ़ी अधिक आधुनिक, अधिक पाश्चात्य, अधिक उच्छृंखल और अधिक तेजी से आगे बढ़ती हुई दिखाई देती है। मैं मानता हूँ कि नई पीढ़ी नए विचारों के साथ आई है। उसके पास नई दृष्टि और उसकी अपनी नई दुनिया है। मुझे सिर्फ इतना ही कहना है उस बारे में कि पककर फल बने, तब तक तो इंतजार करना। खासकर सिर्फ उत्सुकतावश या आवेश में ऐसा कुछ भी मत करना जिस कारण जीवन भर के लिए तेरी भावनाएँ उजड़ जाएँ, सूख जाएँ।

बेटा, इस उम्र की जो पसंद है, वह प्रेम तो नहीं ही है।

यह एक आकर्षण है, जिसे अंग्रेजी में 'इनफैचुएशन' कहते हैं। पानी की दो बूँद के बीच के खिंचाव को विज्ञान में 'कोहेजन' कहते हैं। बिजली में जैसे नेगेटिव और पॉजीटिव एक-दूसरे के प्रति आकर्षित होते हैं, उसी प्रकार स्त्री और पुरुष में भी स्वाभाविक आकर्षण होता है। यह आकर्षण स्पर्श में बदलता है। शरीर की अवहेलना करके कोई जी नहीं सकता है और शरीर जीवन का, मानव के अस्तित्व यानी उसके होने का सबसे महत्त्वपूर्ण भाग है। परंतु इससे भी एक और महत्त्वपूर्ण बात है कि यह स्पर्श कब करना, किसका करना, किस तरह करना और इस बारे में कितना जाग्रत् रहना?

तू अब छोटी नहीं रही। सेक्स के बारे में समझ सकती है। कभी भी शरीर को उत्सुकता के हवाले मत करना। सिर्फ शरीर को अनुभव करने या समझने के लिए कोई संबंध मत बाँधना, जो तेरे लिए तकलीफदेह और हमारे लिए चिंता का विषय बन जाए।

ऐसी कोई भूल मत करना, जिसकी कीमत तुझे सारी जिंदगी चुकानी पड़े।

बेटा, इस उम्र की भावनाएँ बहुत कोमल होती हैं। इन्हें पूरी तरह से मजबूत होने देना। उसके बाद तेरा निर्णय हम सबको स्वीकार्य ही होगा, ऐसी श्रद्धा-विश्वास रखना। जीवन भर का निर्णय करने से पहले इनसान को पहचानना, परखना और समझने की कोशिश करना। अपने आपको भी समय देना और उसे भी समय लेने देना। अंग्रेजी की एक प्रसिद्ध कहावत है कि जब तुम खुश हो तो कोई वचन देना मत और दुःखी हो तो कभी कोई निर्णय लेना मत। इसी तरह

संपूर्ण समझदारी से रिश्ता बाँधना और गलतफहमी में उसे कभी तोड़ना नहीं।

हमने कभी तुझे किसी बात पर रोक-टोक नहीं की और तुझमें संपूर्ण विश्वास रखा है तो तुझे भी हमारा विश्वास संपूर्ण रूप से बनाए रखना है, यह बात मन में रखकर अपने मन की बात हमें कहना।

जैसा मैंने तुझे पहले कहा, स्वतंत्रता अर्थात् भूल करने की भी छूट··· हम सब दूसरों की गलतियों में से और थोड़ी अपनी भूलों में से सीखते हैं। कड़वे-मीठे अनुभवों में से धीरे-धीरे जो विकसित होती जाए, उसका ही नाम है समझदारी।

बेटा, अपने दूसरे मित्रों की तरह तू युग को भी घर ले आ। हम भी उसे मिलेंगे, अपने अनुभव की आँख से उसे शायद देख सकेंगे, जो तुझे तेरी उम्र में नहीं दिखाई देता यह वो हमें ऐसा लगता है, वह देख सकेंगे।

बेटा, संतान पर विश्वास रखना माता-पिता का फर्ज है और माता-पिता पर विश्वास रखना, यह संतान की जिम्मेदारी है। मुझे लगता है कि हम अपना फर्ज और जिम्मेदारी बहुत अच्छी तरह से निभा रहे हैं और जीवन भर निभाते रहेंगे।

हैप्पी बर्थडे!

□

प्यारी आस्था, 18 वर्ष

मेरी वयस्क बेटी आस्था,

आज तू अठारह वर्ष की हो गई है। मुझसे अधिक खुश आज भला और कौन हो सकता है! कल तक तू एक बच्चा थी, एक बालक, आज तू वयस्क हो गई। यह देश अब तेरी राय को मान्य रखेगा। अब तेरे पास मत देने का अधिकार है। तू संपत्ति की मालिक बन सकती है, विवाह कर सकती है और अपना स्वतंत्र निर्णय ले सकती है। ये सब अधिकार आज तुझे प्राप्त हो गए हैं।

आज से परिवार के वयस्क सदस्यों में से एक हो गई है तू। अनडिवाइडेड हिंदू फैमिली के अनुसार, परिवार की हर संपत्ति में तेरा अधिकार है। पिछले वर्ष तक पुत्री के अधिकारों को कानूनी मान्यता नहीं थी; परंतु सरकार ने 'नारी गौरव नीति' बनाई, जिसके तहत पुत्री और पुत्रवधू के अधिकारों को कानूनी दृष्टि से मान्यता दी गई है। गुजरात सरकार का यह कदम सचमुच काबिले-तारीफ है।

जब तुम संपत्ति में अधिकारों का भोग करते हो तो घर के सदस्य के रूप में फर्ज में भी तुम्हारा हिस्सा खड़ा हो जाता है। जिस परिवार की संपत्ति के अधिकार तुम्हें मिले हैं, उस परिवार की जिम्मेदारी का बोझ भी तुम्हें उठाना पड़ेगा।

अधिकांश परिवारों में पुत्री को यह बात कही नहीं जाती। उसे तो पराई अमानत समझकर एक दिन चले जाना है, ऐसा मानकर कभी भी पुत्र की तरह उसको घर की आर्थिक या सामाजिक जिम्मेदारियाँ नहीं सौंपी जातीं। लेकिन मैं ऐसा नहीं करूँगा। मैं मानता हूँ कि जिम्मेदारी सबकी समान होती है। उसे निभाने के हरेक के तरीके अलग हो सकते हैं। जिस परिवार में तुझे सदस्य के रूप में स्थान प्राप्त होता है, जिसकी संपत्ति पर तेरा अधिकार है, उस परिवार के दुःख या तकलीफ में हिस्सा बँटाना भी तेरा फर्ज बनता है। इस घर की आर्थिक जिम्मेदारी संपूर्ण रूप से कभी भी तेरे सिर पर नहीं आएगी, मैंने ऐसी व्यवस्था कर ही रखी है। इसके बावजूद ऐसा हो सकता है कि कभी इस घर की आर्थिक जिम्मेदारी तेरे

सिर पर आ पड़े तो? और अगर ऐसा होता है तो तू आनंदपूर्वक वह जिम्मेदारी उठाकर इस घर की व्यवस्थित आय में से घर की आर्थिक व्यवस्था को सँभाल लेगी, ऐसा मेरा विश्वास है।

मेरे लिए तो बेटी मानो कि बेटा, सब तू ही है। इसीलिए आज मन की बात तुझसे कर रहा हूँ।

फिर से एक वर्षगाँठ–सालगिरह और फिर एक पत्र।

लेकिन आज की बात एकदम अलग है। पिछले साल मैंने तुझे अक्ल, समझदारी या दुनिया के व्यवहारों के बारे में लिखा था, शरीर और मन की बात की थी। सेक्स के बारे में भी बात की थी।

हमने युग की बात भी की।

पिछले तीन–चार महीने से युग के फोन नहीं आते हैं। तू उससे मिलती नहीं है। एक–दो बार वह घर आया, तब भी तूने बहुत अच्छी तरह उसके साथ व्यवहार नहीं किया, यह मैं देख सकता हूँ।

पिछले साल तू युग के साथ घंटों बातें करती थी। युग घर आता था, तुम दोनों साथ में साइकिल चलाने जाते थे, फिल्में देखने भी जाते थे। तेरी मम्मी इस बारे में कभी–कभी अपना विरोध जाहिर भी करती थी; लेकिन मुझे हमेशा लगा कि वह तेरे विकास, तेरे पोषण और तेरे बड़े होने, विकसित होने का एक भाग है। तू इसी प्रकार धीरे–धीरे एक पुरुष को जानेगी, उसकी प्रकृति को समझेगी और इस संसार के पुरुषों के साथ किस तरह का व्यवहार करना है, वह भी सीखती जाएगी।

तुझे युग से मिलने से मैंने कभी भी रोका नहीं।

मैं समझ सकता था कि तेरे और युग के बीच एक विचित्र प्रकार का आकर्षण था, जो उस उम्र में होता है। फिर एक दिन तूने मुझसे कहा कि 'युग अच्छा लड़का नहीं है।'

बेटा, जब मैंने तुझसे यह पूछा कि युग क्यों अच्छा लड़का नहीं है? तब काफी शरमाने के बाद चिढ़ते हुए तूने कहा था कि उसने तुझे 'किस' करने का प्रयत्न किया था।

तब मैंने तुझे कुछ नहीं कहा था; लेकिन आज तुझे एक बात कहूँ, बेटा? इसमें युग की कोई गलती नहीं है।

उसके लिए भावनाओं की अभिव्यक्ति का वह एक रूप था। उस उम्र की उत्सुकता भी उसमें शामिल होती है। स्त्री के साथ का संबंध कैसा और कितना

निकट का हो सकता है, वह समझने के लिए हरेक व्यक्ति का पालन-पोषण और अनुभव काम करता है। तेरी उम्र में स्त्री के लिए पुरुष को या पुरुष के लिए स्त्री को स्पर्श करने की उत्सुकता एकदम स्वाभाविक होती है।

उस समय युग तुझे 'किस' करना चाहता था, यह उसकी भावना की अभिव्यक्ति होगी। वैसे भी, स्त्री और पुरुष की अभिव्यक्ति एकदम अलग होती है। तेरे लिए उसे कार्ड देना, उसके लिए नोट्स तैयार कर देना, उसके साथ घंटों बातें करना या जब वह आने वाला हो, तब उसके लिए उसका पसंदीदा काजू-अंजीर मिल्क शेक बनाकर रखना तेरी उसके लिए भावनाओं की अभिव्यक्ति हो सकती है तो उसके लिए तुझे स्पर्श करना, तेरे नजदीक आना, तुझे चुंबन कर तुझे तेरे स्त्रीत्व का अहसास कराना, उसकी भावनाओं की अभिव्यक्ति हो सकती है।

इतना ही नहीं, तुझे स्पर्श कर उसे स्वयं को पुरुष होने की भावना की अभिव्यक्ति की उत्सुकता की आकांक्षा भी हो सकती है।

इस बात के लिए उसे अच्छा या खराब होने का सर्टीफिकेट देने की जरूरत नहीं है; परंतु मैं तब तुझे यह बात समझाता तो शायद तू समझ नहीं सकती थी। लेकिन आज तुझे यह बात समझ में आती होगी।

हम सब शरीर को किसी अजनबी प्रदेश की तरह देखते हैं। शरीर हमारा है। उसमें जागती, अनुभव होती संवेदनाएँ भी एकदम हमारी अपनी ही हैं। एक स्त्री और पुरुष के बीच के संबंधों को बिना किसी कारण के इस समाज ने एक बंधन में—लेवल या टाइटलों में—बाँध दिया है। अमुक उम्र में विजातीय व्यक्ति के स्पर्श से तुम्हारे संपूर्ण अस्तित्व में जो झनझनाहट भर जाती है, वह मानव जाति को ईश्वर की दी हुई एक अद्‌भुत सौगात है। सेक्स कोस्मोस का संगीत है। जब व्यक्ति शब्दों में अपनी भावनाएँ अभिव्यक्त नहीं कर सकता, तब वह स्पर्श का सहारा लेता है अभिव्यक्ति के लिए।

हम किसी को अच्छे लगते हैं या हमें कोई अच्छा लगता है, यह भावना या संवेदना इस उम्र में जगे, यह बिल्कुल स्वाभाविक है।

मैं युग की कोई वकालत नहीं करता। एक पुरुष के रूप में मैं इस समय और संवेदना में से गुजरा हूँ—और तुझसे सिर्फ इतना ही कहना चाहता हूँ कि कभी किसी के भी साथ बिना सोचे-समझे अन्याय मत करना। खासकर किसी की संवेदना के बारे में निर्णय करने से पहले अपने आपको उसके स्थान पर रखकर देखना।

तेरे अपने निजी कारण भी हो सकते हैं। किसी व्यक्ति को कोई व्यक्ति पसंद नहीं होता, उसके लिए उसके जरूर कोई कारण होते ही हैं। परंतु बेटा, आज तुझसे

एक सवाल पूछना है। आज इसलिए, क्योंकि तू अब बिल्कुल छोटी बच्ची नहीं रही। शायद तुझे स्त्री-पुरुष के रिश्तों की आवश्यकता और कीमत दोनों ही समझ आने लगे हैं।

इसीलिए मुझे आज तुझसे एक सवाल पूछना है।

कोई भी रिश्ता टूट जाता है तो उसका कारण क्या हो सकता है?

मुझे विश्वास है कि इस सवाल को पढ़कर पल भर के लिए तू सोच में डूब जाएगी। तेरी लंबी-लंबी पलकोंवाली कत्थई आँखें स्थिर हो जाएँगी। तू अपने ऊपर के दाँत के नीचे निचला होंठ दबाएगी। तेरी ठोड़ी में पड़नेवाला गड्डा थोड़ा और अधिक स्पष्ट हो जाएगा। तू विचारों में खोती है, तब तेरी मुखमुद्रा लगभग ऐसी ही होती है।

सोच बेटा, खूब शांति से सोच कि किसी भी रिश्ते के टूटने का कारण क्या हो सकता है? इसका कारण होता है हमारी अपेक्षा की पूर्ति न होना।

बेटा, हर व्यक्ति रिश्ते में एक अपेक्षा के साथ दाखिल होता है। हरेक को दूसरे व्यक्ति से कुछ चाहिए होता है। बिल्कुल अपेक्षा-रहित संबंध मैंने तुझे पिछली बार भी लिखा था—सिर्फ माँ और बालक के ही होते हैं।

जिस अपेक्षा के साथ व्यक्ति किसी भी रिश्ते में दाखिल हुआ हो, वह अपेक्षा पूरी न हो तथा तुमने सोचा हो कि उसकी अपेक्षा व्यक्ति कुछ अलग ही व्यवहार करे—अर्थात् रिश्ते में दरार पड़ जाती है। तू पंद्रह-बीस दिन पहले टी.वी. देखते हुए मुझसे कह रही थी, 'सभी पुरुष ऐसे ही होते हैं।'

तब मुझे हँसी भी आई और दुःख भी हुआ था।

हँसी इसलिए कि अपनी इतनी छोटी सी उम्र में तूने संसार भर के पुरुषों के लिए अपना अभिप्राय बाँध लिया—कितनी तेजी से, कितनी आसानी से और वह भी कितना दृढ!

बेटा, युग के साथ तेरा रिश्ता कितना गहरा, कितना नजदीकी या कितना भावनात्मक था, इसका मुझे पता नहीं है। उस संबंध में तुझे क्या अनुभव हुआ, इसका भी मुझे कुछ पता नहीं है। लेकिन मुझे तुझसे एक बात निश्चित रूप से कहनी है कि जिंदगी के एकाध अनुभव के आधार पर दृढ मान्यताएँ बना लेना भयप्रद है।

यह सिर्फ पुरुषों के बारे में अभिप्राय की बात नहीं है। जीवन की हर बात के बारे में लागू होती है। सबसे पहले तो कोई भी अभिप्राय बाँधने से पूर्व व्यक्ति को स्वयं अपने आप की संपूर्ण जाँच कर लेनी चाहिए।

किसी भी परिस्थिति का निर्माण हुआ या सामनेवाले व्यक्ति ने अमुक प्रकार

का आचरण किया, उसके लिए हम स्वयं कितने जिम्मेदार हैं, इसका विचार अवश्य करना चाहिए। सिर्फ हमने जो सोचा था, वैसा नहीं हुआ, इतने से कारणवश सामनेवाला व्यक्ति गलत है? वह मानव ही नहीं, उसकी सारी जाति स्पीशीज या उसके जैसे और कई व्यक्ति सब गलत हैं!

बेटा, यह ठीक है क्या?

पिछली वर्षगाँठ पर मैंने तुझे लिखा था कि इस उम्र के संबंध वसंत ऋतु में आनेवाले बौर जैसे होते हैं। जब वे आते हैं तो बहुत सुंदर लगते हैं। वृक्ष भर चुके हैं, ऐसी भावनाएँ पैदा होती हैं; लेकिन पेड़ पर लगनेवाले हर बौर में फल लगेगा ही, ऐसा कोई वचन होता नहीं है और एकाध बौर फल बने बिना ही गिर जाए, इसका अर्थ यह कदापि नहीं है कि अब वृक्ष के सभी बौर फल बने बिना गिर जाएँगे। इतना ही नहीं, आनेवाली तमाम ऋतुओं में सभी बौर एकदम बेकार हो जाएँगे, ऐसा कोई सोच बना लेना किस हद तक योग्य है बेटा?

मूलतः हम पटेल हैं—धरती के साथ, खेतों के साथ, बारिश के साथ जुड़े हुए जीव।

एक-आध बार बारिश कम पड़े, इसका अर्थ यह नहीं है कि जमीन बेचकर शहर की ओर रवाना हो जाएँ।

आज मुझे तेरे साथ अभिप्रायों के साथ-साथ आशा और सकारात्मकता के बारे में भी बात करनी है। ये दोनों ही बातें एक-दूसरे के साथ जुड़ी हुई हैं।

तूने देखा होगा कि हमारे घर में आनेवाले मेरे सहकर्मियों से शुरू करके अपने रिश्तेदार या मित्र आदि फटाक से अपनी राय दे देते हैं। किसी भी व्यक्ति की बात निकले कि वह अच्छा नहीं है या विश्वासपात्र नहीं है या मुँह-फट है—ऐसे नकारात्मक अभिप्रायों का लेन-देन बड़ी तेजी से होता है। अपने घर में जब भी कोई बात निकले और किसी तीसरे व्यक्ति की बात हो, तब अगर तुमने ध्यान दिया हो तो मैं सामान्य रूप से बात बदलने का प्रयत्न करता हूँ। मैं बहुत ही निष्ठापूर्वक ऐसा मानता हूँ कि दूसरों के बारे में इतनी आसानी से अभिप्राय देने का हमें कोई अधिकार नहीं है। हाँ, अगर हम दूसरों के बारे में इतनी तेजी से अभिप्राय दे सकते हैं तो दूसरे भी हमारे बारे में इतनी ही आसानी से अभिप्राय उछालते होंगे, ऐसा हमें स्वीकार कर ही लेना पड़ेगा।

बेटा, व्यक्ति के एक-आध व्यवहार पर से या उसके साथ व्यतीत किए हुए थोड़े से समय के एक-आध प्रसंग में देखे गए उसके व्यवहार से उसके बारे में कोई राय बना लेना गलत है। एक ही वाक्य में तुम व्यक्ति के संपूर्ण व्यक्तित्व, उसके जिए हुए

वर्षों का और आनेवाले वर्षों का हिसाब कर डालो, ये किस हद तक योग्य है?

हाँ, तुम्हारा विचार ये तुम्हारा दृष्टिकोण है। तुम्हारी कुरसी पर बैठकर दिखाई देनेवाला दृश्य पूरा ही है, संपूर्ण है और सच्चा ही है, क्या तुम दावे के साथ कह सकते हो?

बेटा, किसी के भी बारे में कोई धारणा बनाने से पूर्व दस बार विचार करना और राय देने से पूर्व तो सौ बार विचार करना चाहिए। अधिकतर लोगों को राय देने का शौक होता है। ऐसे समय में तीन प्रकार की मानसिकताएँ काम करती हैं। एक—मुझे सब समझ आता है। मेरे पास दुनिया का बहुत अनुभव है और मैं व्यक्ति को देखते ही पहचान लेता हूँ। ऐसा प्रचारित करना बहुत सारे लोगों को पसंद होता है। दूसरा—अभिप्राय देने से स्वयं कितने चालाक हैं और सामनेवाले व्यक्ति को कैसे पहचान लिया है, इसका सुननेवाले पर और जिसके बारे में अभिप्राय बाँधा गया है, वह अगर वहाँ उपस्थित हो तो उस पर अपना प्रभाव डालकर अपना वजन बढ़ाना भी उन्हें अच्छा लगता है। (हालाँकि यह भी एक सत्य है कि जिसके बारे में अभिप्राय देना हो, उसकी उपस्थिति में उसके बारे में अभिप्राय देने की हिम्मत अधिकांश लोगों में होती नहीं है।) और तीसरा—किसी भी व्यक्ति के बारे में अभिप्राय देकर, दूसरे लोगों पर अमुक प्रकार का प्रभाव डालकर उस व्यक्ति के होनेवाले कामों में रुकावट पैदा करना या जिसे अभिप्राय देते हैं, उस व्यक्ति के साथ उसके बननेवाले संबंधों में दरार डालकर कई लोगों को विघ्न संतोष प्राप्त होता है—अर्थात् जीवन में बहुत से विघ्न संतोषी व्यक्ति होते हैं।

आज मुझे तुझसे यह कहना है बेटा, कि संसार में ऐसे अभिप्राय देनेवाले या अपना अभिप्राय फेंकनेवाले व्यक्तियों का तेरे जीवन में कोई भी महत्त्व नहीं होना चाहिए। दूसरों के बारे में दिया गया उनका अभिप्राय तुझ पर कोई प्रभाव न डाले, यह जरूरी है। इतना ही नहीं, तेरे बारे में ऐसे लोगों का कोई भी अभिप्राय जब तू सुने, तब भी उसे दिल से लगाने की बजाय तुझे जो सत्य लगता है, वह तेरी आत्मा जिसे स्वीकार करती है, वही तुझे करना है और करते रहना जरूरी है।

इसके विरुद्ध किसी की न सुनना, जैसी इच्छा हो वैसा जीना, किसी के भी अभिप्राय को सुने बिना अपनी इच्छा के अनुसार जीना—यह भी गलत ही है। अब सवाल होगा कि अब तुझे क्या करना है?

"जिसे आत्मा स्वीकारे, वह सत्य। धर्म वही है, जो तुम्हारी बुद्धि से उदय होता है। स्वधर्म अर्थात् तुम जिसे मान सको और मस्तक झुका सको, वह…" ऐसा कहा गया है। यहाँ धर्म का अर्थ है—अपना जीवन और जीने की रीत।

दूसरों के अभिप्राय या दूसरों की मान्यताओं के आधार पर जीवन जिया नहीं जा सकता और अपना अभिप्राय बाँधने से पहले उस अभिप्राय को बाँधने के लिए अनुभव और वे अभिप्राय सच्चे हों, इसकी जाँच करने का बुद्धि-कौशल्य हमारे पास होना चाहिए।

अब तेरे बारे में जो तेरी मान्यता है, वह यह है कि तेरे कोमल हृदय पर किसी एक लड़के की या पुरुष की—किसी एक से अधिक लड़कों की या पुरुष के व्यवहार की अमुक प्रकार की छाप पड़ी है। उनसे या उनके इस व्यवहार से तुझे आघात लगा है या दुःख हुआ है, मैं इस बात को समझ सकता हूँ, पर स्वीकार नहीं कर सकता।

बेटा, फलों की टोकरी में से एकाध फल सड़ा हुआ निकले तो क्या हम सारी टोकरी को फेंक देते हैं?

आज का समय तेजी से आगे बढ़ जाने का समय है। जो बेकार है, जो पसंद नहीं आया, जिस बात से दुःख पहुँचा है या आघात लगा है, उस सबको छोड़कर सकारात्मक दिशा में आगे बढ़ जाने का नाम ही जीवन है।

जब हम मनाली गए थे, तब वहाँ बह रही व्यास नदी देखी थी। पत्थरों के बीच से अपना रास्ता निकालती हुई वह नदी कहीं अटकती नहीं थी। चाहे जितने ऊबड़-खाबड़, ऊँचे-नीचे रास्तों में से, पत्थर और बर्फ की शिलाओं के बीच से अपना मार्ग बनाती वह आगे ही बढ़ती हुई बह रही थी।

जीवन भी ऐसा ही है, बेटा। अभिप्रायों के पत्थर, मान्यताओं की शिलाएँ तुझे रोकें, ऐसा संभव है। ऐसा भी हो सकता है कि कोई बड़ी बात, कड़वा अनुभव या हिला डालें, ऐसी घटनाएँ तेरे बहाव के सामने शिला बनकर खड़ी हो जाएँ; परंतु इससे तेरे जीवन का बहाव न रुके तो ही तू सच्ची है।

तूने फिनिक्स पक्षी की बात सुनी होगी। अपनी ही राख में से वह पक्षी अपना ही नवसर्जन करता है। यह शायद माइथोलॉजिकल कथा हो सकती है, परंतु मुझे लगता है कि मनुष्य के लिए भी फिनिक्स बने बिना गुजारा नहीं है।

मैं आज यह बात कहता हूँ, क्योंकि मैंने तुझे अभिप्राय देते हुए देखा है। इतना ही नहीं, वे भी नकारात्मक अभिप्राय।

बेटा, स्त्री-पुरुष के संबंधों को समझने के लिए तू अभी थोड़ी छोटी है; लेकिन इतनी छोटी भी नहीं कि तुझे बिल्कुल कुछ समझ न आए।

और इसीलिए, आज तुझसे कहता हूँ कि पुरुष और स्त्री प्रकृति से ही अलग हैं। संबंधों के बारे में दोनों की अपेक्षा अलग है, मान्यताएँ भी भिन्न हैं। संबंधों के

बारे में दोनों की परिभाषाएँ भी अलग हैं।

और जब ऐसा होता है तो मतभेद होना स्वाभाविक ही है। बेटा, युग हो या तेरे जीवन में आनेवाले दूसरे मित्र, प्रेमी, पति या मैं खुद तेरा पिता, हम सब पुरुष हैं और 'सभी ऐसे ही' नहीं हो सकते।

टेलीविजन के सीरियल देखकर, सिनेमा देखकर या उपन्यास पढ़कर बनाई गई धारणाओं के आधार पर जीवन नहीं जिया जा सकता, बेटा! जीवन तो प्रतिदिन कुछ नया ही सिखाता है, नया दिखाता है और नए ही आश्चर्यों को खोलता है।

पुरुष या जीवन की किसी भी बात के बारे में तू दरवाजे बंद कर दे, यह मुझे पसंद नहीं आएगा। संसार में अरबों मनुष्य रहते हैं। किसी भी दो व्यक्तियों की उँगलियों के निशान एक समान नहीं होते। किन्हीं दो व्यक्तियों के चेहरे एकदम एक समान नहीं होते तो फिर कैसे दो व्यक्तियों के स्वभाव या प्रकृति बिल्कुल एक समान हो सकती है?

और किसी एक व्यक्ति से मिला अनुभव तुम दूसरे अनेक व्यक्तियों के बारे में धारणा बनाने का कैसे सोच सकते हो, बेटा?

जीवन तो रोज नए सूर्योदय का नाम है।

नया सूर्योदय नया दिन लेकर आता है। नया दिन अर्थात् नए विचार, नए अनुभव और एकदम नई संवेदनाएँ।

बेटा, मैं सच्चे मन से यह चाहता हूँ कि तेरे जीवन में नई वर्षगाँठ का नया सूर्योदय नए विचार और नई संवेदनाएँ लेकर आए। कल को भूलकर तू उगते सूरज के सामने देख, उगनेवाले नए वर्ष को देख, विचार कर, जिसमें तुझे कितने ही नए अनुभव होने वाले हैं। कितने ही नए आश्चर्य प्राप्त होनेवाले हैं और कई, कितनी ही नई दिशाओं की खिड़कियाँ खुलने वाली हैं।

बेटा, आज तेरी अठारहवीं वर्षगाँठ है। तुझे आज मैं एक ऐसा उपहार देने वाला हूँ, जो तेरे जीवन में नए अनुभवों के द्वार खोलेगा। तू पहली बार विदेश घूमने जाएगी।

मैं तेरे चेहरे पर लटकता हुआ आनंद देख रहा हूँ, अनुभव कर रहा हूँ।

इसके साथ तेरी लंदन और यूरोप की रेल टिकट है।

बोन वायेज।

हैप्पी बर्थडे!

□

प्यारी आस्था, 19 वर्ष

बेटा आस्था,

यह पत्र तुझे लिख रहा हूँ, तब ऐसा लग रहा है, मानो पिछले छह महीने की थकावट मेरी उँगलियों में आकर बैठ गई है।

मन थोड़ा उदास हो जाता है। तेरा जन्मदिन है और तुझे पत्र लिखने की परंपरा मुझे तोड़नी नहीं है। बाकी सच पूछो तो क्या लिखना है, यह मुझे सूझ भी नहीं रहा है।

मनुष्य के साथ ऐसा कभी-कभी होता है, जब परिस्थिति—सोचा न हो इस तरह से मोड़ ले। तुमने कल्पना भी न की हो, ऐसी गंभीर मुश्किल सामने आकर खड़ी हो जाए।

हालाँकि बेटा, हम सब मुश्किल परिस्थिति की कल्पना कभी करते नहीं हैं। ऐसा ही मानकर जीते हैं कि किसलिए हमारे जीवन में कोई कठिनाई आएगी?

लेकिन कठिनाई तो हरेक के जीवन में आती है—और मैं तो अब यह मानने लगा हूँ कि कठिनाई आनी ही चाहिए। एकाध बार तो हमारी समझदारी, धीरज, क्षमता और सूझ-बूझ की परीक्षा होनी चाहिए। क्यों, ठीक है न?

अभी कुछ समय से हम सबकी थोड़ी कठिन परीक्षा चल रही है। पिछले छह महीने से ऐसा लगता है, मानो सारा घर ही उलझ गया है।

तेरी पढ़ाई भी काफी खराब हो रही है। मैं देख रहा हूँ कि इस आन पड़ी मुश्किल के कारण तू काफी ढीली पड़ गई है, बेटा।

पिछले साल हमने तेरा जन्मदिन मनाया। तू विदेश घूम आई। बड़ी पार्टी भी की। इस वक्त मैं उस पार्टी के फोटो लेकर ही बैठा हूँ। गुलाबी रंग के उस पार्टी गाउन में तू कितनी सुंदर लग रही है!

आस्था बेटा, तू सचमुच मेरा सपना है।

लेकिन बीता पिछला सारा साल—लगभग अंतिम छह महीने—में मैंने कभी अपने सपनों को बिखरते-टूटते नहीं देखा। कभी-कभी आधी रात को फूट-फूटकर रोना तो कभी कई दिनों तक चुपचाप, मौन, अकेले तुझे पीड़ा सहन करते देखा है।

पिछले साल और इस साल में जमीन-आसमान का अंतर है। पिछला वर्ष मानो हँसता-खेलता, खिलखिलाहट करता बीत गया। तेरी इस वर्ष की वर्षगाँठ के लिए मेरे मन में बड़े-बड़े सपने थे। मैंने तय किया था कि जब तू अठारह वर्ष की होगी, तब हम कुछ ऐसा करेंगे, जो तुझे जिंदगी भर याद रहे।

शायद भगवान् ने मेरी बात सुन ली है और उसने जो किया है, वह हम सबको जिंदगी भर याद रहेगा। कभी भी किसी हाल में भुलाया नहीं जा सकता। ये चिंता से जागती रातें, पूरे घर को अपने अंदर समा लेती चुप्पी, घर के वातावरण में निरंतर चक्कर खाता हुआ टेंशन का माहौल, सबके चेहरे पर कुछ समय तक दिखाई देते और कुछ समय बाद छुप जाते सवाल।

पिछले छह महीने से मुझे तेरे साथ बात करने का शांति से बैठने का समय ही नहीं मिला है। अपनी रविवार की वॉक भी बंद हो गई है। अच्छी फिल्में भी नहीं देखी हैं। और काफी समय से हमने किसी अच्छी किताब पर चर्चा भी नहीं की है।

हालाँकि मुझे तो पढ़ने का भी समय नहीं मिला है।

अभी दो दिन पहले ही दादी ने मुझे टोका। अखबार मेरे हाथ में था और मैं शून्य में दूर कहीं कुछ सोच रहा था। दादी की आँखों में पानी भर आया। मुझे भी रोना आ गया।

अपने घर में जो कुछ चल रहा हे, उसे मैं तुझे भी खोई-खोई-सी, उलझी और थक चुकी देखता हूँ। कई दिनों से देख रहा हूँ कि किसी भी चीज में तेरा ध्यान नहीं है। गलती तेरी नहीं, मेरी है या संयोगों की है। तेरी माँ का स्वास्थ्य खराब होते-होते अधिक खराब हो गया है। मुझे डॉक्टरों के दवाखानों में धक्के खाने के अलावा और किसी भी बात के लिए फुरसत ही नहीं रही। पिछले छह महीने में हमने लगभग 22 डॉक्टरों को कंसल्ट किया है। सामान्य ब्लड टेस्ट शुरू करके सीटी स्केन से एम.आर.आई. तक पहुँचे हैं हम।

बेटा, मैं और तू दोनों ही जानते हैं कि माँ को जो रोग हुआ है, वह असाध्य नहीं है, परंतु गंभीर है। लेकिन इतना गंभीर भी नहीं है कि तू सारा दिन मुँह लटकाकर घर में फिरा करे। अगर तेरे मुँह लटकाने से ही माँ ठीक हो जाने वाली हो तू ऐसे ही कर। चल, मैं भी तेरे साथ तेरी मदद करता हूँ और थोड़ा मुँह लटका लेता हूँ। छोटी-छोटी बात में रोता हूँ और एकदम ढीला पड़ जाता हूँ। तू सचमुच जान ले कि इससे तेरी माँ ठीक हो जाने वाली नहीं है। अगर माँ ठीक होगी तो

वह होगी तेरी हँसी से, तेरी बातों से, तेरे प्यार से और तेरे स्पर्श से।

बेटा, दुनिया में कुछ भी असंभव नहीं है। कोई भी शब्द अपनी डिक्शनरी से बाहर क्यों हो?

दो-तीन दिन पहले मैं बाहर से आया, तब तू अपनी माँ के साथ बातें कर रही थी, 'हमारे ही साथ ऐसा क्यों होता है?' मैंने तुझे ऐसा पूछते हुए सुना था।

यहाँ तुझे एक किस्सा सुनाने का मन कर रहा है। अमेरिका के प्रसिद्ध टेनिस खिलाड़ी आर्थर ऐश को एड्स की बीमारी हो गई थी। आर्थर ऐश मतलब एक बहुत बड़ी हस्ती! विंबल्डन, अमेरिकन, ऑस्ट्रेलियन, फ्रेंच ओपन जैसी अनेक ट्रॉफियाँ उन्होंने जीतीं और जब वह अपने जीवन की अंतिम साँसें गिन रहा था तब एक पत्रकार ने उससे पूछा, "सर, यह एड्स आपको ही क्यों हुआ? व्हाय?" तब सर आर्थर ऐश ने जवाब दिया था, "देखो, इस संसार में आज पाँच करोड़ से अधिक युवक-युवतियाँ टेनिस खेलते हैं। उनमें से कुछ हजार खिलाड़ी अपने देश में प्रसिद्ध होते हैं। उनमें से तीन-चार सौ खिलाड़ी अंतरराष्ट्रीय इवेंट्स में खेलते हैं, अंतरराष्ट्रीय स्तर पर खेलते हैं। उनमें से भी बहुत कम को ही टाइटल्स ट्रॉफी मिलती हैं ऐसी ट्रॉफियाँ मुझे मिली थीं, तब मैंने कभी नहीं पूछा था—व्हाय मी? मुझे ही क्यों?"

बेटा, यह सिर्फ हमारे ही साथ नहीं होता है। दुनिया के बहुत सारे लोगों के साथ इससे भी बुरा होता है। सच पूछो तो अभी कुछ खराब हुआ नहीं है। तुझे याद होगा, डॉक्टर साहब ने कहा था कि आप समय पर आ गए हो। बेटा, इसका अर्थ यह होता है कि अभी देर नहीं हुई है।

तुझे शायद पता नहीं होगा, परंतु इस संसार में ब्रेस्ट कैंसर हर वर्ष पाँच लाख रोगियों को होता है, जिसमें से सवा लाख महिला रोगी हमारे देश की हैं। 'कैंसर' शब्द ही डरा देने वाला है। मैं मानता हूँ तेरी बात। परंतु हर कैंसर डरनेवाला नहीं है, लेकिन हर डर समय बीतते कैंसर ही बन जाता है।

जैसे निरंतर चलते रहने से मशीन खट-पट करने लगती है और उसे थोड़ी रिपेयरिंग की जरूरत पड़ती है, उसी प्रकार निरंतर चलता मम्मी का शरीर मशीन की तरह थोड़ा नखरा कर रहा है, खटपट कर रहा है। उसे थोड़ी सेवा, सँभाल, थोड़ी देखभाल और थोड़ी रिपेयरिंग की आवश्यकता है।

मैं जब बहुत छोटा था, तब से अपनी माँ को काम करते हुए देखता था। सुबह उठते ही दूधवाले भैया से दूध लेने से शुरू कर सोने जाए, तब तक काम-ही-काम।

घर में सबके लिए चाय बनाना, गरम नाश्ता बनाना, फिर लंच की तैयारी करना, मुझे स्कूल छोड़ने जाना, वापस आना, शाम के खाने की तैयारी करना। और

मुझे स्कूल से वापस लाना।···

इसके अलावा मेरा होमवर्क, मेरे स्कूल की अन्य प्रवृत्तियाँ, मेरे दादा-दादी की तबीयत और मेरे पिता का उन्हें निरंतर व्यस्त रखता व्यवसाय।

तूने भी यही देखा होगा, ठीक है न?

रात को दरवाजे में से डर को, तकलीफ को, प्रॉब्लम को और घर की सभी मुश्किलों को बाहर धकेल देती माँ और सुबह दरवाजा खोलकर सबके लिए एक संपूर्ण नया दिन ले आती माँ। रोज सुबह अलार्म की घंटी के साथ फिर एक दिन शुरू करती माँ और रात को थक-हारकर अपने ही पाँव दबाती, अपने ही बालों में खुद अपने हाथ से तेल लगाती माँ।···

हर घर में माँ ऐसी ही होती है!

इन सबके बीच तेरी माँ तो नौकरी भी करती है, अतः उसका समय अलग से गिन लेना।

क्या तुझे कभी ऐसा विचार आया है कि इन सबके बीच उसकी अपनी भी कोई इच्छा होगी, एक नन्हा-सा कोई सपना या छुपा रखी कोई छोटी सी इच्छा, जिसे उसने कभी किसी से कहा ही नहीं। उसे भी कभी खराब लगता होगा, इस दैनिक रुटीन से थकती होगी? उसे भी कभी गुस्सा आता होगा हम सब पर? उसे भी कभी पाँव पटकने, थाली को सामने देखकर कहने की इच्छा होती होगी कि "मुझे यह पसंद नहीं है।" उसे भी कभी मेरे सामने देखकर, लाड़-प्यार करके कुछ माँगना होगा।

अब जिसके थोड़े-थोड़े हलके सफेद बाल होने लगे हैं। पढ़ते हुए या सुई में धागा डालते समय जिसे चश्मा पहनना पड़ता है, ऐसी मम्मी क्या कभी थकती नहीं होगी?

तुझे याद है बेटा, पढ़ाई करते-करते तू पेंसिल छोड़कर अचानक खड़ी हो जाती थी और अगर पूछें तो कहती, "मेरे हाथ थक गए हैं!"

इसी तरह अब मम्मी का शरीर थक गया है, या बीमार है या थोड़ी मुश्किल में है—उसका मन नहीं है। देखा जाए तो इस सारी परिस्थिति में सबसे ज्यादा हिम्मत तो मम्मी ने ही दिखाई है। मुझे बहुत आश्चर्य होता है। लेकिन मैं हार जाता हूँ या डर जाता हूँ। तेरी माँ मुझे कहती है, "मुझे कुछ नहीं होने वाला।" उसकी हिम्मत देखकर तो मुझमें भी हिम्मत आ जाती है।

उसे तो शारीरिक पीड़ा भी सहन करनी है। बायोप्सी से आरंभ कर बार-बार ब्लड टेस्ट होना और दूसरे टेस्ट, इतनी सारी दवाएँ, जिसका परोक्ष प्रभाव--और

इन सबके बीच उसके मन में हो रही हलचल। इन सबके बावजूद तेरी माँ ने जिस हिम्मत और मन की शक्ति से रोग से लड़ना शुरू किया है, वह काबिले-तारीफ है। हमें तुम्हारी माँ को सपोर्ट करना है। सचमुच अगर देखा जाए तो दुःख से टूट जाने का अधिकार अगर किसी को है तो वह है तेरी मम्मी; जबकि ऐसा करने की बजाय वह हमें सहारा दे रही है।

बेटा, मैं समझ सकता हूँ कि कई बार स्वयं दुःखी होने की बजाय 'अपनों' को दुःखी देखने की पीड़ा अधिक कष्टदायक होती है। 'तेरी माँ को कुछ हो जाएगा तो' ऐसे विचार, रिपोर्ट जब आई, उसके दो दिन तक मेरे मन में चलते रहे। परंतु उसके बाद मुझे याद आया, मैंने कहीं पढ़ा था—"हम जैसा सोचते हैं, वैसा ही होता है और अपने विचार ब्रह्मांड में से अपने पास ही वापस आते हैं।" उसके बाद तो मैंने तय कर लिया कि मैं पॉजीटिव विचारूँगा, अच्छा सोचूँगा, ईश्वर की रोज प्रार्थना करूँगा और तेरी माँ के स्वस्थ होने के लिए भगवान् से आशीर्वाद माँगूँगा।

उस दिन से मैं देख सकता हूँ कि मेरा सारा अभिगम बदल गया है। इतना ही नहीं, मेरे अभिगम के साथ-साथ तेरी मम्मी के मूड और तबीयत दोनों में सुधार हुआ है। वह तो ठीक होने ही वाली है और तुझे धूमधाम से विवाह के जोड़े में सजा तेरा विवाह करेगी। तेरे बच्चों को खिलाएगी। उसे सचमुच कुछ भी नहीं होने वाला।

बेटा, हमारी शादी हुई, उस दिन से आज तक मैंने तेरी माँ को कोई खास बीमार होते हुए नहीं देखा है। तुझे लेकर जब वह गर्भवती थी, तब भी उसकी हलचल, घर का काम-काज और नौकरी चालू ही थी। उसने शायद ही कभी अपने शरीर के बारे में कोई फरियाद की होगी। देखा जाए तो कुछ हद तक यह उसकी लापरवाही का ही परिणाम है। और मैं इस बात को स्वीकार करूँ या न करूँ, मगर उसकी इस हालत के लिए मैं भी जिम्मेदार हूँ।

उसकी शुरुआत की दो-चार फरियादों के समय ही मैं अगर उसे डॉक्टर के पास ले गया होता तो शायद यह स्थिति नहीं होती। 'आज-कल, आज-कल' करके मैंने भी थोड़ा समय जाने दिया, जिसे मुझे स्वीकारना चाहिए।

बेटा, भारतीय समाज में स्त्री के स्वास्थ्य के बारे में बहुत कम जागृति है।

स्त्री स्वयं तथा उसके परिवारजनों के बारे सोचा जाए तो भी—तेरी दादी, आज भी अपनी तबीयत के बारे में कोई फरियाद करती नहीं हैं। कैल्सियम आयरन या दूसरी दवाइयाँ लेना टाल जाती हैं अपनी खुराक के बारे भी जाग्रत् नहीं है। यह उसकी गलती नहीं है। भारतीय समाज में स्त्री को ऐसा सिखाया ही नहीं जाता कि उसका स्वस्थ रहना महत्त्वपूर्ण है, जरूरी है।

भारत में देखा जाए तो स्त्री के स्वास्थ्य पर उसके सारे परिवार के स्वास्थ्य का आधार होता है या लेकिन अधिकांश स्त्रियाँ इस बात को समझती नहीं हैं या इस बारे में वे लापरवाह रहती हैं।

पोषण-युक्त आहार और आवश्यक तत्त्व उसके शरीर को मिलते रहने चाहिए, इस बारे में कोई उसे सिखाता ही नहीं है। बेटा, सच पूछो तो पुरुष की अपेक्षा स्त्री के शरीर को पोषण की अधिक आवश्यकता होती है। हर महीने आनेवाला मासिक स्राव, उस दौरान होनेवाले रक्तस्राव के कारण उसका शरीर अधिक पोषण माँगता है। गर्भावस्था, डिलीवरी के दौरान उसके शरीर में से काफी कुछ निकल जाता है, जो उसके शरीर को और अधिक कमजोर बना देता है। अत: उस शक्ति की प्राप्ति हेतु उसे कम हो गए तत्त्वों का पोषण करते रहना जरूरी हो जाता है।

तेरी माँ तो पढ़ी-लिखी है। उसे तो अपना ध्यान रखना चाहिए था। मैं उसे जब-तब कहता था कि अपने खाने का ध्यान रखो, अतिरिक्त विटामिन-कैल्सियम लो तथा अन्य जरूरी बातों के लिए जाग्रत् रहो; लेकिन वह भी कम नहीं है। हम सबका बराबर ध्यान रखती है, हम सबके लिए खाना बनाती है, मेरे विटामिन समय पर मुझे खिलाती है, लेकिन खुद नहीं लेती।

बेटा, उसे तो हम सबका ध्यान रखना है; लेकिन उसे सबसे पहले अपना ध्यान रखना चाहिए था। इस बात से तुझे यह शिक्षा लेनी है कि तू जब पत्नी बने, माँ बने, तब सबसे पहले तू अपना ध्यान रखना। अपना खयाल रखने में किसी भी तरह का अपराध-बोध अनुभव करने की जरूरत नहीं है। हमारा शरीर हमारी तमाम प्रवृत्तियों का केंद्र है। घर का काम करने से लेकर व्यावसायिक कामों तक वास्तव में तो हमारा शरीर ही हमारा साथ देता है। अगर वही ठीक नहीं होगा तो सबकुछ रुक जाएगा, ऐसा तो तू समझ ही सकती है।

यह शरीर अपने मन का, अपने दिमाग का घर है। अगर घर ही डाँवाँडोल हो रहा हो तो उसके अंदर रहनेवाली वस्तुएँ कैसे सही-सलामत रह सकेंगी? भारतीय स्त्रियों को यह सीखने-सिखाने की बहुत ही आवश्यकता है।

आज तुझे एक दूसरी बात भी कहनी है।

छोटी सी बात में हारकर जीवन जिया नहीं जा सकता। आज तक तेरे जीवन में जिसे 'प्रॉब्लम' कहा जाए, ऐसी कोई समस्या आई ही नहीं है। वास्तव में तो तेरे जीवन की यह पहली प्रॉब्लम है और उसी में तू ढीली हो गई है, हारी और थकी हुई लगती है। बेटा, पिछले कितने ही दिनों से मैं तुझे उदास देख रहा हूँ। तेरी उदासी तेरी माँ के स्वस्थ होने में कहीं अड़चन पैदा कर रही है, जान ले। मैं

तो चाहता हूँ कि तू अपनी माँ का सहारा बने। उसके मन में चलते उतार-चढ़ाव को तू समझे, उसके साथ बात करके उसे ढाढ़स दे, उसका भार कम करे। उसकी बजाय तूने तो अपना भार उस पर डालना शुरू कर दिया है।

छोटी-छोटी बातों में तू दुःखी हो जाती है, रोने लगती है, ढीली व कमजोर पड़ जाती है। ऐसा कब तक चलेगा, बेटा? उस दिन जब हम ओन्कोलॉजिस्ट के वहाँ से बाहर निकले, तब गाड़ी में तू फूट-फूटकर रो पड़ी। तब तो मैं तुझे कुछ नहीं बोला, लेकिन सच कहूँ तो मुझे जरा भी अच्छा नहीं लगा था।

बेटा, आँसू अपने मन की भाषा है। यह सच है, अपने अंदर रही हुई पीड़ा को आँसू अभिव्यक्ति देते हैं। अपनी भावनाओं को हम आँसुओं द्वारा व्यक्त कर सकते हैं; अपने दुःख को शब्दों के बिना व्यक्त कर सकते हैं। यह सब ठीक है, लेकिन जब विकट परिस्थिति हो और कोई रास्ता सूझता न हो, उस समय रो पड़ना कमजोरी की निशानी है—और मेरी बेटी कमजोर किस तरह हो सकती है? मैंने सारा जीवन तुझे आत्म-विश्वास की शिक्षा दी है। अपने आज तक लिखे सारे पत्रों में मैंने एक ही बात कही है और वह है हिम्मत की, बहादुरी की, अपने आप पर विश्वास रखने की, ईश्वर पर श्रद्धा रखने तथा जो मिले, जो दिया जाए, उसे स्वीकार करने की।

बेटा, सचमुच किसी भी मनुष्य की परीक्षा उस पर जब मुश्किल आन पड़ती है न, तभी होती है। तूने विज्ञान में पढ़ा ही होगा कि स्थिति स्थापकता की जाँच करने के लिए रबड़ खींचते हैं, काँच की मजबूती जाँचने के लिए उस पर प्रेशर डाला जाता है, लोहे को मजबूत बनाने के लिए उसे लोहे के घाट पर बिछाते हैं। बेटा, संयोग या स्थिति तो हमें मजबूत बनाती है, हर तकलीफ हमें अधिक-से-अधिक ताकतवर बनाए तो ही हम जिए हैं, ऐसा कहा जा सकता है। इतना तो तू समझती है न? और सच पूछा तो रोने से क्या होगा? सामने आ खड़ी हुई परिस्थिति का सामना तो करना ही है, रोकर भी और हँसकर भी। तो फिर रोने का क्या मतलब?

बेटा, इस परिस्थिति में मैं अगर तुझसे सचमुच कुछ चाहता हूँ तो वह है तेरी मुसकान। तुझे पता नहीं है बेटा, तेरी मुसकान में गजब की ताकत है। तू पहली बार मेरी तरफ देखकर मुसकराई थी, तब मुझे मेरी जिंदगी का अर्थ समझ में आया था। आज जब जिंदगी मेरे सामने खड़ी होकर अपना अर्थ पूछ रही है, तब मुझे तेरी मुसकान के अलावा किसी चीज की जरूरत नहीं है।

बेटा, कैंसर असाध्य रोग नहीं है। विज्ञान इतनी तरक्की कर चुका है कि अब हर रोग की दवा है। और फिर, हम तो डॉक्टर के पास बहुत पहले पहुँच चुके हैं। माँ के

शरीर को कोई ऐसा नुकसान भी नहीं हुआ है। फिर तू इतनी चिंता में क्यों रहती है?

देख बेटा, जो होता है, उसे होने देना चाहिए। यह मेरा स्वभाव है। परिस्थिति को स्वीकार करके जीना, यह मेरी प्रकृति है। आज तेरी उन्नीसवीं सालगिरह पर यह पत्र तुझे लिख रहा हूँ तो जीवन जीने का मुझे संतोष है। तेरी मम्मी से एक शाम मैंने पूछा था, ''तुझे मेरे साथ जीवन जीने का संतोष है या कोई फरियाद है?''

तुझे पता है, उसने क्या कहा? उसने कहा कि ''मैंने जो जीवन जिया और जितना जिया, वह एकदम सच्चा और अति उत्तम जीवन जिया है। मुझसे कोई फिर पूछे कि जीवन अगर फिर जीना हो तो...'' तेरी मम्मी की आँखें गीली हो गई थीं, लेकिन चेहरे पर मुसकान थी, ''तो मैं तुम्हारे ही साथ फिर यूँ ही जीना चाहती हूँ। एक पल के लिए भी मुझे ईश्वर से यह पूछने की इच्छा नहीं होती कि मेरे ही साथ ऐसा क्यों? बल्कि, ऐसा विचार आता है कि ईश्वर भी समझ-बूझकर ही सुख-दु:ख बाँटता है। जिसमें सहन करने की शक्ति ही न हो, उसे वह अधिक दु.ख नहीं देता होगा।''

अब क्या कहती हो? बेटा, तेरी मम्मी को शारीरिक पीड़ा तो होती ही है। उसमें अगर तू साथ नहीं देगी तो उसका मन बैठ जाएगा। इसलिए तुझसे निरंतर खुश रहने का वचन मैं माँगता हूँ।

वैसे तो मुझे विश्वास है कि अभी मेरी टिकट कन्फर्म नहीं हुई है, लेकिन शायद अगर ऊपरवाला बुला ले तो तेरे साथ जीवन जो जिया है, वे पल मेरे लिए बहुत सुखमय, बहुत आनंदमय और हमेशा याद रहें, ऐसा बनाना है। बेटा, मुझे तो तुझसे बहुत सारी आशाएँ हैं। कल अगर मैं न होऊँ तो तेरी मम्मी की जिम्मेदारी मैं तुझे सौंपना चाहता हूँ। ऐसे समय में तू यूँ ढीली हो जाए तो मुझे हिम्मत कौन देगा? मैंने अभी कल ही अपने डॉक्टर से पूछा है। उसने एक हफ्ते के बाद उत्तर देने की बात कही है। परंतु अगर वह 'हाँ' कहेगा तो हम तेरे इस बार के वेकेशन में तेरे साथ विदेश जाएँगे।

बेटा, साथ में प्रवास करना मुझे हमेशा अच्छा लगा है। खासकर मैं-तू और मम्मी जब बाहर जाते हैं, तब तेरी मम्मी और तेरे साथ सारा समय व्यतीत करने का मुझे संतोष होता है। मुझे फिर पूरा साल जीने के लिए बल मिलता है।

तू एकदम छोटी थी, तब से शुरू कर आज तक हम लोग हर साल शहर से बाहर प्रवास करते हैं। महाबलेश्वर माथेरन से शुरू कर गोवा, कश्मीर, हिमाचल प्रदेश, असम और केरल—संक्षेप में लगभग सारा भारत मैंने तेरी आँखों से फिर एक बार देखा है या मेरी आँखों ने तुझे दिखाया है।

देख फिर, आँखों में अब पानी किसलिए आया? अरे मेरी गुड़िया, अपनी मम्मी की हथेली तूने देखी है कभी। उसमें लिखा है मेरा नाम—और साथ ही लिखा है कि उसकी जीवन रेखा तो बहुत लंबी है। मेरा मन तो कहता है कि यह एक लहर है। अपने पैरों के नीचे रेत खिसकती है, यह बात सच है; लेकिन हमें उसमें बह नहीं जाना है।

मेरे ईश्वर ने हमेशा मुझे सबकुछ दिया है। अच्छे माता-पिता से शुरू करूँ, अच्छी बेटी तक सबकुछ।

तो फिर वह मुझे बुढ़ापा भी अच्छा ही देगा ही। मुझे अभी तेरी माँ के साथ-साथ बूढ़ा होना है, एक-दूसरे का हाथ पकड़कर मंदिर के दर्शन करना है, बगीचे की बेंच पर बैठना और आइसक्रीम खाने जाना अभी बाकी है। तेरे बच्चों को मुझे बिगाड़ना है और तेरी माँ की डाँट खानी है। ये सब जब बाकी हो तो तेरी माँ को कुछ हो सकता है? इस बात में कोई दम नहीं है।

और बेटा, मृत्यु कोई इतनी डरावनी बात नहीं है। जिस तरह हम लोग रोज रात को सो जाते हैं और सुबह जब आँख खुलती है तो एक नई सुबह हमारा इंतजार कर रही होती है। इसी तरह एक रात हम आँखें मींचते हैं और लंबे समय के बाद आँखें खोलते हैं, तब एक नई जिंदगी हमारी राह देखती होगी, ऐसा मानना।

अब एक बार फिर 'गीता' पढ़ता हूँ। मैंने लगभग चालीस बार 'गीता' पढ़ी होगी। 'गीता' पर लिखी अलग-अलग अनेक पुस्तकें भी पढ़ी हैं। तिलक का गीता रहस्य, विनोबा के गीता प्रवचन, ओशो की 'गीता' पर टिप्पणी, गुणवंत शाह, सच्चिदानंद, स्वामी आनंद और गुजरात के भी अनेक लेखकों ने 'गीता' पर बहुत कुछ लिखा है। लेकिन मुझे ऐसा लगता है कि 'गीता' का सार तीन वाक्यों में आ जाता है—

पहला — हम तो निमित्त मात्र हैं। शेष सब उसी महाशक्तिशाली ईश्वर के हाथ में है। वही सारे जग का नियंता है।

दूसरा — कर्म करते रहना, फल की आशा न रखना।

तीसरा — जिस तरह से पुराने वस्त्रों का त्याग कर हम नए वस्त्र धारण करते हैं, उसी तरह आत्मा भी पुराने शरीर का त्याग कर नया शरीर धारण करती है। आत्मा अमर है और शरीर नश्वर।

अब तेरे मन में होगा कि इन तीनों वाक्यों का एक-दूसरे के साथ परस्पर कोई संबंध है क्या? लेकिन बेटा, बहुत शांति से सोचेगी तो तुझे समझ में आएगा कि इन तीनों वाक्यों में सारे जीवन का सार समाया है। जिस तरह हमारे जन्म के

लिए हम जिम्मेदार नहीं हैं, वैसे ही मृत्यु भी ऊपरवाले के हाथ में है। हम कहाँ जन्म लेते हैं, वहाँ से शुरू करके—कितना जिएँगे, वह भी एकदम निश्चित ही होता है। जब हम जन्म लेते हैं, तभी मृत्यु का समय निश्चित हो जाता है—यानी हम सब तय करके ही हम जन्म लेते हैं, अर्थात् हम तो सिर्फ आने और जानेवाले निमित्त मात्र हैं। हमारे पास से जो कार्य करवाना है, वह भी जगत्-नियंता हमारे लिए निश्चित करके ही हमें भेजता है। वह कार्य यानी हमारा कर्म। जो सौंपा जाए वह करना हमारा धर्म है।

यहाँ फिर वही निमित्त होने की बात आती है। 'गीता' में एक वाक्य है, जो मैंने तुझे पहले भी बताया था—

"उत्तिष्ठ परंतप जाग्रत्। वरान् प्राप्य निबोधित..."

हमें सौंपा गया कार्य जब तक संपूर्ण संपन्न न हो, तब तक निरंतर कार्यरत रहना ही हमारे जीवन का मुख्य ध्येय—लक्ष्य है। और कार्य पूरा होते ही समयावधि पूरी हो गई है, ऐसा मान लेना चाहिए। जैसे एक काम पूरा करके हम दूसरा काम हाथ में लेते हैं, उसी तरह एक जीवन पूरा करके हम दूसरे जीवन की तरफ आगे बढ़ते हैं।

तुझे याद है, हम लोग 'लॉयन किंग' देखने गए थे। उसमें एक गीत है—'सर्कल ऑफ लाइफ गोज ऑन एंड ऑन...'। संस्कृति चाहे कोई भी हो, फिलॉसफी तो एक ही है।

जो जन्म लेता है, उसकी मृत्यु निश्चित है।

सवाल तुम किस तरह मरते हो, यह नहीं है। सवाल तुम किस तरह जीते हो, उसका है। मुझे लगता है कि अब मेरी बात तू समझ सकेगी और अगर सचमुच समझी हो तो अब इसके बाद वह बात तेरे व्यवहार में मुझे दिखाई देनी चाहिए।

बेटा, मैं नहीं चाहता कि मैं तुझे रोती हुई, टूटी हुई या कमजोर बेटी के रूप में देखूँ। मैं तो तुझे साहसी, परिस्थिति के सामने लड़ती और विरोधी उत्ताल पर चढ़ती देखना चाहता हूँ। अगर ऐसा हो सकेगा तो मैं समझूँगा कि मेरी शिक्षा सफल हुई। किसी भी पिता को जब अपने बच्चे के पालन-पोषण में सफलता प्राप्त होती है तो उसे अपना जीवन सार्थक लगता ही है।

ये सब जो बीमारी पर खर्चे हो रहे हैं, वे सब भी मेरे आर्थिक आयोजन के कारण हमें वापस मिलने ही वाले हैं। यह बात तुझे इसलिए कह रहा हूँ, क्योंकि तू आर्थिक आयोजन का महत्त्व समझ सके।

व्यक्ति की आवक चाहे कितनी ही हो, लेकिन अगर वह कमाई सही तरीके से बचाई जाए और आनेवाले समय के लिए अगर उसकी योग्य व्यवस्था न की

जाए तो आनेवाले वर्षों में निश्चित रूप से कठिनाई खड़ी होगी ही। तूने शायद उस कीड़ी और टिड्डे की कहानी सुनी है। वसंत ऋतु में आनंद करता हुआ टिड्डा, कीड़ी को बार-बार कहता रहता है कि मौज-मस्ती कर, आनंद के दिन हैं। आनेवाले दिनों के लिए वह कुछ भी नहीं करता। कीड़ी जबकि धीरे-धीरे खुराक इकट्ठा कर लेती है। बारिश के दिनों में थरथराते टिड्डे के पास कुछ भी नहीं होता, जबकि कीड़ी अपनी ऊष्मा भरी दर में आराम से बैठकर अपना खाना खाती है।

जवानी के दिन हमेशा नहीं रहते हैं। मेहनत करने की शक्ति व ताकत भी हमेशा नहीं रहती है। बेटा, इनसान के सपनों में भी धुँधलापन आ जाता है। छाती और सिर के बाल सफेद हो जाते हैं, इसके साथ-ही-साथ हड्डियाँ तुरंत टूट सकें, ऐसी पोली हो जाती हैं, कमजोर हो जाती हैं।

मेहनत करने की हिम्मत और जुनून दोनों ही कम हो जाते हैं। पत्थर में से लात मारकर पैसा पैदा करने की क्षमता तो होती है, लेकिन हिम्मत नहीं रहती। अत: बचत और आर्थिक आयोजन दोनों ही महत्त्वपूर्ण हैं।

अब तू पूछेगी कि मैंने पिछले पन्नों में कहा है कि मनुष्य के हाथ में कुछ भी नहीं है तो फिर हमारा कौन सा आयोजन हमारे कितने काम आता है? अगर हमारे हाथ में कुछ है ही नहीं तो फिर आयोजन करने में अभिमान किसलिए?

तेरा सवाल तो सच्चा ही है।

मैं तुझे समझाता हूँ। यह बात सच है कि हमारे हाथ में कुछ भी नहीं है, लेकिन आर्थिक आयोजन किसी भी परिस्थिति में लड़ने की शक्ति देता है, यह बात भी उतनी ही सच्ची है। मैंने आज तक जो कमाया, उसमें घर चलाया, नया घर लिया, गाड़ी ली और तेरे व तेरी मम्मी के लिए व्हीकल खरीदे। तेरे लिए थोड़ा सोना खरीदा। तेरी मम्मी को हमारी शादी की हर वर्षगाँठ पर पहले छोटी-छोटी और फिर हीरे-जवाहरात के तोहफे देता रहा। इसके अलावा जो पैसे थे, वे मैंने इस तरह इन्वेस्ट किए कि आज की तारीख में हमें किसी भी तरह की कोई तकलीफ उठानी न पड़े। बेटे, इस बीमारी के कितने खर्चे हैं, यह तो तू देख ही सकती है। तुझे भी समझ में आता होगा कि आज के समय में मेडिकल खर्चा कितना सारा होता है। अब तक हम सवा चार लाख रुपए खर्च कर चुके हैं। आनेवाले दिनों में शायद कीमोथैरेपी या और किसी प्रकार का खर्चा करना पड़े। ऐसे समय में, अगर हमने आयोजन न किया होता तो हमारा क्या होता?

बेटा, हमारे हाथ में कुछ भी नहीं है, ऐसा मानकर बैठे रहना उचित नहीं है। मैंने जो पहले कहा, उसके अनुसार कर्म करना हमारा फर्ज है, हमारा धर्म है।

उसके श्रीफल की आशा न रखना ही सत्य है; लेकिन इसका अर्थ यह नहीं है कि कर्म न करना एकदम असंभव है। संस्कृत में एक सुभाषित है कि—

"उद्यमेन ही सिध्यन्ति कार्याणि न मनोरथैः।
न ही सुप्तस्य सिंहस्य प्रविशन्ति मुखे मृगाः।"

—अर्थात् परिश्रम करने से ही कार्य सिद्ध होते हैं, बैठे रहने से या बातें करने से नहीं। सो गए शेर के मुँह में हिरण आकर स्वयं प्रवेश नहीं करते। इसलिए हमारे हाथ में कुछ नहीं है, ऐसा मानकर बैठे रहनेवालों के हाथ में सचमुच कुछ भी नहीं रहता।

बेटा, मैं प्रयत्न करता हूँ अपनी परिस्थिति के साथ लड़ने का। तेरी मम्मी की शारीरिक पीड़ा और मानसिक चिंता के सामने मैं हिम्मत से खड़ा हूँ। तू भी ऐसे ही कर। कोई भी घंटा साठ मिनट से लंबा नहीं होता, ऐसा मैंने तुझे पहले भी कहा है। कोई भी समय एक-सा नहीं रहता, इसलिए यह समय भी नहीं रहेगा। ये दिन भी बीत जाएँगे; लेकिन उसमें मुझे तेरा साथ चाहिए। तेरी हिम्मत और मुझे निरंतर जिंदगी की याद दिलाती तेरी वह मुसकराहट चाहिए।

हर वर्षगाँठ पर मैं तुझे कुछ-न-कुछ तोहफा देता हूँ, लेकिन आज तेरी उन्नीसवीं वर्षगाँठ पर मैं तेरे पास से तेरी हिम्मत, आत्मनिर्भरता, तेरे साथ सहकार और तेरी मुसकराहट की रिटर्न गिफ्ट चाहता हूँ। तू मुझे देगी न, बेटा?

अब तू मेरी वयस्क बेटी है, वयस्क यानी मेच्योर एडल्ट।

एक वयस्क बेटी से उसका पिता थोड़ा साथ, थोड़ा सहयोग, थोड़ी हिम्मत और थोड़ी आशा माँगता है। तू बुद्धिमान है, मेरी बात समझ सकेगी और इसीलिए कहता हूँ कि वयस्क होना अर्थात् सिर्फ शरीर या बुद्धि की बढ़ोतरी नहीं। वयस्क होना यानी मैच्योरिटी।

मैं इस वर्ष वयस्क हुई अपनी पुत्री से परिपक्व व्यवहार की अपेक्षा रखता हूँ। तेरा मन भी अब धीरे-धीरे परिपक्व हो और आनेवाली अनेक परिस्थितियों के साथ लड़ सकने या उनके साथ कदम से कदम मिलाकर चल सकने में समर्थ बन सको, ऐसी शुभकामनाएँ हैं।

हैप्पी बर्थडे!

इस साल सब पहले वर्षों जैसा नहीं है, यह सच है; परंतु हर वर्ष की तरह यह बर्थडे भी हैप्पी तो है ही बेटा। इसलिए छोटी तो छोटी, लेकिन पार्टी तो होगी ही। हम लोग मजा करेंगे और हर वर्ष की तरह एक नए आनंद के साथ आगे बढ़ेंगे।

हैप्पी बर्थडे!

□

प्यारी आस्था, 20 वर्ष

प्यारी बेटी आस्था,

पिछला वर्ष पूरा हो गया और साथ ही समाप्त हो गईं कितनी कठिनाइयाँ, कितने प्रश्न!

मैंने तुझे कहा था न, हर नया सूर्योदय नए आनंद के साथ आता है! ईश्वर भी मनुष्य की हिम्मत और उसके संजोगों के सामने लड़ने की तैयारी कितनी है, इसकी जाँच करता है कभी। हमारे साथ भी ऐसा ही हुआ है।

हमने साथ मिलकर परिस्थिति के सामने जो हिम्मत भरी लड़ाई लड़ी है। उसे देखकर शायद भगवान् को भी समझ में आ गया होगा कि वह हमें इससे अधिक दु:खी नहीं कर सकता।

जिंदगी कभी भी हम सहन न कर सकें, उससे ज्यादा तकलीफ देती ही नहीं है।

तू समझी? हमें अपनी सहन-शक्ति को बढ़ाना है, अर्थात् जिंदगी ने जो तकलीफ दी है, वह हर बार हम सहन कर सकें, उससे कम ही लगती है।

बेटा! मुझे तुझसे कहना चाहिए कि तू इन परिस्थितियों की लड़ाई में जिस तरह मेरे साथ रही और तूने जिस तरह मेरा साथ दिया, उस बात ने मुझे बहुत हिम्मत और शक्ति दी है। बेटा, मैंने तुझे कभी-कभी रोल रिवर्स करके तेरी मम्मी की माँ बनते हुए तुझे देखा है। इन थोड़े से दिनों में ही तू मानो अचानक ही कुछ वर्ष बड़ी हो गई हो, ऐसा मुझे लगता है।

मुश्किल परिस्थिति और विपरीत हालात मनुष्य को बहुत कुछ सिखाते हैं। कठिन सवाल हल करते-करते मनुष्य जीवन में कई इस प्रकार की गिनती करना सीख जाता है, जो उसे सामान्य रूप से कभी भी सीखने को नहीं मिलतीं। हमारे आस-पास ऐसा बहुत कुछ होता है कि जिसे हम तीसरे व्यक्ति के रूप में देखकर उसके लिए सहानुभूति का अनुभव करते हैं। लेकिन वही परिस्थिति जब हमें स्वयं को सहन करनी होती है, तब बहुत कुछ बदल जाता है। विश्व की प्रसिद्ध लेखिका

टोनी मोरिसन का 'ब्ल्यूऐस्ट आई' नाम का एक उपन्यास है, जिसे 'नोबेल पुरस्कार' मिला है। जीवन को शिशिर, शरद्, वसंत और ग्रीष्म ऐसे चार खंडों में बाँटकर लिखा गया। यह उपन्यास जीवन के बदलते हुए मौसम की बात कहता है। इसी तरह ऐलन ग्लास्गो की आत्मकथा 'धी बुमन वीधीन', इब्सन की 'डोल्स हाउस' पश्चिम की स्त्रियों की वेदना की बात करती है तो पूर्व में मैत्रेयी देवी, तसलीमा नसरीन, महाश्वेता देवी और अमृता प्रीतम जैसी स्त्रियाँ अपनी ही कलम से, अपनी ही भाषा में व्यथा-कथा कहती हैं।

इस सारे साहित्य में जो एक बात बाहर प्रकट होती है वह है परिस्थितियों के सामने लड़ने की ताकत। हालात के सामने लड़ने की हिम्मत और सामने आ खड़े हुए हालात से लड़ने-भिड़ने की सक्षमता। अपने देश में बचपन में ही बालक को सफलता का स्वागत करना, सत्कार करना और असफलता को नकार देने का रास्ता सिखाया जाता है। असफल विद्यार्थी, असफल प्रेमी, असफल बिजनेसमैन को बार-बार ऐसा समझाया जाता है, मानो उसने जीवन में कुछ किया ही नहीं है।

अरे, कभी असफल हो जाने की भी अपनी एक मौज होती है। अपनी असफलता में से कुछ सीखा जा सकता है। दो कदम पीछे जाकर लंबी छलाँग लगाई जा सकती है, ऐसा व्यक्ति को कोई कभी सिखाता ही नहीं है।

असफलता और हार में अंतर है।

असफलता में बाहर की भावना है। तुम्हारी सफलता और असफलता बाहर के लोग तय करते हैं, जबकि हार व्यक्ति के अंदर की बात है। सफलता और असफलता तो हर व्यक्ति के अपने मापदंडों पर तय किया गया व्यक्ति का मार्किंग सिस्टम है।

उस पर आधार रखकर क्या कोई हालात के बारे में या आनेवाली परिस्थिति के बारे में निर्णय कर सकता है?

तू असफल हो सकती है, लेकिन हार जाएगी तो वह हार मुझे मेरी हार की अपेक्षा अधिक खराब लगेगी, दु:ख देगी।

मनुष्य सारा जीवन विद्यार्थी रहता है। किसी भी उम्र का व्यक्ति जिंदगी के किसी भी स्तर पर अपने अनुभव में से निरंतर कुछ-न-कुछ सीखता है। उसे सीखते रहना चाहिए। ऐसा कहा जाता है कि परिवर्तन ही एकमात्र स्थायी वस्तु है। 'चेइंज इज द ओनली परमानेंट फैक्टर ऑफ लाइफ।' पिछले साल मेरे अंदर भी बहुत सारे बदलाव आए हैं—मनुष्य के रूप में, पति के रूप में, पिता के रूप में और पुत्र के रूप में भी।

बेटा, तू तो जानती ही है कि मैं तेरी दादी को कितना प्रेम करता हूँ, उनका

सम्मान करता हूँ। उनकी कोई बात चाहे मुझे अच्छी न लगे, मतलब गले न उतरे, तो भी मैं उनके सामने सिर उठाकर अमुक प्रकार का व्यवहार नहीं करता हूँ। जहाँ तक हो सके, उनका मन रखने की कोशिश करता हूँ, जिसका मुख्य कारण यह है कि उन्होंने बहुत अभावपूर्ण जीवन देखा है। उनकी तकलीफ, उनकी पीड़ा और उनके अकेलेपन का एकमात्र साक्षी मैं हूँ। और शायद इसीलिए जब हालात ऐसे बन ही गए हैं, तब मैं उन्हें तेरे दादाजी तो वापस लाकर दे नहीं सकता, परंतु जीवन के अंतिम वर्षों में जितना संभव हो सके, उतना सुख देने का प्रयत्न करता हूँ।

मैं जीवन को पूरी तरह से समझ सकूँ, उससे पहले तो तेरे दादाजी हम सबको छोड़कर चले गए। मेरे कंधों पर सारे परिवार की जिम्मेदारी आन पड़ी। तेरी बुआजी की पढ़ाई, उसका विवाह और तेरी दादी को सँभालने की जिम्मेदारी भी इकलौते पुत्र होने के नाते मेरी ही थी। उसी समय मुझे समझ में आया था कि 'जिम्मेदारी' कितना बड़ा और कितना वजनदार शब्द है! मैं बराबर तेरी उम्र का ही था, अठारह वर्ष पूरे हुए ही थे और मैंने पहली नौकरी शुरू की। नौकरी करते हुए, ट्यूशन पढ़ाते हुए मैंने अपनी इंजीनियरिंग पूरी की। तेरी बड़ी बुआ की शादी की और अपना एम.बी.ई. पूरा किया।

उस समय मैं तेरी मम्मी को मिला, प्रेम हुआ और विवाह किया।

मुझे स्वीकार करना चाहिए कि मेरी जिंदगी की इस लड़ाई में तेरी माँ कंधे से कंधा मिलाकर मेरे साथ बराबर खड़ी रही है। दादाजी की ऐसी कोई बचत नहीं थी, बेटा। जो था, वह था एक घर और थोड़ा सा फिक्स डिपॉजिट। इसमें से अधिक भाग बड़ी बुआ की शादी में खर्च हो गया। तेरी मम्मी ने कभी भी 'तेरा-मेरा' नहीं किया। इस घर में जब भी, जितने भी पैसे आए, वे 'सबके' रहे और इसके लिए तो मुझे तेरी माँ का आभार मानना ही चाहिए। वह सच्चे अर्थों में मेरी सहधर्मचारिणी रही है।

इस घर में मैं कभी उसे कोई ऐसा सुख नहीं दे सका, जिसकी उसने शायद कल्पना की हो और आशा रखी हो।

उसे हमेशा अपनी आवश्यकता के साथ समझौता करना पड़ा है, इसका मुझे पता है; परंतु उसने कभी इस बारे में कोई माँग नहीं की है। हाँ, यह भी सच है कि मैंने अपनी किसी आवश्यकता से पहले उसके सुख का विचार किया है, इसका मुझे विश्वास है और तेरी मम्मी भी इसे समझती है।

बेटा, अब जब तू अपनी संपत्ति रख सकती है, विवाह कर सकती है और अपने निर्णय ले सकती है—ऐसी उम्र में तूने प्रवेश किया है, तब कितना कुछ तुझे

कहने की इच्छा होती है!

निर्णय लेने का अधिकार भोगना एक बात है और निर्णय करने के बाद उसका परिणाम भोगना बिल्कुल अलग—दूसरी बात है।

मानव को ये दोनों ही करने पड़ते हैं। इसी प्रकार कमाना और संपत्ति रखना—ये हरेक का अधिकार है; परंतु उस मिल्कियत/संपत्ति का योग्य उपयोग करना हरेक व्यक्ति को आता नहीं है। इस तरह अभिप्राय या मत देने का अधिकार एक उम्र के बाद हर एक को मिल जाता है, परंतु उस अधिकार का सच्चा उपयोग कितने ही लोगों को जीवन भर नहीं आता। अत: इसलिए मुझे ऐसा लगता है कि मात्र मताधिकार देने से विकास होता है या देश अच्छा नहीं बन जाता। अच्छा देश तब बनता है, जब मताधिकार का उचित उपयोग करना सीखा जाए। सिर्फ संपत्ति प्राप्त करने का अधिकार किसी को सुखी नहीं कर सकता। संपत्ति का उचित उपयोग ही सच्चा सुख देता है।

बेटा, अब तू भी नौकरी करेगी या कोई काम करेगी, जिसमें से तुझे निजी आय प्राप्त होगी। हमेशा याद रखना कि परिवार के सामने कुछ भी निजी नहीं होता—न सुख, न संपत्ति और न सिद्धांत। हर व्यक्ति को अपने परिवार के सामने अपना निजी सुख दूसरे स्थान पर रखना चाहिए, ऐसा मैं मानता हूँ। भारतीय संयुक्त कुटुंब की परंपरा ने विश्व को बहुत कुछ सिखाया है, जिसमें समझौता, समझदारी, स्नेह और परस्पर त्याग की भावना सबसे महत्त्वपूर्ण है। जिस प्रकार हर वस्तु के दो पहलू होते हैं, यानी फायदा और नुकसान दोनों होते हैं, उसी प्रकार संयुक्त परिवार की इस परंपरा के भी फायदे और नुकसान दोनों हैं।

भारतीय संविधान में एच.यू.एफ.—हिंदू अनडिवाइडेड फैमिली का कानून है, जो संयुक्त परिवार की परंपरा को बनाए रखने के लिए बनाए गए हैं—और फिर भी हम देखते हैं कि दुनिया धीरे-धीरे छोटी होती जा रही है। उसी तरह मन और परिवार भी छोटे होते जा रहे हैं। माता-पिता, दो-तीन भाई और उनके परिवार इकट्ठे रहते हों, ऐसे उदाहरण अब बहुत कम दिखाई देते हैं। अधिकतर परिवारों में पति-पत्नी और उनकी संतानें शामिल होती हैं। अब तो माता-पिता भी उनके परिवार के सदस्य के रूप में माने नहीं जाते हैं कहीं पर।

पश्चिम से उधार ली गई इस संकुचितता की भावनाएँ हमारे 'वसुधैव कुटुंबकम्' के सिद्धांतों को धीरे-धीरे बदलने लगी हैं। सुविधाएँ बढ़ गई हैं और वृद्धाश्रमों की संख्या भी।

कम्युनिकेशन के साधनों में बढ़ोतरी हुई है और तलाक की संख्या भी बढ़ती

ही जा रही है।

ग्लोबलाइजेशन—मल्टिनेशनल फैलाव—कॉरपोरेट कंपनियाँ और अर्बन डेवलपमेंट जैसे शब्द हम लोग रोज सुनते हैं। इसके साथ-ही-साथ अखबारों में खून, बलात्कार, आत्महत्या जैसे समाचार भी बढ़ते ही जाते हैं। बेटा, तुझे समझ में आता है कि ऐसा क्यों होता है?

हर वस्तु की व्याख्या बदल गई है, सुविधाएँ अब आवश्यकताएँ बन गई हैं और आवश्यकताएँ तो मानो साँस लेने जितनी महत्त्वपूर्ण हो गई हैं। भावनाओं को नकद रुपए के साथ बार्टर में एक्सचेंज किया जा सकता है। हर वस्तु के लिए एक से अधिक ऑप्शन हैं—रिश्तों सहित सभी कुछ मानव की 'चॉइस' पर आधारित हो जाता है।

अब कन्वीनियंस—सुविधा पूछे बिना किसी के घर जाया नहीं जा सकता। रविवार की शाम कीड़ियों की तरह इनसान रेस्टोरेंट्स में भरे होते हैं पूरा हफ्ता तो दौड़ते-भागते, हाँफते-हाँफते बीत जाता है। 'समय नहीं है' कहते हुए हम सबको वास्तव में यह कल्पना भी नहीं आती कि समय नहीं ही रहता है आखिर में।

कीमतें बदल गई हैं, लेन-देन की भाषा और कौशल्य बदल गया है। स्पर्धा तो घर से शुरू होकर दो देशों के बीच होने लगी है।

बेचैन व थका, मन में जलन लिये, बहका-सा, चिढ़ा हुआ-सा, अचानक घबराहट का अनुभव करता-सा फिरता है मानव—कुछ ढूँढ़ता है, खोजता ही रहता है।

सदियों से मानव एक ही वस्तु की खोज कर रहा है, वह है—सुख।

सवाल यह खड़ा होता है कि हरेक व्यक्ति के लिए सुख का अपना ही अर्थ होता है। क्या है यह अर्थ?

सदियों से मानव सुख की तलाश में है, लेकिन सुख मिलता नहीं है।

बुद्ध घर छोड़ते हैं, महावीर वस्त्र त्यागते हैं, कर्बला के युद्ध में हुसैन प्यास से तड़पते-तड़पते प्राण न्योछावर करते हैं, मोजीज पहाड़ पर चढ़ जाते हैं, जीसस अपने आपको क्रॉस पर टाँग लेते हैं, रामकथा कहते हुए मोरारी बापू करुणा व प्रेम की महिमा का बखान करते हैं, रजनीश तर्कशुद्ध दलीलें करते हैं और कुंभ के मेले में टोलियों की टोलियाँ स्नान करने जाती हैं, मंदिरों में कतारें लगती हैं।

न्यूमरोलॉजिस्ट, ज्योतिष, टेरोकार्ड, अखबारों में राशिफल, भविष्यवाणी और मनोवैज्ञानिकों के व्यापार जबरदस्त चलते हैं।

सेंसेक्स ऊपर जाता है, प्रोपर्टी के भाव आसमान को छूते हैं। आज की तारीख में फिक्स डिपॉजिट पर 9.25 प्रतिशत ब्याज मिलता है।

मैकडोनाल्ड, मो ब्लाँ, तनिस्क, कियाह, दी दमास, रेवलॉन, रिबॉक के ब्रांड

से बाजार भरे पड़े हैं। रोज एक नया मॉल खड़ा हो रहा है।

लेकिन सुख कहीं भी नहीं है।

तो फिर वह गया कहाँ, जिसे हम सुख कहते थे वह?

रुपए—सुविधा जैसी इमोशनल सिक्योरिटी कोई नहीं, ऐसा माननेवाले कई लोग चलते व्यापार को छोड़ ध्यान, योग, रेकी, आर्ट ऑफ लिविंग जैसे रास्तों में सुख ढूँढ़ने लगे हैं।

मानव जाति की सहन-शक्ति घटती जा रही है। वैसे तो हर धर्म सहिष्णुता, सौहार्द की बात सिखाता है; क्षमा, दया और करुणा सिखाता है।

हर व्यक्ति को स्नेह, समझदारी और सहिष्णुता की आवश्यकता होती है। वह लेना हो तो दो हाथ फैलाकर व्यक्ति लेने को तैयार है, झोली फैलाता है; परंतु वहीं जब देने की बारी आती है तो अचानक ही अपनी मुट्ठी को बंद करके उसे छोटा कर डालता है।

पिछले सालों के दरम्यान मैंने सीखा है कि तुम जिसे 'टेकन फॉर ग्रांटेड' मानकर जीते हो, ऐसे व्यक्ति की अनुपस्थिति का खयाल भी तुम्हें अंदर से हिला डालता है। तेरी मम्मी हम सबकी जिंदगी का कितना महत्त्वपूर्ण हिस्सा है, यह मुझे पिछले साल उसकी बीमारी के दरम्यान समझ में आया। रोज सुबह जब आँख खुलती है, तब साथ में सोया हुआ व्यक्ति न हो तो उसके विचार मात्र भी दिल को हिला देनेवाले होते हैं। मृत्यु कैसी वस्तु है। कोई न हो तो भी घर होता है, घर की वस्तुएँ, वही पलंग, आलमारी में लटकते हुए कपड़े—वही डाइनिंग टेबल पर तुमने बहस की हो, हिसाब लगाए हों, उसी डाइनिंग टेबल पर आप एकदम अकेले होते हो। व्यक्ति चला जाता है, उसकी तसवीर लटकने लग जाती है।

मैं अपने आस-पास कई लोगों को देखता था—पत्नियों को दुत्कारते, उन्हें धोखा देते, उनकी पीठ के पीछे उनकी बुराई करते, छोटे-बड़े लफड़े करते। जब देखो तब किसी दूसरी स्त्री की तरफ आकर्षित होते कितने ही लोगों को अपने आस-पास देखता, तब मुझे लगता कि मैं और तेरी माँ सचमुच बहुत सुखी हैं। हमारे झगड़े नहीं हुए, ऐसा नहीं है। बाथरूम में शीशे पर बिंदी चिपकी हो, बाहर से आने के बाद उतारी साड़ी का ढेर हो या ड्रेसिंग टेबल की कंघी में फँसे बाल हों, हीरे के गहने ड्रेसिंग टेबल पर ऐसे ही खुले पड़े हों या तो उसे सँभाल के रखने के लिए दिया गया कोई कागज गुम हो गया हो तो मैं बहुत चिल्लाया हूँ। इसी तरह जुराबें धोने के लिए न डालूँ, नई शर्ट पर मुझसे कोई दाग लग जाए, खाने के लिए वह चाहे कितना बुलाए तो भी मैं टी.वी. देखा करूँ, उसका सौंपा हुआ काम भूल

जाऊँ, तब वो भी मुझ पर बहुत गुस्सा हुई है।

लेकिन ये सब बहुत सामान्य बातें हैं। हमारे बीच मतभेद बहुत बार हुए हैं, लेकिन मनभेद कभी नहीं हुए हैं। मुझे हमेशा तेरी मम्मी मेरे जीवन का सबसे महत्त्वपूर्ण 'व्यक्ति' लगी है। हम हमेशा अच्छे दोस्त रहे हैं। एक-दूसरे को जो भी कहना है, वह सबकुछ मुँह पर आमने-सामने कह सकें, ऐसा संबंध रहा है हमारे बीच।

तेरी मम्मी की तबीयत खराब हुई, तब मुझे पहली बार समझ में आया कि तुम्हें छोटी-छोटी बातों पर टोकती, तुम पर गुस्सा करती, स्नेह करती, लाड़ करती, तुम्हारी पसंद-नापसंद का खयाल रखती, डाइनिंग टेबल पर तुम्हारे कप में चाय डालती या तुम्हारे टोस्ट पर बटर लगाती, सारे दिन के दरम्यान छोटी-बड़ी बात के लिए टेलीफोन करके परेशान करती, शाम को देर से आने पर सवाल पूछती या डिनर टेबल पर गरम-गरम रोटियाँ खिलाती, रात को तुम्हारे बाजू में सो जानेवाला तुम्हारी जिंदगी का ऐसा भाग बन जाती है कि वह कभी नहीं हो, न भी हो, ऐसा तुम्हें विचार तक नहीं आता।

उसकी पसंद-नापसंद, उसकी आवश्यकताओं का विचार करने की फुरसत भी नहीं होती हमें।

मैंने तुझसे कहा बेटा, कि तेरी मम्मी की इस बीमारी ने पिछले वर्ष के दरम्यान मुझे बहुत कुछ सिखा दिया है। मुझे यह समझ में आया कि हर व्यक्ति को प्यार, प्रशंसा, संवेदना के शब्द अच्छे लगते हैं और यह मानव मन की मूलभूत आवश्यकताओं में से शायद एक है। तेरी मम्मी ने हमारे घर के लिए बहुत कुछ किया है। सामान्य रूप से लव मैरिज करके आनेवाली पुत्रवधुएँ आज के जमाने में सबसे पहले अलग रहने की बात करती हैं। उनके लिए उनका पति और बच्चे ही उनकी दुनिया होती है, शेष सब अर्थहीन होता है। बुजुर्ग उन्हें बोझ लगते हैं। खासकर जब वे कमाती हों, तब तो उनका मिजाज ही अलग तरह का होता है, यह बात बड़ी अच्छी तरह से मैंने अपने आस-पास के युगलों में जब-तब देखी है। परंतु तेरी मम्मी ने सच्चे अर्थों में मेरे परिवार को अपना बना दिया। तेरी दादी मुझसे ज्यादा तेरी मम्मी से अपेक्षा करती हैं। पैसे चाहिए हों तो उसके पास से माँगती हैं। हम दोनों के बीच अगर कभी बहस हो तो तेरी दादी तेरी मम्मी का पक्ष लेती हैं। मेरी बहन मेरी अपेक्षा तेरी मम्मी पर अधिक विश्वास करती है, उसके साथ ही मन खोलकर बात करती है। कुछ चाहिए हो तो या कोई मुश्किल हो तो भी तेरी मम्मी के साथ ही बात करना पसंद करती है। यह सरलता से नहीं होता है, बेटा इसके लिए तेरी माँ की तरफ से बहुत प्रयत्न किया गया है।

सामान्य रूप से आज के जमाने की पुत्रवधू या भाभी जब घर में आती है

तो आमने-सामने मोरचा बँध जाता है। आनेवाली बहू यह चाहती है कि वर्षों से चले आ रहे इस घर के सिस्टम में फेर-बदल करके एक ऐसा सिस्टम खड़ा करे, जो उसका अपना हो और उसके अनुकूल हो; जबकि सामनेवाला पक्ष यह चाहता है कि वर्षों से जो सिस्टम चला आ रहा है, वही बना रहे। इसे बनाए रखने के लिए सास और ननद बराबर प्रयत्नशील रहती हैं। बाकी तो सब ठीक है, लेकिन माँ व बहनें भाई और बेटे पर तथा आनेवाली पुत्रवधू अपने पति पर अपना प्रभुत्व जमाने की लड़ाई पूरी ताकत से लड़ती हैं।

घर के बेटे या पुरुष की इस लड़ाई में मरम्मत होती है। वह दोनों में से किसी को कुछ न कह सकने की स्थिति में हो जाता है और ऐसा पुरुष धीरे-धीरे बाहर रहना ही अधिक पसंद करता है। वह अधिक काम करने लगता है, अधिक समय दफ्तर में व्यतीत करने लगता है। इसी स्थिति में कभी-कभी विवाहेतर संबंध भी स्थापित हो जाते हैं। ऐसे संबंधों के लिए सिर्फ पुरुष को ही जिम्मेदार ठहराना उचित नहीं है। अब तो स्त्री के भी विवाहेतर संबंध होना सामान्य बात बनती जा रही है। गृह-क्लेश से थकी-दुःखी स्त्री आत्महत्या करने का विचार करती है या ऐसे रिश्तों में फँस जाती है। बात तलाक तक पहुँच जाती है। पति-पत्नी दोनों अपनी-अपनी दिशाएँ पकड़ लेते हैं; लेकिन उसमें सबसे ज्यादा परेशानी का शिकार होते हैं बच्चे। माता और पिता दोनों का प्यार पाने को तरसते बच्चे इसमें फँस जाते हैं और नेगेटिव व्यक्तित्व का विकास होने लगता है। सच पूछो तो इसमें किसी की भी गलती नहीं है।

वर्षों से चले आ रहे अपने सिस्टम में यही सिखाया जाता है। नवविवाहित लड़की के मन में भी सास और ननद के विरुद्ध भी इतनी ही परंपरागत गलत बातें भर दी जाती हैं।

इसमें तेरी मम्मी तो सबसे अलग ही निकली, इस बात की मुझे बहुत खुशी है। उसने घर आने के बाद सबसे पहले तेरी दादी के साथ ही सामंजस्य स्थापित करने का प्रयत्न किया। उसने कभी भी तेरी दादी द्वारा कहे गए किसी भी कार्य में बदलाव लाने की बात नहीं कही, प्रयत्न नहीं किया। इस कारण से तेरी दादी और तेरी बुआ के मन में जो असुरक्षा की भावना थी, वह खत्म हो गई।

दादाजी की मृत्यु के बाद परिवार का एकमात्र पुरुष मैं था। कमाने और घर की संपूर्ण जिम्मेदारी उठानेवाला पुरुष! यह बात बिल्कुल स्वाभाविक है कि तेरी दादी और बुआ को यह लगे कि तेरी मम्मी आकर मेरी तनख्वाह पर और घर के सारे सिस्टम पर अपना कब्जा जमाने का प्रयत्न करेगी। तेरी माँ ने इसके सब विपरीत ही किया। जैसा उसके आने से पहले चलता था, उसने मेरी तनख्वाह दादी

के हाथ में दे दी। इतना ही नहीं, अपनी तनख्वाह भी उनके ही हाथ में देने लगी।

यह तेरी मम्मी की तेरी दादी पर पहली जीत थी। दादी ने विवेक की खातिर या सच्चे हृदय से, लेकिन तेरी मम्मी से ऐसा कहा था कि, "अब यह सब तू ही कर।" लेकिन तेरी मम्मी ने जो जवाब दिया, उस बात के कारण मैं तेरी मम्मी से और भी प्रेम करने लगा। उसने कहा कि "इतने सालों से जो काम आप करती हैं, उसमें आप पारंगत हैं। मुझे उसमें दखल क्यों देना चाहिए? फिर, आप मुझसे ज्यादा बचत और समझदारी से काम कर सकेंगी, क्योंकि आपको इतने सालों का अनुभव है। जब आप थकें, इच्छा न हो, तब मुझे कहना, तब मैं यह काम आनंद से करूँगी; क्योंकि तब तक मैं यह सब काम आपसे सीख लूँगी।" विवाह के पहले ही महीने में मेरी माँ ने तेरी मम्मी को गले लगा लिया। मैंने अपनी माँ की आँखों में संतोष के आँसू देखे।

हर विवाह में होते हैं, वैसे हमारे विवाह में भी प्रेम विवाह का हल्का सा विरोध तो हुआ था। तेरी मम्मी हमारी जाति की नहीं है। हम पटेल हैं और तेरी मम्मी नागर है। वैसे, देखा जाए तो जो समाज व्यवस्था है, उसके अनुसार तेरी मम्मी हमसे ऊँची जाति की मानी जाती है। ब्राह्मण जाति में भी नागर ब्राह्मण ऊँची कोटि के माने जाते है—यानी ब्राह्मणों में भी श्रेष्ठ। आश्चर्य की बात यह है कि तेरे नानाजी ने हमारी इस शादी का विरोध नहीं किया था, जबकि तेरी दादी ने आरंभ में इस विवाह के लिए साफ इनकार कर दिया था। उसके दो-चार कारण थे। इसमें सबसे महत्त्वपूर्ण कारण जाति-भेद तो था ही, साथ-ही-साथ तेरी मम्मी मुझसे ज्यादा पढ़ी-लिखी थी, जिसका दादी को विरोध था। तेरे नानाजी बहुत ऊँचे पद पर सरकारी अफसर थे। अतः दादी को ऐसा डर था कि तेरी मम्मी शायद थोड़ी बदमिजाज और खराब स्वभाव की होगी। इतना ही नहीं, तेरी मम्मी का पालन-पोषण नौकर-चाकरवाले घर में हुआ था और थोड़ी अधिक स्वतंत्रतावाले वातावरण में।

इस कारण तेरी दादी को लगता था कि तेरी मम्मी हमारे घर में रह नहीं पाएगी। आरंभ में तो बहुत तीव्र था उनका विरोध, लेकिन बाद में उन्होंने हल्का विरोध जारी रखा था, परंतु इकलौता पुत्र होने के नाते और परिवार में एकमात्र कमानेवाले सदस्य होने के कारण वे बहुत खुलकर विरोध नहीं कर सकी थीं। वे मुझ पर आधारित थीं—आर्थिक रूप से भी और भावनाओं के स्तर पर भी। मेरी इच्छा के विरुद्ध जाना उनके लिए अधिक संभव नहीं था, इसलिए उन्होंने अपनी तरह से विरोध करके देखा। मेरे साथ झगड़ा किए बिना हमारे परिवार के बड़े-बुजुर्गों को उन्होंने मुझे समझाने के लिए बुलाया। मेरी दृढ़ता के सामने वे रोज रोती

और कलपती रहतीं।

लेकिन मैं अपने फैसले पर अटल था।

मैं उस समय तेरी मम्मी को बहुत प्रेम करता था, इसलिए अगर मैं उससे शादी न कर सकता तो मैंने कुँवारा रहना ही पसंद किया होता।

तेरी मम्मी मुझे समझाती थी, 'आपकी माँ को दुःखी करके अगर हम विवाह करेंगे तो वह विवाह हमें सुखी नहीं रहने देगा।' मुझे उसकी यह बात पसंद आ गई। मैंने तेरी दादी को समझा दिया, 'अगर विवाह करूँगा तो इसी लड़की से करूँगा, नहीं तो सारा जीवन कुँवारा रहूँगा।'

अब तेरी दादी के पास कोई भी विकल्प नहीं रहा, इसलिए उसने हमारे विवाह के लिए 'हाँ' कर दी। लेकिन तेरी मम्मी जिस दिन विवाह करके घर आई, उस दिन से अभी जो घटना मैंने तुझे बताई, तब तक तेरी दादी का व्यवहार थोड़ा विचित्र-सा लगता था। तेरी माँ ने धीरे-धीरे तेरी दादी माँ का दिल ऐसा जीत लिया कि आज तेरी मम्मी और मेरे बीच अगर कोई मतभेद होता है तो तेरी दादी आँखें बंद करके तेरी मम्मी का पक्ष लेती है, यह तो तू देखती ही है न!

तेरी माँ की बीमारी में सगी माँ भी न करे, ऐसी सेवा और देखभाल तेरी दादी उसकी कर रही है, जिसकी तू साक्षी है। तेरी नानी माँ तो मेरे पापा की तरह तेरे जन्म से पहले ही गुजर गई थीं, इसलिए तेरे जन्म के समय वह अपनी पीहर जाए यह तो अर्थहीन था; लेकिन तेरे जनम के समय जिस प्यार और संवेदना से उसने तेरी मम्मी का खयाल रखा और उसकी गर्भावस्था का ध्यान रखा और तेरे जन्म की स्थिति तक जो स्नेहपूर्ण कार्य किया, उसका सारा श्रेय तेरी मम्मी को जाता है, जिसने तेरी दादी के साथ इतने अच्छे संबंध बनाए।

विरोध बहुत ही स्वाभाविक वस्तु है। कोई भी व्यक्ति तुम्हें जाने बिना तुम्हारा विरोध करे तो उसमें उसकी गलती कम और उसकी असुरक्षा व पालन-पोषण का दोष अधिक होता है—ऐसा मानना ही चाहिए। लेकिन विरोध और विरोधी दोनों को सम्मान से स्वीकार कर जीत लेना आसान नहीं, यह बात तुझे समय आने पर समझ में आएगी।

पिछले थोड़े समय में तेरी मम्मी की बीमारी के दरम्यान मुझे यह बात समझ में आई कि तेरी मम्मी मेरे जीवन के लिए कितनी अनिवार्य है, महत्त्वपूर्ण है। उसके अलावा, किसी भी अन्य स्त्री के साथ शायद इतने सुख से मैं रह नहीं सकता था, ऐसा मुझे अवश्य लगता है। यह बात मैं तुझसे इसलिए कह रहा हूँ, क्योंकि अब तेरे जीवन में भी एक ऐसा समय आएगा, जब तुझे जीवन के बारे में अमुक

निर्णय तो करने ही पड़ेंगे। कुछ संबंध जीवन भर चलते हैं और कुछ अपने आप धीरे-धीरे बिसर जाते हैं। ऐसा तेरे जीवन में भी होगा और तब तुझे मेरी बात अधिक अच्छी तरह समझ में आएगी। लेकिन आज तुझसे कहना है वो ये कि खराब समय हम को बहुत कुछ सिखाता है।

तेरी मम्मी की बीमारी के दरम्यान मैं तेरी दीदी का वह पक्ष देख सका, जिसकी मैंने कभी कल्पना भी नहीं की थी। वैसे, तेरी मम्मी को दादी खूब चाहती थी, लेकिन किसी एक कारणवश उसकी स्वतंत्रता, उसके विचारों की स्पष्टता या उसकी निर्भीकता को वे कभी भी स्वीकार नहीं कर सकीं। एक पटेल परिवार में उनका पालन-पोषण हुआ, ये भी इसके लिए जिम्मेदार हो सकता है। तेरी दादी को उसके माता-पिता या पति ने इस प्रकार से अपना अभिप्राय दरशाने की स्वतंत्रता कभी दी ही नहीं थी, ये सत्य है और दादी भी अपने पालन-पोषण से बँधी हुई थीं, अपने संजोगों से घिरी होने के कारण तेरी बुआ का वे ऐसा पालन-पोषण कर उसे तेजस्वी नहीं बना सकीं। तुम्हारी बुआ को छोटी-छोटी बात में तेरे फूफाजी या मुझपर निर्भर रहना पड़ता है। लेकिन तेरी मम्मी को जिस प्रकार की स्वतंत्रता और पालन-पोषण मिला है, उस बारे में हो सकता है, स्त्री होने के कारण तेरी दादी के मन में थोड़ी ईर्ष्या हो तो उसमें कोई आश्चर्य की बात नहीं है।

पिछले साल जब तेरी मम्मी बीमार पड़ी और पता चला कि उसे कैंसर है, उसके बाद तेरी दादी के अंदर जो परिवर्तन आया है, उसे मैंने देखा है और तूने भी उसका अनुभव किया ही है। बेटा, उस दरम्यान मैंने यह सीखा कि तेरी दादी के मन में कहीं गहरे उतर गई कुछ बातों को निकालकर उन्हें स्वाभाविक बनाने का काम मेरा था, जिसे मैं कर नहीं सका। किसी भी कारणवश अपने जीवन की दो महत्त्वपूर्ण स्त्रियों के बीच संतुलन बनाए रखने की जिम्मेदारी मैं योग्य रूप से निभा नहीं सका।

तेरी दादी के तेरी मम्मी के प्रति जो छोटे-बड़े विरोध थे, वे रहे ही। मम्मी से मन में यहाँ आकर उसे माँ मिलेगी, ये कल्पना पूरी नहीं हो सकी—आज मुझे स्वीकारना ही चाहिए कि इसके लिए काफी हद तक मैं जिम्मेदार हूँ।

तेरी मम्मी ने जो कुछ किया, उसके कारण अपना परिवार टूटा नहीं, ये सत्य है; परंतु जो संवादिता और मधुरता हो सकती थी, वह नहीं हो सकी। तेरी मम्मी की बीमारी के दौरान दादी को भी यह बात समझ में आई कि तेरी मम्मी ने हम सबके लिए क्या किया था!

इस बात ने शायद उन्हें बदल दिया होगा, ऐसा मैं मानता हूँ।

कोई वस्तु या कोई व्यक्ति जब अपना हो, अपने आस-पास हो और वह कहीं भी नहीं जाने वाला या उसे कोई ले जाने वाला नहीं है, ऐसा विश्वास हो, तब उस वस्तु की कीमत, उसकी आवश्यकता या उसका महत्त्व हमारे लिए जितना होना चाहिए, उससे कम होता है। परंतु वह वस्तु गुम हो जाए, टूट जाए या न रहे अथवा फिर वह व्यक्ति शायद न रहे, ऐसे भय की भावना खड़ी हो जाए, तभी हम उस व्यक्ति या वस्तु के सच्चे महत्त्व को समझते हैं; जबकि यह बहुत दुःखद है।

इतने सालों में मैंने कभी मम्मी को 'थैंक्यू' नहीं कहा या उसका आभार भी कभी नहीं माना। सच पूछो तो मैंने कभी ये जानने अथवा समझने का प्रयत्न भी नहीं किया कि तेरी मम्मी की भावनाएँ, आवश्यकताएँ या इच्छाएँ क्या थीं। मैं उसे प्रेम बहुत करता था, करता हूँ, परंतु कभी उसे ये बातें शब्दों में कहने की जरूरत ही नहीं हुई। जब तेरी मम्मी बीमार हुई और पूरे घर का व्यवस्था तंत्र हिल गया, तब मुझे समझ में आया कि तेरी मम्मी कितनी जिम्मेदारी और कितनी मेहनत से यह सारा सिस्टम चलाती थी। उसकी बीमारी के दरम्यान कई छोटे-छोटे प्रसंग आए, जहाँ उसे दुःख हुआ हो या जहाँ अनजाने में ही सही, मैंने उसे दुःख पहुँचाया था। मुझे पहली बार समझ में आया कि मैं उसे कितना प्रेम करता हूँ और यह बात मैंने उसे पहली बार शब्दों में कही, तब उसके चेहरे पर आनंद और संतोष देखकर मुझे समझ में आया कि यह कहना कितना जरूरी था!

कोई बात नहीं, देर से ही सही, मुझे समझ में आया—और मैं कह सका, इस बात का मुझे आनंद है।

बेटा, यह दुनिया ईश्वर ने बनाई है। फूल, नारियल, दूध सब ईश्वर ने ही बनाया है। इसके बावजूद हम यह सब ईश्वर को ही अर्पण करते हैं। हम कहते हैं कि ईश्वर सबकुछ जानता ही है, फिर भी हम अपने मन की बात ईश्वर को कह देते हैं। जिसने यह संसार बनाया है, उसके रहने के लिए हम मंदिर बनाते हैं। यह क्या दरशाता है?

यह दरशाता है कि भावनाओं को अभिव्यक्ति की जरूरत है। वे अनिवार्य हैं। सामनेवाला समझ ही जाएगा, मान ही लेगा या जान ही जाएगा, ऐसी धारणा बना लेने की बजाय थोड़े से खुले शब्दों में अभिव्यक्त करने और व्यवहार से दिखाया गया प्रेम सामनेवाले व्यक्ति को बहुत ही प्रेम देता है।

यह सुख रिश्तों में परिवर्तन लाता है। बेटा, समय के साथ हर वस्तु में परिवर्तन आता ही है। रिश्तों में भी ऐसा ही है। परंतु परिवर्तन की यह दिशा सकारात्मक होनी चाहिए।

अपना मत होना चाहिए, इसका अर्थ यह नहीं है कि दूसरों के मत को गौण कर देना चाहिए। जैसाकि तुम्हारे लिए तुम्हारा मत होता है, वैसे ही अन्य लोगों के अभिप्राय का भी आपको सम्मान करना चाहिए, यह तुम्हारा फर्ज है। और विरोध को सहन न कर पानेवाले अंत में उन्हीं विरोधियों द्वारा परास्त हुए हैं, इसका इतिहास साक्षी है।

आज तेरे जीवन के नए स्तर में प्रवेश करते समय हम तुझे वह सब सौंपते हैं, जो एक माता-पिता को अपनी संतान को देना चाहिए—स्नेह, स्वतंत्रता, संपत्ति और संस्कार।

हैप्पी बर्थडे टू यू!

□

प्यारी आस्था, 21 वर्ष

आस्था, बेटा,

मानव कल्पना भी नहीं कर सकता, इस तरह से समय बीत जाता है। आँखें बंद करके आँखें खोलो, इस दरम्यान भी एक संपूर्ण क्षण गुजर जाता है। हर साँस जीवन को एक कदम आगे ले जाता है। अभी तो मैं सोचता ही हूँ तब तू मुझे वही छोटी सी, मोटी, धीरे-धीरे मुश्किल से पाँव उठाकर रखती आस्था याद आती है।

मुझे अभी भी वह दिन याद है, जब मैंने तुझे चलना सिखाया था। तेरी दादी और तेरी मम्मी तो थक गई थी, परेशान हो गई थी। दोनों मुझे रोज कहती थीं कि यह चलना नहीं सीखती। मैं हँसता और उनसे कहता कि आज तक कोई बच्चा ऐसा सुना है, जिसने चलना न सीखा हो?

आस्थु, तू सवा साल की हो गई थी, लेकिन चलती नहीं थी। साफ बोलती थी और सभी बातें करती थी, लेकिन चलने की चोर थी। हालाँकि उसमें तेरी कोई गलती नहीं थी। तेरा वजन ही इतना था कि तुझे धरती पर पाँव रखने का डर लगता होगा।

मैं तुझे दीवार के पास खड़ा रखता और पसंद की गुड़िया हाथ में लेकर खड़ा रहता। तू वह गुड़िया देखती, माँगने के लिए हाथ लंबे करती और मैं तुझे हाथ से बुलाता, गुड़िया को हिलाता, नचाता··· तेरी आँखों में चमक आती। तू एक कदम भरती और फिर धीरे से बैठ जाती। हाथ लंबा करके गुड़िया को माँगती रहती, फिर परेशान हो जाती और जोर से रोती।

हमेशा की तरह दादी दौड़ी आतीं और मुझे धमका डालतीं, ''क्यों लड़की को रुलाता है?''

वही लड़की आज हिरण की तरह कुलाँचे मारने को तैयार है, यह देखकर बदलते हुए समय का अहसास होता है।

कल तू नेट पर बैठकर विदेश जाने के ऑप्शन सोच रही थी, तब न जाने मुझे

अपने आप पर विश्वास न हुआ। आस्थु! तू इतनी बड़ी हो गई है, गली के नुक्कड़ पर तू साइकिल लेकर सब्जी लेने जाती हो तो मैं बालकनी में खड़ा रहता। फ्रेंड की बर्थडे पार्टी में तुझे जाना हो तो अधिकतर बच्चों के माता-पिता उन्हें वहाँ छोड़कर एक-दो घंटे बाद उन्हें लेने आते, लेकिन मैं? मैं तो तुझे वहाँ छोड़कर वहीं सामने बैठा रहता था। कुछ पढ़ता या अपना काम साथ लेकर जाता था, लेकिन तुझे कभी अकेला नहीं छोड़ा। मेरी हिम्मत ही कभी ऐसा करने की नहीं हुई।

तेरी मम्मी कहती, "लड़की है, शादी करके जाएगी, तब क्या करोगे?"

"मैं जाने ही नहीं दूँगा!" मैं उसे जवाब दे देता, परंतु अपने आपको उत्तर नहीं दे सकता था। मुझे हर बार यही लगता कि तू अभी छोटी है। अभी तुझे सुरक्षा की जरूरत है। आस्थु, मुझे पता ही नहीं चला कि तू इतनी बड़ी हो गई है कि अब हमें तेरी जरूरत पड़ने लगी है। अपनी मम्मी की बीमारी में तूने जिस तरह से मदद की है, मेरे साथ रही है, मुझे हिम्मत देती रही है और घर का बेटा बनकर सबको जिस तरह से सँभाला है, उसके बाद तेरी योग्यता के बारे में मुझे किसी भी तरह की अब कोई शंका या सवाल नहीं रहा है—तेरी क्षमता और हिम्मत के बारे में। लेकिन फिर भी, आँखें बंद करता हूँ तो तू मुझे वही छोटी सी, बड़ी मुश्किल से एक-एक कदम भरती हुई आस्था ही दिखाई पड़ती है। और फिर भी, आज तू अकेली विदेश जाने की बात करती है तो मुझे आश्चर्य होना स्वाभाविक ही है। साथ-ही-साथ गर्व भी होता है।

तू सचमुच बड़ी हो गई है, इस बात का अनुभव मुझे पिछले वर्ष से ही होने लगा था।

स्कर्ट और टॉप पहनकर स्कूल जाती, दो चोटियाँ करके गृहकार्य करती चिढ़नेवाली आस्था अचानक ही जींस और टी-शर्ट पहनकर कॉलेज जाने लगी—साइकिल के बदले अब काइनेटिक लेकर।

मुझे अभी समझ में आया कि तेरी जिंदगी का एक पड़ाव पूरा हो गया है और अब तू किसी दूसरी दिशा में आगे बढ़ेगी। जिंदगी के कई रास्ते बदलते रहेंगे। मानव के लिए हर पड़ाव कुछ-न-कुछ नया लेकर ही आता है और हर पड़ाव पर उसे कुछ-न-कुछ पीछे छोड़ना ही पड़ता है। इसी तरह अपना स्कूल छोड़कर तू अब कॉलेज में दाखिल हो गई है। जिंदगी का एक नया पड़ाव शुरू हुआ।

स्कूल में एक अलग प्रकार की मन:स्थिति और पोषण मिलता है। उस दरम्यान शिक्षकों की निकटता और निजी ध्यान भी संभव होता है। जैसे-जैसे समय व्यतीत होता है, वैसे-वैसे शिक्षक तुम्हें निजी तौर पर जानते हैं और तुम्हारी क्षमता या कमियों

को भी जानते हैं, जिस कारण उनके साथ तुम्हारा एक निजी संबंध बन जाता है; जबकि कॉलेज में यह संभव नहीं होता। इतने सारे विद्यार्थियों के बीच प्रोफेसर्स के लिए निजी तौर पर ध्यान देना संभव नहीं होता।

वैसे, देखा जाए तो कॉलेज तुम्हें जीवन के व्यवहार के लिए तैयार करता है। तुम अपने घर में रहते हो। जब तुम छोटे बच्चे होते हो, तब तुम्हारे माता-पिता, दादा-दादी तुम्हारी छोटी-से-छोटी प्रवृत्ति को भी उत्सुकता और उत्साह से देखते हैं, ध्यान देते हैं। तुम्हारी छोटी-छोटी बातों का, नई-नई प्रवृत्तियों का उनके लिए बहुत ही महत्त्व होता है। फिर समय बदलता है। तुम थोड़े बड़े होते हो और तुम पर से ध्यान हट-सा जाता है।

उसके बाद तुम्हारा हर कार्य उत्सुकतापूर्ण ढंग से नहीं देखा जाता। धीरे-धीरे तुम जैसे-जैसे बड़े होते जाते हो, वैसे-वैसे तुम्हारा महत्त्व घटता जाता है। तुम अपने घर की दहलीज के बाहर निकलते हो। पहले शहर में और फिर संसार में बाहर जाते हो। जब तक तुम घर में होते हो, तब तक अकेले होते हो। एक बार घर से बाहर निकले कि तुम हजारों की भीड़ में से एक बन जाते हो। तुम्हारे घर में सबका ध्यान तुम पर ही होता है, जबकि दुनिया की भीड़ में तुम गुम हो जाते हो।

जब तूने कॉलेज शुरू किया, तब तू कहती थी कि तू अकेली पड़ गई है। अब इन तीन सालों में तुझे बहुत से मित्र मिल गए हैं। कई बार तो हमें तुझसे कहना पड़ता कि थोड़ा समय हमें दे, तू इतनी व्यस्त हो गई है। कॉलेज की विभिन्न प्रवृत्तियाँ, तेरी पढ़ाई और धीरे-धीरे बढ़ता जाता तेरा मित्रमंडल यह बताता है कि तू कितनी प्रसिद्ध हो रही है! सबको तू अच्छी लगती है। कॉलेज में तेरा पहला साल था, तब तुझे ऐसा लगता था कि तुझे यह कॉलेज पसंद नहीं है। अपने कॉलेज का समय पूरा होने से पहले ही तू सीधी घर पहुँच जाती, एकदम अकेली बैठी रहती, स्कूल के मित्रों को मिस करती। उनके साथ ही बाहर जाना या उन्हें ही मिलने का प्रयत्न करती।

तेरी मम्मी तेरी बहुत ही चिंता करती थी। तेरा कॉलेज बदल दिया जाए, यहाँ तक कि बात हमारे बीच हो गई थी। लेकिन अब देखता हूँ तो तेरे मित्रों के फोन, तेरी पार्टीज जारी ही रहती हैं। मुझे खुशी होती है। मित्रमंडल तो बड़ा होना ही चाहिए। मित्र तुम्हें जीवन में बहुत कुछ देते ही होते हैं। मैत्री के साथ-साथ स्वीकार का अहसास, खराब समय में साथ होने की भावनाएँ और तुम्हारे व्यक्तित्व का विकास दोस्तों के साथ रहकर ही हो सकता है।

हालाँकि इसमें धीरे-धीरे हमें यह भी समझना होता है कि अपने साथ खाते-पीते, मजा करते, समय व्यतीत करते सभी मित्र एक समान नहीं होते, हो भी नहीं

सकते।

इनसानों को समझने की तेरी उम्र अब शुरू हुई है।

बेटा, स्त्री-पुरुष के संबंधों में कई बातें बहुत ही स्पष्ट होती हैं। एक पुरुष के लिए स्त्री तक अपनी भावनाएँ पहुँचाने की सबसे पहली अभिव्यक्ति अर्थात् स्पर्श—शायद पुरुष के लिए शब्दों की अभिव्यक्ति सहज नहीं होती। भावनाओं के बारे में पुरुष स्त्रियों की अपेक्षा झट टूट जाएँ, ऐसे होते हैं। उन्हें जरा सँभाला न जाए तो टूट जाने का भय रहता है; जबकि स्त्रियाँ उनकी अपेक्षा अधिक स्थिति-स्थापक होती हैं। अपनी भावनाओं की अभिव्यक्ति के लिए पुरुष तोहफे दे सकते हैं, स्पर्श कर सकते हैं, जबकि स्त्री के लिए अभिव्यक्त करने के बहुत से रास्ते हैं। छोटी-से-छोटी वस्तु में ध्यान लगाने से आरंभ कर उसके लिए खाना बनाकर खिलाना, सिर में तेल डालना, बटन लगा देना, उसकी बातें सुनना या उसके साथ घंटों तक मौन बैठे रहना भी स्त्री के मन में उसके लिए भावनाएँ, उसके लिए स्नेह की अभिव्यक्ति है।

स्त्री-पुरुष के इस संबंध की बात तुझे कहने का एकमात्र कारण सिर्फ इतना ही है कि अब धीरे-धीरे जीवन के उस पड़ाव में तू प्रवेश कर रही है, जहाँ ढेर सारे मित्रों में से कोई एक तेरे निकट आएगा। तू उसे अपने इस सारे मित्रमंडल की अपेक्षा अधिक पसंद करेगी, शायद उसे तू चाहने भी लगे।

जीवन साथ बिताने का निर्णय भी ले ले शायद।

ऐसे समय में तू व्यक्ति को पहचान सके, यह बहुत ही जरूरी है। सारा जीवन साथ व्यतीत करने का निर्णय ले, उसके साथ जीवन के अंतिम साँस में भी हमें अफसोस न हो, उसका मतलब ही सच्चा निर्णय है। अभी-अभी मैं देख रहा हूँ कि बहुत सारे युगल एक छत के नीचे जीवन जीते हैं, एक समाज में जीते हैं। एक कमरे में सोते हैं, परंतु एक-दूसरे से कोसों दूर हैं। इसका कारण ये यह कि एक-दूसरे के साथ जीवन जीने का निर्णय आवेश में, उत्तेजना में, समझदारीपूर्ण ढंग से नहीं लिया गया। बेटा, शादी ही नहीं बल्कि जिंदगी का अब के बाद से तू कोई भी निर्णय आवेश या गैर-समझ में, उत्तेजनावश मत करना, यही मेरा सच्चा पालन-पोषण होगा।

स्त्री सामान्य रूप से दिमाग से सोचती है, ऐसा कहा जाता है। उसकी भावना की अभिव्यक्ति भी जोशीली नदी की लहरों जैसी होती है। बरसने लगे तो बादल की तरह पागल होकर बरसती है और अगर रूठ जाए तो पूरा चौमासा निकाल देती है। तूने देखा होगा, शायद तेरी मम्मी मुझे जितना प्यार करती है, उतना प्यार मैं उसे नहीं कर सकता या तू जिस तरह से मेरे गले में हाथ डालकर प्यार से मुझे पप्पी कर देती है, उतनी ही तेजी से मैं अपनी अभिव्यक्ति नहीं कर पाता, मुझसे नहीं हो पाता।

तेरी मम्मी तेरे साथ घंटों बातें कर सकती है। तुम दोनों आपस में निजी बातें करती हो, तब मुझे तुमसे ईर्ष्या भी होती है कभी-कभी।

तेरी माँ जब बीमार थी, वह तेरी उपस्थिति में जितनी स्वस्थता का अनुभव करती थी, उतनी मेरी उपस्थिति में नहीं करती थी, यह भी मैंने देखा है। वैसे तो मैं पति हूँ—घर का पुरुष, तेरा पिता। लेकिन स्त्री में सहानुभूति देने की एक अलग, गजब की ही क्षमता होती है। पाँच वर्ष की लड़की भी गुड़िया लेकर खेलती हो, तब नख-शिख यानी संपूर्ण रूप से एक माँ दिखाई देती है। तू अपनी मम्मी के साथ जिस तरह समय व्यतीत करती, जिस तरह उसे हिम्मत देती, उसे डॉक्टर के वहाँ ले जाती—ये सब देखकर तू माँ और वह बेटी हो, ऐसा आभास होता था कई बार।

स्त्री के लिए जीवन छोटे-छोटे सुखों के आस-पास लिपटा होता है। उसकी महत्त्वाकांक्षाएँ भी उसके निजी सुख के आस-पास ही अधिकतर बिखरी हुई दिखाई देती हैं। एक स्त्री के लिए घर और उसके कॅरियर का चुनाव, यह स्थिति तो अभी आकर खड़ी हुई है; लेकिन स्त्रियाँ हमेशा अपने घर को ही अपनी कॅरियर मान लेती हैं। तेरी दादी बहुत पढ़ी-लिखी नहीं हैं, लेकिन वह हमेशा मुझे कहती हैं कि, ''मैंने कम काम नहीं किए हैं। नौकरी नहीं की, यह सत्य है; लेकिन इस देश को मैंने दो अच्छे नागरिक दिए हैं। समाज को दो अच्छे नागरिक दिए हैं और देश को एक अच्छा व निष्ठावान् इंजीनियर दिया है।''

अब इस दृष्टि से सोचता हूँ तो दादी का काम भी ग्रोस नेशनल इन्कम में गिना जाना चाहिए। सबसे खराब बात तो यह है कि हमारे देश में स्त्रियों द्वारा किए गए घर के कामों के घंटे और उनसे होनेवाली आपकी ग्रोस नेशनल इन्कम में गिनी नहीं जाती। 'हाउस वाइफ' शब्द मानो अब पुराना हो गया है। उसके स्थान पर अब 'होम मेकर' शब्द का इस्तेमाल होने लगा है।

बेटा, 'होम मेकर' का क्या मतलब है? जो घर बनाता है वह! वैसे तो मैं इंजीनियर हूँ और मकान खड़े करता हूँ, लेकिन मकानों को घर स्त्री बनाती है। स्त्री के स्पर्श से ईंट-मिट्टी व चूने से बनी दीवारें सजीव हो उठती हैं, ऐसा मैंने कई बार देखा है। मेरे द्वारा ही बनाया गया बँगला मैं ही पहचान न सकूँ, इतनी सुंदर सजावट उसकी की गई हो, यह मैंने देखा है।

और इंटीरियर डेकोरशन तथा सजावट भी मकान को घर नहीं बनाते। उसे घर बनाते हैं उसमें रहनेवाले। वे सब जिन्हें सँभालकर, सँजोकर एक साथ रखती है एक स्त्री। एक सूत्र में बाँधती है। ये है होम मेकर का काम।

बेटा, मैं इस बात को स्वीकार करता हूँ कि मेरे कॅरियर की दौड़ में या मेरे ऑफिस के प्रश्नों में मेरी निजी पसंद-नापसंद को तेरी मम्मी ने कभी भी इतना समय

और संवेदना नहीं दी होगी, जितनी उसे अपेक्षा होगी। लेकिन मुझे हमेशा ऐसा लगता रहा है कि हमारे पास बहुत साल हैं। अभी तो बहुत समय है।

मैं ऐसा मानता था कि एक बार रिटायर हो जाऊँ, फिर सारा समय तेरी मम्मी को ही दूँगा। जो नहीं किया, वह सब करने की सुविधा, जिसको नहीं भोगा, उसे भोगने की पूरी-पूरी कोशिश मैं तब करूँगा।

सुबह ऑफिस के लिए निकल जाऊँ, तब तेरी मम्मी रसोई में व्यस्त होती और फिर दिन में वह अपने काम में और मैं अपने काम में। शाम को फिर इकट्ठे होते, तब डाइनिंग टेबल पर जो बात होती, वह होती। उसका बाकी का सारा समय तुझे पढ़ाने, दादी की देख-रेख में और नानाजी के पास धक्के खाने में पूरा हो जाता। उसने मुझे कभी भी नहीं कहा कि 'मुझे समय नहीं है। मैं व्यस्त हूँ।' मैंने उसे अनेक बार ऐसा कहा होगा। जिंदगी के साढ़े उन्नीस वर्ष पलक झपकते ही पूरे हो गए और एक-दूसरे के साथ बितानेवाला सच्चा समय हम बिता नहीं सके, ऐसा अचानक मुझे लगने लगा है।

वास्तव में ऐसा ही होता है। मुझे हमेशा ऐसा लगता है कि विवाह एक ऐसा संबंध है, जिसे जीना शुरू करो, तब तुम उसके बारे में सबकुछ जानते हो, ऐसा दावा करते हो और शादी के पच्चीस वर्ष पूरे हो जाने के बाद तुम फिर एक बार उस संबंध को समझने, एक बार फिर उसका मूल्यांकन करने, उसकी नाप-तौल करने का प्रयत्न करते हो—यह प्रयत्न करते हो, तब तुम्हें यह समझ में आता है कि जो जिए, ऐसा तो जीना नहीं ही था।

ऐसा बहुत कुछ था, जिसका निपटारा किया जा सकता था। ऐसा बहुत कुछ था, जो करना था, लेकिन हो नहीं सका। ऐसा बहुत कुछ था, जिसे कहना नहीं था और जो सचमुच कहना था, वह तो रह ही गया।

और अचानक तेरी मम्मी बीमार पड़ गई। तब मुझे समझ में आया कि समय किसी के कहने में नहीं रहता। जब हम सोचते हैं कि अभी तो बहुत समय है, तब सचमुच हम किसी 'डेड एंड' में खड़े होते हैं, ऐसा हो सकता है। आगे रास्ता ही न हो, सिर्फ दीवार आ जाए और प्रवास पूरा हो जाए, ऐसा भी हो सकता है।

आज तुझे यही कहना है बेटा, कि जब जो करना हो, तब उसकी राह देखे बिना कर ही डालना चाहिए। समय का इंतजार कभी नहीं करना, क्योंकि हर समय योग्य कार्य करने का योग्य ही समय होता है। अभी कल तक मैं तुझे देखता तो मुझे लगता था कि तू बहुत कुछ समझ नहीं सकती है। तू भोली है। तुझे दुनिया की समझ नहीं है। लेकिन शायद ये सब एक पिता के विचार थे।

अब जब पुरुष बनकर तुझे देखता हूँ तो मुझे समझ में आता है कि अपने शरीर के बारे में तू बराबर जागरूक है। अच्छे-बुरे की तुझे पूरी पहचान है। अपनी पसंद-नापसंद के बारे में तू स्पष्ट है और स्पष्ट रूप से उसे कह भी सकती है। एक पुरुष की आँखों में देखकर उसके भावों को पढ़ सकती है, अच्छी व बुरी भावनाओं को अलग कर सकती है। स्पर्श का अर्थ निकाल सकती है और उस अर्थ के अनुसार प्रतिक्रिया भी कर सकती है।

मैं तेरी मम्मी को कहता था कि इसे विदेश नहीं जाने देना है। इसे कहाँ अभी दुनिया की समझ है! लेकिन बेटा, मैं देख सकता हूँ, बहुत सारी वस्तुओं में तेरी समझ मुझसे भी ज्यादा है। इसलिए तेरी इस 21वीं वर्षगाँठ पर तेरे बैंक खाते में दो लाख रुपए जमा करा देता हूँ।

विदेशी विश्वविद्यालय में दाखिला लेना आसान नहीं है और उनमें भी तू जिन विश्वविद्यालयों में दाखिला लेने का प्रयत्न कर रही है, उनमें दाखिला और भी मुश्किल है। मैं तुझे हतोत्साहित नहीं कर रहा, लेकिन मुझे कभी यह विचार अवश्य आ जाता है। हमारे देश में से पढ़-लिखकर इंजीनियर्स-डॉक्टर्स विदेश चले जाते हैं। देश हमें पढ़ाने के पीछे कितना खर्च करता है! हमारा देश इंजीनियरिंग कॉलेज के एक विद्यार्थी के पीछे 20 लाख रुपए जितना और एक मेडिकल कॉलेज के एक विद्यार्थी के पीछे 27 लाख रुपए खर्च करता है। उसके बाद सबको विदेशों में ही अपना कॅरियर दिखाई पड़ता है। वहाँ का जीवन मानक काफी अच्छा है, अधिक सुविधाएँ और डॉलर में होनेवाली आवक उन्हें आकर्षित करती है।

मेरे मन में हमेशा ऐसा प्रश्न आता है कि जिस देश ने तुम्हारी शिक्षा के लिए इतना खर्चा किया है, उस देश को तुम कुछ भी दिए बिना ऐसे ही चले जाते हो? सिर्फ अपना विचार कर सोचो, यह किस हद तक सही है? मुझे इस बात का आनंद है कि तू अभ्यास पूरा करने के बाद अपने देश में वापस आने के बारे में बिल्कुल स्पष्ट है। उस दिन मेरे साथ बात करते हुए तूने कहा था कि मैं विश्व में कहीं भी घूम सकती हूँ, पढ़ सकती हूँ, पढ़ा सकती हूँ या थोड़ा समय रह सकती हूँ; परंतु मेरे लिए अपना देश, यह घर और यहाँ की दुनिया के बिना कहीं भी जीना मुश्किल है।

जबकि बेटा, जब तक तू वहाँ गई ही नहीं, वहाँ जीवन जिया ही नहीं, तब तक इस बात पर मुहर लगाना जरा मुश्किल काम है। फिर भी, प्रयत्न करने में कुछ बुरा नहीं है; लेकिन अगर तुझे दाखिला न मिले या वीजा न मिले तो तेरे कॅरियर का अंत नहीं आ जाता, ऐसी मानसिक तैयारी रखना।

बेटा, जीवन किसी एक परिस्थिति या किसी छोटी सी 'इनकार' पर हचमचा जाए, ऐसा कैसे चलेगा? अपने देश में भी मैनेजमेंट के कोर्स के लिए श्रेष्ठ कॉलेज

हैं। मैं चाहता हूँ कि तू कॉलेज के साथ-साथ देश की यूनिवर्सिटीज के बारे में भी विचार करे। मैं विदेशी विश्वविद्यालयों के खिलाफ नहीं हूँ, लेकिन अपने देश के विश्वविद्यालयों में अभ्यास करने के पक्ष में अवश्य हूँ। बेटा, हताश होना, निराश होना या हार जाना मेरा स्वभाव नहीं है। मैं चाहता हूँ कि तू भी इन बातों से दूर रहे। जिंदगी का उदाहरण शायद गलत साबित हो, यह संभव है, लेकिन उसके प्रकार के मार्क्स तो जिंदगी भी अवश्य हमें देती ही है। कभी-कभी मुझे एक हास्यास्पद विचार आ जाता है।

तेरी मम्मी और मेरा प्रेम विवाह। अगर हमारा शादीशुदा जीवन सफल न हुआ होता तो क्या मैं फिर से विवाह करता? तेरी मम्मी भी फिर से विवाह करती?… यही बात मैंने तेरी मम्मी से भी पूछी थी एक बार। तुझे पता है उसने क्या जवाब दिया था? उसने बड़े मजे की बात कही, ''नए सिरे से फिर से सब शुरू करना, इससे अच्छा है पुरानी व्यवस्था में थोड़ा बदलाव करके उसे ही अपने योग्य बनाना। यह अधिक आसान नहीं होगा? जो चाहिए, वो मिलता नहीं है तो जो मिला है, उसे ही पसंद करना, यही जिंदगी जीने का श्रेष्ठ रास्ता है।'' कई बार तेरी मम्मी मुझे फिलॉस्फर लगती है।

उसने मुझे कहा था, ''जिंदगी एक इंद्रधनुष जैसी होती है। अगर संपूर्ण—परफेक्ट मात्रा में आँसू और परफेक्ट मात्रा में मुसकराहट इकट्ठा हो तो ही दो हृदयों के बीच इंद्रधनुष का पुल बाँधा जा सकता है।''

अगर तेरी माँ ने चाहा होता तो मेरे साथ के विवाह को तोड़ने के लिए उसके पास बहुत कारण थे। दादी के व्यवहार से शुरू करें तो थोड़ा-बहुत या कुछ हद तक मेरी कमजोरियाँ भी शामिल हैं। लेकिन उसने हर बार अपनी बात को मुझ तक पहुँचाने का प्रयत्न किया है। तेरी माँ बहुत ही बुद्धिशाली दलील कर सकती है, अपनी बात कहने के लिए गुस्सा भी कर सकती है; लेकिन फिर इन सबके बाद वह अपार प्रेम भी कर ही सकती है और दोनों समय वह एक जैसी सच्ची होती है, एक समान ईमानदार, यह मैंने हमेशा देखा है।

तेरी माँ ने एक बार कहा था, ''बेहद प्रेम हो और समझदारी न हो तो दो व्यक्ति साथ नहीं रह सकते। प्रेम थोड़ा कम हो, लेकिन पूरी समझदारी हो तो भी व्यक्ति जीवन भर साथ रह सकता है।''

मैं तो सोचता ही रह गया। आस्थु बेटा, फाड़ डालना, तोड़ डालना, काट देना, छोड़ देना, निकल जाना बहुत आसान है। मुश्किल है बने रहना, निभाना। और सचमुच वही इच्छनीय है।

हर बार हमें अनुकूल न हो, उस परिस्थिति में से भाग छूटना या चले जाना,

यह बहुत आसान है। प्रतिकूल परिस्थिति में 'सहन नहीं होता है' कहकर वहाँ से निकल जाने में कुछ करना नहीं होता। वह तो कोई भी कर सकता है। अगर हम अपने आपको बुद्धिशाली या संवेदनशील मानते हों तो हमारा यह प्रयत्न होना चाहिए कि प्रतिकूल परिस्थिति को हम अपने अनुकूल बना डालें। इसमें मेहनत तो करनी पड़ेगी। आरंभ में सफलता न भी मिले, ऐसा भी हो सकता है; लेकिन अगर इसी दिशा में सकारात्मक प्रयत्न निरंतर किए जाएँ तो असफलता कभी नहीं मिलती, ऐसा मेरा अपना वर्षों का अनुभव है।

हर व्यक्ति और परिस्थिति हम जैसी चाहते हैं, वैसी ही हो, यह जरूरी तो नहीं है न!

अगर देखा जाए तो सामनेवाले पक्ष के लिए हम भी या परिस्थिति हर समय अनुकूल तो नहीं ही होती है न! ऐसे समय में दोनों पक्षों को थोड़ा-थोड़ा चलकर आगे आना चाहिए और एक ऐसे स्थान पर इकट्ठे होना चाहिए, जहाँ समाधान-समझदारी की एक ऐसी भूमिका खड़ी हो सके, जिसका सीधा पर्याय सुख-प्राप्ति हो।

मैंने तुझे पिछले महीने रिचर्ड बेश की 'जोनाथन लिविंग स्टोन सी गल' पुस्तक भेंट में दी थी। उसी लेखक की एक दूसरी पुस्तक है 'द ब्रीज अक्रॉस फोर एवर'। रिचर्ड बेश जिसे अपनी आत्मकथा का अंश मानता है, ऐसे इस उपन्यास में नायिका लेस्ली अपने प्रियतम से अलग होते समय आखिरी पत्र में लिखती है—"रिचर्ड, माय प्रेशियस फ्रेंड…" जिसके साथ मतभेद हो जाने के कारण अलग हो रही है, ऐसी नायिका उसे लिखती है—"हम एक-दूसरे के साथ रहकर एक-दूसरे को दुःख देने के सिवाय और कुछ नहीं कर सकते। मुझे जो कुछ कहना है, उसमें कहीं कोई रोष, आरोप या तेरी कमियों को बताने का प्रयत्न नहीं है। हम मात्र एक-दूसरे को वेदना दे रहे हैं। उसे रोकने का प्रयत्न है…"

रिचर्ड बेक (बेश) ने इस पत्र को जिस तरह से प्रस्तुत किया है, शायद ही कोई पुरुष लिख सके, ऐसा यह पत्र है। एक स्त्री की कलम से लिखा गया यह पत्र एक संवेदनशील संबंध को समाप्त करने की हृदय-विदारक गहराई में से प्रकट हुई भाषा में लिखा गया है। इसमें लेखक ने लेस्ली से लिखवाया है—"तुम से अलग होने की तकलीफ निश्चित है ही, लेकिन साथ-ही-साथ इस बात का संतोष भी है कि तुम्हें दूसरों से अलग तरीके से पहचान सकती हूँ, तुम्हें संपूर्ण रूप से पा सकी हूँ। हमने जो पल साथ में बिताए हैं, उनकी सुगंध मेरी स्मृति में से कभी भी नहीं मिटेगी। तुम्हारे साथ रहकर मैं विकसित हुई हूँ, खुली हूँ, खिली हूँ। मेरे व्यक्तित्व का और मेरे स्त्रीत्व का विकास तुम्हारे साथ रहकर हुआ है, यह भी सत्य है। दूसरा

एक सत्य यह भी है कि मैंने भी तुम्हें जो कुछ दिया जा सकता है, वह सब दिया है।

"एक-दूसरे के साथ रहकर हम जो थे, उससे अधिक संवेदनशील और समृद्ध बने हैं, अच्छे बने हैं, सरल बने हैं; लेकिन समझदार नहीं बन सके और शायद इसीलिए संबंध पूरे हो रहे हैं। मुझमें तुम्हारे प्रति आदर है, भावनाएँ हैं और अपनी मैत्री तो हमेशा रहेगी ही; परंतु साथ-ही-साथ मुझे ऐसा लगता रहता है कि एक ऐसा रिश्ता हम दोनों गँवा रहे हैं, जिसमें बहुत कुछ प्राप्त किए बिना रहा गया।"

सामनेवाले व्यक्ति को मुक्त करके हम भी मुक्त हो रहे होते हैं उसका श्रेष्ठ उदाहरण इस उपन्यास 'द ब्रिज अक्रॉस फोर एवर' में दिखाई पड़ता है।

किसी भी संबंध की एक निश्चित आयु सीमा होती है। जिस प्रकार हर दवाई पर या किसी वस्तु पर एक्सपायरी डेट लिखी होती है, उसी प्रकार रिश्तों में भी एक्सपायरी डेट होती है। हालाँकि हर संबंध की नहीं होती, इसका आधार अपने पर होता है।

देखा जाए तो हर रिश्ता हमारी अपनी इच्छा पर ही निर्भर करता है, सँभलता है और नहीं भी। जिस प्रकार का प्रयत्न हमारी तरफ से होता है, उसी के अनुसार उस रिश्ते की आयु-सीमा बढ़ती और घटती रहती है। लेकिन हर बार इसके लिए हम ही जिम्मेदार हैं, ऐसी धारणा बनाने की जरूरत नहीं है। हर रिश्ते में कम-से-कम दो व्यक्ति तो होते ही हैं और दोनों ही व्यक्ति अलग तरह से सोचें या अलग तरह से व्यवहार करें, ऐसा संभव है। इसे बचाने के तुम्हारे तमाम प्रयत्न होने के बावजूद संबंध टूटकर मर जाएँ, ऐसा हो सकता है।

ऐसे समय में किसी भी व्यक्ति के विचार पर बहुत अफसोस किए बिना भूलने का प्रयत्न करना ही जीवन की सच्ची रीत है। हमें अपने प्रयत्न का संतोष होना चाहिए। समझौते का कोई एक भी अवसर हमने छोड़ा नहीं, इतना संतोष रिश्ते की सुगंधित स्मृति बनाए रखने के लिए काफी है।

जिंदगी में तूने जो सोचा हो, इच्छा रखी हो, उसके अनुसार न भी हो तो तू हार मत जाना, निराश मत होना। जिंदगी तेरे लिए कुछ अधिक अच्छा, अधिक उत्तम, अधिक सुंदर लेकर अगले मोड़ पर तेरी राह देख रही होगी, ऐसा दृढ विश्वास रखना।

आज 21वीं वर्षगाँठ है। मैं तुझे अपने अंत:करण से आशीर्वाद देता हूँ कि तुझे जो चाहिए, वह तुझे मिले और अगर न मिले तो उसे प्राप्त करने की ईश्वर तुझे शक्ति दे। और इसके बावजूद जो कुछ बाकी रह जाए तो जो कुछ मिला है, उसमें भरपूर सुख मानकर पूर्ण संतोष के साथ जीने का मनोबल तुझे मिले।

हैप्पी बर्थडे!

□

प्यारी आस्था, 22 वर्ष

आस्था—इस घर के प्राण,
आज फिर एक बार तेरी सालगिरह।

लेकिन आज का दिन अलग है।

आज घर में सुबह से ही कुछ खाली, कुछ सूना लगता है। वैसे तो यह भावना पिछले हफ्ते से घर में बिल्कुल दिखाई न पड़े, इस तरह से फैलना शुरू हो गई थी। तेरी दादी हफ्ते पहले पहली बार बोली कि "आने वाले हफ्ते में आस्थु का जन्मदिन है।" तब से ही मानो पूरा घर एक प्रकार की उदासी के माहौल में डूब गया।

तेरी माँ मेरे सामने आने से कतराने लगी, दादी किसी-न-किसी बहाने से तेरे जन्मदिन की बात ही उड़ा दे।

मैं बात क्या है, इसे निकालने की गंभीर कोशिश करूँ, लेकिन दोनों आगे-पीछे हो जाएँ।

तू तो इन दोनों को पहचानती ही है न। तेरा जन्मदिन और तेरी अनुपस्थिति में ये दोनों जन मुझे कुछ कहते नहीं, लेकिन मन-ही-मन खूब विलाप करती हैं।

तेरी माँ तो कल रात से ही मानो ढीली ठस हो गई। तुझे मेल करने बैठी तो उसमें भी आँसू रुके नहीं। मैंने उसे थोड़ा हल्का करने के लिए मजाक में पूछा कि, "कंप्यूटर की स्क्रीन को साफ करूँ या तेरी आँखें?" तो वह मुझ पर गुस्सा हो गई।

मैं तुझे 'मिस' नहीं करता, ऐसी बात नहीं है, बल्कि शायद इन दोनों की अपेक्षा तेरी अनुपस्थिति मुझे ज्यादा सालती है। हालाँकि किसकी अपेक्षा कौन कितना अधिक मिस करता है, यह चर्चा तो इस घर में हो ही नहीं सकती। हम तीनों के ही लिए तू इस घर का प्राण है। इस घर की हवा में तेरी सुगंध न हो, घर मानो जेल हो, ऐसा लगने लगता है। तेरी खनखनाहटवाली हँसी न हो तो घर का सूनापन काटने को दौड़ता है। शाम को अगर तेरा इंतजार न करना हो तो इस

घर में मानो कोई घटना ही नहीं घटी है, ऐसा होता है।

आज सुबह से ही, बल्कि कल रात से ही, तेरी मम्मी और मैं मानो अकेले रह गए हों! तू यहाँ से गई, तब से ही हम तो मानो बिल्कुल खाली हो गए—सूने, खाली और अधूरे हो गए हैं।

लेकिन तू जहाँ है और जिस उद्देश्य से है, उसका मुझे बहुत ही आनंद है।

तू कुछ ऐसा कर रही है, जो तेरे जीवन के लिए बहुत ही महत्त्वपूर्ण है, तेरे भविष्य के लिए बहुत ही जरूरी है। इसलिए घर खाली लगे तो लगे, परंतु तू जो प्राप्त कर रही है, उसका विचार करते ही मैं खुश हो जाता हूँ।

आज यह खालीपन थोड़ा ज्यादा तेज महसूस होता है। पिछले 22 वर्षों में हम तीनों तेरे जन्मदिन पर इकट्ठे न हुए हों, ऐसा कभी नहीं हुआ है। मैं घर से बाहर गया होऊँ तो भी एक दिन तेरे साथ व्यतीत करने आ जाता था, ऐसा भी हुआ है न! तेरा जन्मदिन इस घर के लिए एक उत्सव की तरह आता है।

तेरी दादी तो एक हफ्ते पहले से ही क्या बनाएँगी, किसको बुलाएँगी, यहाँ से शुरू करके आस्था के लिए नया ड्रेस खरीदने तक के सारे कामों में बहुत उत्साह से भाग लेती हैं। तेरी माँ और मैं कितनी दलीलों, चर्चाओं के बाद सोच-विचारकर तेरे लिए गिफ्ट क्या खरीदना है, वह तय करते हैं। फिर तेरे जन्म की पूर्व संध्या को वह गिफ्ट लाते, छुपाकर रख देते और सुबह तेरी आँख खुले तो तेरे बाजू में तेरे लिए जो गिफ्ट है, वह सुंदर ढंग से सजा देते।

सुबह से ही घर मानो आनंद की हिलोरों में घूमने लगता। मेहमान आते, तेरी बुआ-फूफा, पड़ोसी और कई रिश्तेदारों को दादी लंच पर बुलातीं। सत्य नारायण की कथा होती। एक बहुत अच्छा व आनंददायक फैमिली गेट टू गैदर हो जाता। सब मिलकर साथ खाते, आनंद से बातें करते और दोपहर के बाद सब विदा हो जाते और शुरू होता दूसरा सेशन—तेरी अपनी निजी पार्टी का। तेरे मित्र आते, केक कटता, गेम्स खेली जाती, डांस होता और डिनर के बाद पार्टी पूरी होती।

और फिर शुरू होता सबसे रोचक काम—तेरे गिफ्ट देखने का।

तू उत्साह से एक के बाद एक गिफ्ट पैकेट खोलती और तेरे चेहरे पर दिखता आश्चर्य और आनंद हमें एक बार फिर बालक बना देता। तेरा जन्मदिन मानो इस घर के लिए एक पूरे वर्ष की प्राण वायु लेकर आता है। तू एक वर्ष बड़ी होती है और हमें तेरे जीवन में एक वर्ष और जुड़ा, इस बात की खुशी होती है।

यह बर्थडे बहुत ही विचित्र घटना है। अमुक उम्र तक बढ़ते हुए वर्ष तुम्हें आनंद, उत्साह और आगे बढ़ने की भावनाएँ देते हैं। बड़े होने में आनंद होता है।

उम्र में जुड़ता हुए एक-एक वर्ष तुम्हें कुछ प्राप्त करने की, कुछ पाने की भावना होता है। हर वर्ष तुम अपने आपको अधिक स्वतंत्र, अधिक वयस्क, समझदार होता हुआ अनुभव कर सकते हो।

यह समझदारी तुम्हें एक जगह लाकर स्थिर कर देती है।

समय आगे बढ़ता रहता है और तुम वहीं रुक जाना चाहते हो। उम्र बढ़े, तब हर समय कुछ प्राप्त किया, कुछ पाया का ही अनुभव हो, ऐसा हर व्यक्ति के साथ होना रुक जाता है। किसी को बढ़ते हुए वर्षों से डर लगता है, किसी को थकावट होने लगती है। कुछ सालों के बाद बढ़ते हुए साल तुम्हें खाली करते जाते हैं। बीते हुए साल हमारी स्मृति बनने लगते हैं। उम्र बढ़ने लगती है।

यह सुख पूरा होने वाला है, इस बात का थोड़ा-थोड़ा डर लगने लगता है। रिश्तों को छोड़कर कभी चल निकलना पड़ेगा, इस बात का भय लगने लगता है और इस बात का डर कि यह शरीर और ये अनुभूतियाँ स्थायी नहीं रहेंगी। इस संसार से धीरे-धीरे जाने का समय नजदीक आता जा रहा है, इस बात का भय।

अधिकांश लोगों को 'मृत्यु' शब्द से डर लगता है।

उनके लिए मृत्यु जीवन का अंत है। लेकिन 'गीता' में कहा गया है कि किसी भी वस्तु का अंत किसी वस्तु की शुरुआत होती है। जिस तरह पुराने वस्त्रों का त्याग कर हम नए वस्त्र धारण करते हैं, उसी तरह आत्मा शरीर का पुराना वस्त्र त्यागकर नए वस्त्र धारण करती है। मृत्यु से डर लगे, वह ऐसी वस्तु नहीं है, यह बात मुझे पहले भी अनुभव होती थी और अब तो वह और अधिक स्पष्ट रूप से समझ में आती है।

तेरी मम्मी की बीमारी के दरम्यान मैं मृत्यु से मिलकर वापस आया हूँ, ऐसा कहूँ तो गलत नहीं है। इससे मृत्यु का भय तो मन से निकल गया, लेकिन अब जिंदगी का मूल्य और अधिक अच्छी तरह से समझ आ गया है।

भय मृत्यु का नहीं होता बेटा, मृत्यु की तो हमें सबको जन्म से ही खबर होती है, यह ऐसी सच्चाई है। भय होता है अनजान स्थान पर पहुँचने का। यहाँ के रिश्ते, भावनाएँ, प्यार और स्वजनों को खोना।

सबसे महत्त्वपूर्ण बात होती है बीते हुए वर्षों का हिसाब करना, क्योंकि यह हिसाब तुम्हें घबराहट में डाल देता है।

हरींद्र दवे ने लिखा है, जैसे—

"जीवन की ढलती हुई साँझ में जख्मों की यादी देखनी थी,
बहुत कम पन्ने देख सका, बहुत निजी-निजी नाम थे..."

बीते हुए कुछ वर्षों के बाद जैसे-जैसे व्यक्ति की उम्र बढ़ती जाती है, वैसे-वैसे उसकी जिजीविषा भी बढ़ती जाती है। जो मिल नहीं सका, वह सुख ऐसा भावनाएँ, जो मिल नहीं सकीं और ऐसी कई बातों के बारे में तीव्रता बढ़ जाती है। अचानक ही व्यक्ति की समझ में आता है कि उसने जो बिता दिए वर्ष वे तो व्यर्थ में ही बिता दिए। जवानी और प्रौढ़ावस्था में बिताए वर्षों का उसने कुछ भी संचयन नहीं किया।

मैं संपत्ति की बात नहीं करता; सुख, संतोष और संवेदना की बात करता हूँ।

जब ऐसी भावना पैदा हो, तब तुम्हें बीत गए वे वर्ष जीने की फिर से इच्छा होती है। जो भूल की है, उसे मिटाकर जिंदगी की किताब फिर से लिखने की इच्छा होती है।

हालाँकि हरेक को ऐसा अनुभव नहीं भी होता है, जैसाकि मुझे हुआ।

मेरे जीवन में बढ़ा हर एक वर्ष मुझे तो कुछ देकर ही गया है। सफेद होता एक-एक बाल मुझे मिले सुख का प्रमाण-पत्र है। माथे पर पड़ी झुर्रियाँ मैंने जो वर्ष जिए हैं, उनकी रसीद हैं।

तुम अगर सच्चा और अच्छा जीवन जिए हो तो अमुक वर्षों के बाद जिंदगी में ढलते वर्ष तुम्हें सुख व संतोष की भावना देते हैं; लेकिन यह अहसास धीरे-धीरे सब पूरा हो गया है, सिमटने लगा है, ये एकाकीपन में पलटने लगता है।

तुझे लगेगा कि आज जरा निराशावादी पत्र लिख रहा हूँ, नहीं!

लेकिन आज यहाँ का वातावरण ही ऐसा है। तेरी मम्मी की आँखें खुलीं कि सबसे पहले उसने कहा, "आस्था के बिना आज का यह दिन कैसे बिताएँगे?" मुझे हँसी आ गई। यह वही मम्मी है, जो मुझे बार-बार कहती थी कि "लड़की है। उसके बिना रहने की आदत डालो।" आज तेरी मम्मी ही दिन में दस बार मुझसे कहती है, "आस्था के बिना अच्छा नहीं लगता है।" अगर कुछ अच्छा खाना बनाने के लिए कहूँ तो वह कहती है, "आस्था आएगी, तब बनाएँगे।" अभी दो-चार दिन बाहर जाने की बात की तो वह बोली, "आस्था आ जाएगी, उसके बाद जाएँगे।"

कभी-कभी मुझे ऐसा लगता है कि व्यक्ति एक बार माता-पिता बनता है तो उसके बाद उसकी दुनिया बच्चे के आस-पास ही शुरू होती है और उसके आस-पास ही पूरी हो जाती होगी। इसमें भी माँ को तो बच्चे के बाहर की दुनिया शायद ही दिखाई पड़ती होगी।

तूने जब जाने का फैसला लिया, तब तुम दोनों के बीच जो संवाद हुआ, वह मुझे बराबर याद है आज भी।

तू ड्राइंगरूम में यूनिवर्सिटी के प्रोस्पेकट्स के साथ खड़ी थी। मुझे सब समझा रही थी और तेरी मम्मी ने अंदर से आकर विस्फोट किया, ''कोई कहीं नहीं जाएगा। यह सब सिरदर्दी छोड़ दो।''

तू अपनी माँ के सामने आश्चर्य से देख रही थी। तेरी मम्मी ऐसा कहेगी, यह मेरे लिए मानना मुश्किल था; क्योंकि तू जनमी, तब से शुरू करके तुझे विदेश में पढ़ने के लिए भेजना तेरी माँ का सपना था।

तूने पाँव पटकते हुए उतर दिया था, ''मैं जाने वाली हूँ।''

''इस देश में यूनिवर्सिटी नहीं है? आगे पढ़ने की सुविधाएँ नहीं हैं?''

''सबकुछ है, फिर भी मुझे जाना हो तो?''

''तुझे जो करना हो, वह सब मैं करने नहीं दूँगी।''

''लेकिन मम्मी, फिलाडेल्फिया यूनिवर्सिटी कितनी प्रेस्टीजियस है।''

''इस देश में भी प्रेस्टीजियस यूनिवर्सिटी हैं।''

''माँ, तू समझती नहीं है।''

''यही बात मैं भी कह सकती हूँ।''

''माँ, प्लीज!''

''मैं तुझे अकेली, हजारों किलोमीटर दूर भेजने वाली नहीं। कैसे-कैसे किस्से सुनने में आते हैं। तुझे क्या पता, यहाँ हमारी जान हमेशा सूली पर टँगी रहेगी।''

''लेकिन...''

आखिरकार तुम दोनों के बीच में मुझे आना पड़ा और मैंने कहा था, ''अभी एडमिशन मिला नहीं है। यह सारी चर्चा हम एडमिशन मिल जाने के बाद कर सकेंगे...''

कई बार आँखें बंद करूँ तो तेरे और तेरी माँ के बीच होते संवाद मैं सुन सकता हूँ।

तुझे फिलाडेल्फिया यूनिवर्सिटी में दाखिला मिल गया और जिस उत्साह से तू घर आई थी, उसके बाद सचमुच तेरी मम्मी और दादी के चेहरे देखने लायक थे।

तेरी दादी ऐसा मानती थीं कि तू प्रयत्न तो कर रही है, लेकिन तुझे दाखिला नहीं मिलेगा।

जबकि तेरी मम्मी पैसे की चिंता कर रही थी, ''विदेशी विश्वविद्यालयों की महँगी पढ़ाई का बोझ क्या हम उठा सकते हैं?'' ऐसा कहती हुई वह तुझे किसी भी प्रकार से जाने से रोकना चाहती थी; लेकिन जब सचमुच तेरे जाने की बात तय हो गई तो वह एकदम ढीली पड़ गई।

तेरी शॉपिंग, तेरे पेपर्स, बैंक लोन और बाकी सारी विधि-प्रक्रिया चलती रही। तेरी माँ सब मदद करती, भागम-भाग करती, लेकिन उसके अंदर एक खालीपन फैलता गया। यह सिर्फ मुझे समझ में आता था।

रात को कई बार अचानक मेरे बाजू में आकर मेरे कंधे पर सिर रखकर वह रोने लगती। मैं उसे समझाता, लेकिन मेरी आँखों में भी आँसू आ जाते।

आखिर तेरे जाने का दिन आ गया। आखिरी घड़ी तक तेरी मम्मी तेरी छोटी-मोटी पैकिंग करती रही। अगर उससे संभव होता तो वह फिलाडेल्फिया तक तुझे छोड़ने आती। मुझे पहली बार समझ में आया कि प्रैक्टिकल होने का दावा करती और छोटी-छोटी बातों में मजबूत दिखाई देनेवाली तेरी मम्मी तेरे बारे में कितनी इमोशनल है!

मुझे लगता है कि आज मुझे सचमुच उसे सँभालना पड़ेगा।

लेकिन मैं उसे आनंद कराऊँगा। हर बार की तरह सत्यनारायण की कथा और लंच तो है ही। इसका मतलब है कि आधा दिन तो वह मेहमानों में व्यस्त रहेगी और दौड़-धूप में समय बीत जाएगा। शेष आधे दिन में दो-चार बार तो तेरी माँ रोएगी ही।

इस बारे में तेरी दादी काफी मजबूत है। संवेदनाओं को आँसू की भाषा में व्यक्त करते मैंने उन्हें शायद ही देखा हो। दादाजी जब पूरे हुए, तब फूट-फूटकर रोई थी मेरी माँ।

तब अपने दो चंदू चाचा हैं न? पीजावाले।

मुझे बराबर याद है, मैं तब अठारह वर्ष का था। यहाँ अपने घर के बरांडे में बैठी तेरी दादी रोती थी। दादाजी की मृत्यु को अभी चौबीस घंटे ही हुए थे और चंदू चाचा दादी की बाजू में ही बैठे थे। उन्होंने अपनी बुलंद आवाज में, खरखराहट भरी आवाज में कहा था, "सुशीला, अब रोने से काम नहीं चलेगा। अब तो तुझे माँ और बाप दोनों बनना है। तू रोती है, लेकिन तूने तो जिंदगी जी ली है। लेकिन इस मुश्किल से खड़े हुए अपने बच्चे को तो देख, उसपर कैसा वज्र टूटा है। उसके बारे में तो सोच। जिस उम्र में आनंद करना होता है, उस उम्र में उसके सामने सौ प्रश्न खड़े हो गए हैं और तू अपना दुखड़ा रोती है! तू ही अगर रोने बैठ जाएगी तो इस लड़के के सामने कौन देखेगा?"

इस वाक्य का दादी पर काफी असर पड़ा और दादी शांत हो गई थी। उस दिन से शुरू करके आज तक मैंने उन्हें शायद ही अपने सामने रोते हुए देखा होगा। तेरे दादाजी की बरसी हो या घर में कोई अन्य प्रसंग हो, पूरा करते समय आँखों

को पोंछते हुए मैंने अपनी माँ को देखा है। लेकिन 'आँख में कुछ गिर गया है' कहकर हमेशा मेरी बात को टाल जाती हैं वे।

उसके बाद जब मैंने अपने विवाह की बात की, तब उसे रोते हुए देखा, वह भी लगभग हर रोज।

वे किसी भी तरह इस विवाह को रोक नहीं सकती हैं, यह उन्हें समझ में आ गया। तब उन्होंने मेरे पर अपने आँसुओं का हथियार चलाना चाहा। प्रयत्न करके देख लिया, लेकिन तब भी चंदू चाचा ने मेरी मदद की। चंदू चाचा और मेरे पिता दोनों परम मित्र थे। मैं जब भी परेशान होता, उलझन में फँस जाता, तब हमेशा उनकी सलाह लेता। उन्होंने भी हमेशा एक पिता की तरह मेरी मदद की है, मेरा साथ दिया है।

जब मेरी शादी की चर्चा चल रही थी और दादी इसके एकदम विरोध में थी, तब चंदू चाचा एक दिन दादी पर जबरदस्त गुस्सा हुए थे और बोले, "सुशीला, हर बार तू माने, वही सत्य नहीं होता। तू छोटी उम्र में विधवा हो गई, यह सत्य है; लेकिन इस लड़के ने तुझे कभी कोई दुःख होने नहीं दिया, इतना तो तू मानती है न? आज वह अपनी जिंदगी जीना चाहता है, तब उसे अलग करके अपना प्रेम साबित करती है!" चंदू चाचा ने उस दिन एक बहुत सुंदर बात कही थी, "व्यक्ति ने स्वयं जो खो दिया हो, उसे उसका दुःख पहाड़ जैसा लगता है। लेकिन जिसे अभी कुछ मिला ही नहीं है, उसके दुःख को देखने की दृष्टि उस पहाड़ की ओटवाले व्यक्ति को होती ही नहीं है।"

आज मुझे यही विचार आते हैं। हम सब तो यहाँ इकट्ठा होंगे, एंजॉय भी करेंगे; जबकि तू तो एकदम अकेली होगी। हमारी अपेक्षा तेरा आज का दिन अधिक मुश्किल होगा। घर से दूर हमेशा घर ज्यादा याद आता है, ऐसा मेरा अपना अनुभव है।

घर एक ऐसा स्थान है, जहाँ व्यक्ति 'थैंक्यू' बोलता नहीं है, 'सॉरी' कहता नहीं है, हाथ मिलता नहीं है, बस आलिंगनबद्ध हो जाता है। घर की हर एक ईंट में भावना बसी होती है। घर के हर एक कोने में स्मृति होती है। फर्नीचर के हर टुकड़े में जिए गए पलों की धूल भरी होती है। वर्षों पहले घर की धूल में पड़े हुए कदम हम आज भी पहचान सकते हैं।

घर के दर्पण में वे सब चेहरे दिखाई देते हैं, जो घर में जी चुके हैं।

फ्रेम बनकर लटक रहे हरेक स्वजन घर के सोफे पर, रसोई या चौक में या बेडरूम में कभी-कभी तुम्हें दिखाई देते हैं। घर में गुजर गए स्वजनों की आवाजें

आँखें बंद करने पर उनकी प्रतिध्वनियाँ सुनी जा सकती हैं। घर वह जगह है, जहाँ फूट-फूटकर रोया जा सकता है, दिल खोलकर जोर-जोर से हँसा जा सकता है; पाँव पटककर, दाँत भींचकर अपनी जिद को सच्चा किया जा सकता है। अपनी बात गलत हो तो भी एक बार तो वह 'सच्ची' है, एक बार तो इस बात का स्वीकार करने का बाध्य किया जा सकता है, बेमतलब का क्रोध किया जा सकता है और बिना किसी कारण के घर में बसनेवाले लोगों को स्नेह—प्यार किया जा सकता है।

यह पत्र तुझे लिख रहा हूँ, तब डाइनिंग टेबल पर बैठा हूँ। तेरी माँ रसोईघर में महाराज के साथ कुछ खटपट कर रही है। दादी हर रोज की तरह झूले पर बैठकर माला जप रही हैं। माली आया है। वह सूखे पत्ते हटा रहा है, बगीचे में पौधों को डिजाइन से काट रहा है। यहाँ बारिश बस अब आई, अब आई कर रही है, पर अभी तक आई नहीं है। हम बारिश जितनी ही तेरे आने की राह देख रहे हैं।

बेटा, विदेश जाकर तेरी पढ़ने की इच्छा तो पूरी हो गई। मुझे इस बात का आनंद है और आज तेरी इस सालगिरह पर तुझे यह पत्र लिख रहा हूँ तो तुझे एक और बात कहनी है। यह दुनिया बहुत विशाल है। इस संसार में बहुत कुछ सीखना है; जानना, पढ़ना और अनुभव करना है।

दुनिया के जिस खंड में जी रही है तू, वह भौतिक संपत्ति की दृष्टि से संसार का सबसे अमीर देश कहलाता है। विशाल जमीनें, भरपूर खनिज और प्राकृतिक संपदाओं के साथ-साथ उस देश को कुदरत ने खुले हाथों से विविधता के तोहफे दिए हैं। अमेरिका एक ऐसा देश है, जिसने अपने आपको महासत्ता के रूप में साबित कर दिखाया है। वहाँ एक मिनट देर से पहुँचो तो पंद्रह मिनट का वेतन कट जाता है। कोई भी व्यक्ति कोई भी काम कर सकता है, काम की शर्म नहीं है। तुम जैसे चाहो, उस तरह के कपड़े पहन सकते हो। खाते-पीते काम किया जा सकता है और फिर भी तुम्हारा काम तुम्हें निश्चित किए गए समय में ही पूरा करना पड़ता है।

वहाँ घड़ी की सुइयों पर जीवन जिया जाता है और जिंदगी में काँटे उग जाते हैं।

भागते-दौड़ते-हाँफते सोमवार से शुक्रवार आता है और शनिवार को मानो सारा अमेरिका सुख खरीदने निकलता है।

सुख का अर्थ वहाँ अधिकतर 'सुविधा' होता है।

पल में वहाँ रिश्ता बँधता है और पल में ही टूट भी जाता है और टूटते रिश्ते मानव को रास्ते पर ले आते हैं। उस देश में विवाह करना आसान है, लेकिन तलाक लेना बहुत मुश्किल है। निरंतर दौड़ता, समृद्धि की तरंग में नहाता

वह देश भीड़ में घूमता रहता है। वहाँ एकांत में बेंचों पर सिर्फ वृद्ध लोग ही बैठते हैं।

उस देश में टेक्नोलॉजी है, सुविधाएँ हैं, डॉलर है—सरकार मेहरबान है और फास्ट फूड खाकर अमेरिकन्स पहलवान हैं। वजन उतारने के लिए न्यूट्रिशियन, दिमाग ठीक रखने के लिए मनोवैज्ञानिक के पास जाते अमेरिकन गलत स्पेलिंग लिखते हैं। अंग्रेजी उनके बाप की मिल्कियत है, ऐसा समझते हैं। वहाँ संवेदना के नाम पर सैकड़ों सवाल हैं। वचन के नाम पर वेदना है और आतंक की परछाइयाँ हैं; फिर भी यह देश खुश है, रंगीन मिजाज है, जिंदगी के हर पल को जी लेना सही मानता है। वहाँ जवानी मानव के होने का अर्थ है। वहाँ बुढ़ापा अर्थात् साँस लेती हुई लाशें हैं।

वह देश शरीर का देश है। बॉडी ओरिएंटेड समाज में शायद तुझे भी कभी अपने शरीर के साथ पहचान कर लेने की इच्छा जाग्रत् हो जाए, ऐसा हो सकता है। मैं पिता हूँ तेरा और एक पुरुष भी हूँ। फिर भी, तुझे कहता हूँ कि शरीर के संबंधों को भावना के बिना कभी मत जोड़ना। मनुष्य ही एक ऐसा प्राणी है, जो भावना और शरीर से एक-दूसरे तक पहुँचता है। हम लोग सेक्स को शिव और पार्वती के मिलन के रूप में पूजते हैं। 'ओम' हमारे यहाँ मैथुन का प्रतीक है, जिस शरीर के संबंध को अमेरिकी समाज मनोरंजन मानता है, या 'फेजुअल' लेता है, वह हमारे यहाँ मातृत्व की पहली सीढ़ी है। रजनीश सेक्स को चरम सीमा की समाधि के साथ जोड़ते हैं, अत: तुझे यह कहने का मन हो रहा है कि जिस देश में तू रहती है, उस देश में अपने आपको किसी भी रिश्ते में डालने से पहले एक बार सवाल पूछना।

ईश्वर ने जीवन के परम आनंद को प्रजनन के साथ जोड़ा है। एक जीव में से दूसरे जीव की उत्पत्ति होने की प्रक्रिया—सेक्स जीवन के परम आनंद का पल है।

जिस क्षण में तुम सबकुछ भूलकर सिर्फ परम सुख का आनंद करते हो, वह ध्यान की, समाधि की और सेक्स की अवस्था लगभग एक समान है। उस अवस्था को प्रजनन के साथ जोड़कर, रिप्रोडक्टिव सिस्टम के साथ जोड़कर सर्जनहार प्रकृति ने हमें यह समझाने का प्रयत्न किया है कि सिर्फ आनंद या उत्सुकता के लिए उठाए उन पलों का आनंद शायद नश्वर बन जाए।

सच्चा प्रवास तो मन से शुरू होता है। सेक्स या संभोग संवेदना की उत्तम अभिव्यक्ति है। तुम किसी को कितना चाहते हो, यह बात कहते हुए जब शब्द कम पड़ते हैं, तब शरीर उसकी अभिव्यक्ति देने में सहायता करता है।

जिस देश में तू है, वहाँ सेक्स को—संभोग को अधिकतर आनंद का एक साधन ही माना जाता है। शरीर पर आधारित यह समाज मन का अधिक ध्यान नहीं देता, उसे मानता नहीं है। आत्मा को तो जाननेवाले लोग उस देश में बहुत ही कम हैं।

तेरी चिंता रहती है, इस बात को स्वीकार करता हूँ।

मुझे मेरे संस्कार में, पालन-पोषण में विश्वास नहीं है—ऐसा नहीं है तू किसी के साथ शारीरिक संबंध जोड़ेगी तो मुझे बहुत बड़ा कल्चरल शॉक लगेगा, ऐसा भी नहीं है। मुझे तेरी भावनाओं की, संवेदनाओं की चिंता रहती है। तेरे कोमल मन को कोई अमुक प्रकार से गलत शब्दों के जाल में बाँधकर, झूठे वायदे देकर भरमा दे; तेरे साथ कोई ऐसा खेल न खेले, जिससे तू जीवन भर 'प्रेम' या 'पुरुष' शब्द के बारे में पूर्वग्रह बाँध ले।

भारतीय, और उसमें भी विशेषकर गुजराती, अभी भी लड़की के मामले में विशेष रूप से उदार नहीं हो सके हैं। मैं उनमें से नहीं हूँ, इस बात को तू भी समझ सकती होगी। मेरे लिए तेरा पालन-पोषण एक व्यक्ति के रूप में स्वस्थ पालन-पोषण हो, ये बहुत जरूरी था। जिस उम्र में तू उस देश में है, उस उम्र में आँखें चौंधिया जाने की पूरी-पूरी संभावना है। गलती किसी की भी नहीं है—न देश की, न उम्र की, न चमक-दमक की, ना, समय की।

बस, जो सीखना है, वह ये कि तू जो भी करे, पहले उसके बारे में सोचना। जहाँ तक मैं समझता हूँ, जो गुजराती लोग यहाँ से जिस समय गए थे, वे उसी समय पर फ्रीज हो गए हैं! वे लोग अभी भी यह मानते हैं कि भारत गरीब है, पिछड़ा हुआ है, थका-हाँफता गरीब देश है। विदेशी वस्तुओं के लिए यहाँ अभी भी उतना ही आकर्षण है, ऐसा अमेरिका में रहनेवाले प्रवासी भारतीय—नॉन रेजिडेंट इंडियन मानते हैं।

पूरे अमेरिकी नहीं बन सके और आधे हिंदुस्तानी भी नहीं रह सके, ऐसे ये लोग अपनी भारतीयता को बनाए रखने के प्रयास में मर-से गए हैं। संतानों को गुजराती कक्षाओं में भेजते हैं। किसी विशेष दिन या त्योहारों पर मंदिरों में उत्सव करते हैं। गुजराती नाटक, सुगम संगीत के कार्यक्रमों का आयोजन करके ऐसा मानते हैं कि ये लोग गुजराती भाषा को परदेस में जिंदा रखे हुए हैं। उनकी पत्नियाँ पतलून पहनकर मैक्डोनल्स से शुरू कर गैस स्टेशन, लॉण्ड्री, मोटेल और म्यूचुअल फंड तक के स्थानों में नौकरियाँ करती हैं—पति डॉलर गिनते हैं और रात को सोने से पहले उसे रुपए में कन्वर्ट करके मन-ही-मन खुश होते हैं।

उनकी बेटियाँ लेट नाइट डेट पर जाती हैं, तब जागते हैं और पासे पलटते

हुए उन्हें डॉलर की कीमत रुपए से भी कम लगती है। उनकी बेटियाँ गोरे लड़कों के साथ अमेरिकन एक्सेंट में बातें करते हुए हँसती हैं, तब उन्हें अपनी संस्कृति की नींव डगमगाती हुई लगती है। उनके लिए अमेरिका कमाई करनेवाला देश है, जीने के लिए नहीं।

वे सभी गुजराती अपने कमाए हुए डॉलरों को रुपए में कन्वर्ट करके गिनते हैं और खरीदारी करते समय हमेशा सस्ता सामान ढूँढ़ते हैं। अपनी संतानों को, खासकर बेटों को, शादी के लिए भारत में ले आते हैं। अक्तूबर से फरवरी तक गुजरात में उतर आनेवाले यायावरी पक्षियों की तरह ये एन.आर.आई. टोलियाँ ऊँची, पतली, गोरी, कंप्यूटर साइंस, इंजीनियरिंग या फार्मेसी की डिग्री रखनेवाली पुत्रवधुओं या जमाइयों को खोजते हैं। एक हफ्ते में विवाह तय हो जाता है। एच-1बी या सिटीजनशिप ग्रीनकार्ड की बातें होती हैं और विवाह की एक अलबल झरने के लिए छोड़कर वह टोली वापस उड़ी जाती है।

यह किसी देश को अपमानित करने की बात नहीं है, लेकिन हर देश की तरह इस देश के भी कुछ सत्य हैं। मैंने उन्हें देखा है और समझा है, अनुभव किया है और शायद इसीलिए पटेल होने के बावजूद मुझे अमेरिका की धरती के साथ माया का बंधन नहीं बँध सका।

तेरे जन्म से पहले एक बार, तू छोटी थी तब दूसरी बार और तू चौदह वर्ष की थी, तब तीसरी बार मैं अमेरिका हो आया हूँ। मुझे हर बार अलग-अलग रिश्तेदारों द्वारा अमेरिका में स्थायी होने के प्रलोभन मिले हैं। अमेरिका से एक बार नौकरी का अवसर तक मुझ तक पहुँचा है और फिर भी मुझे यह देश छोड़कर कहीं भी जाने की जरा भी इच्छा नहीं हुई है। मुझे लगता है—मेरे देश से अधिक सुख, शांति और स्नेह मुझे और कहीं नहीं मिला।

इसका कारण यह है कि इस देश में मेरी माँ, मेरी पत्नी और मेरी बेटी रहती हैं।

मेरे जीवन के सभी धन्य क्षण, सफलता या सुख इन तीन स्त्रियों के आस-पास ही बिखरे हुए हैं। मेरे लिए तुम तीन के अलावा सचमुच कुछ भी महत्त्वपूर्ण नहीं है।

तेरा जन्म मेरे लिए मेरे जीवन का सबसे धन्य क्षण था।

तेरी माँ ने मुझे तेरे जैसी सुंदर भेंट दी है—मुझे आज के दिन। आज का दिन मेरे लिए मेरे जीवन का सबसे श्रेष्ठ दिन है। ऐसा कहा जाता है कि डिलीवरी स्त्री का दूसरा जन्म होता है। आज के दिन तेरी मम्मी के साथ-साथ मेरा भी दूसरा जन्म हुआ है, अगर मैं ऐसा कहूँ तो बिल्कुल सच बोल रहा हूँ, ऐसा मानना।

तेरी मम्मी अंदर लेबर रूम में थी, तब बाहर लगभग उतनी ही पीड़ा में से मैं भी गुजरा हूँ और जिस पल मैंने तेरे रोने की आवाज सुनी, उस पल मानो मैंने साँस ली हो, मुझे ऐसा अहसास हुआ था।

आज के दिन वह सब मानो सिनेमा की रील की तरह याद आता है। शायद तू यहाँ नहीं है, इसलिए या फिर हर बार तू यहाँ होगी ही—रहने वाली ही है, ऐसा मानकर हमने आँखें बंद कर ली थीं। लेकिन आज आँखों के सामने जब सत्य आया, तब समझ में आया कि अब धीरे-धीरे तेरे बिना जीवन जीने की आदत डालनी पड़ेगी, मतलब?

बेटा, मुझे आज खयाल आता है कि तू विदेश से वापस आ जाएगी थोड़े से महीनों में, लेकिन आकर हमारे साथ कितना रहेगी? आखिर तो शादी करके तुझे अपने घर जाना ही पड़ेगा। पड़ेगा ना!

फिर एक बार मुझे मेरे ही दुःख पहाड़ जैसा होकर दिखाई देते हैं और विचार आता है कि हर बार स्त्री को ही क्यों विवाह करके दूसरे के घर जाना होता है? क्यों बेटी को ही माँ-बाप का घर छोड़ना पड़ता है? लेकिन फिर तुरंत यह विचार आता है कि मेरा बेटा होता और मुझे बहू लेकर आनी होती तो क्या मुझे यह विचार आता भी? क्या मैंने ऐसा सोचा होता?

इनसान का दिल कैसा है न, बेटा!

तू आज हमारे पास नहीं है, इस विचार से ही मानो दिन अधूरा हो गया है। लेकिन तू वहाँ आनंद करना। यहाँ सुबह सत्यनारायण की कथा होगी और शाम को पार्टी फिलाडेल्फिया में। आश्चर्य की बात नहीं है? एक ही वर्षगाँठ का जश्न चौबीस घंटे मनाया जाएगा। हमारे यहाँ की सुबह तेरे वहाँ की रात होगी और जब तेरे यहाँ शाम पड़ेगी, तब हम आधी रात को थककर याद करते हुए तेरे सपने देखते गहरी नींद में सो रहे होंगे!

दुनिया के दो अलग आधे भागों में जीते हुए हम मन से कितने जुड़े हुए हैं!

आस्थु बेटा, आज के दिन हम तुझे बहुत-बहुत 'मिस' करेंगे; लेकिन तू हमें 'मिस' मत करना, एंजॉय करना, पार्टी करना और इस नई दुनिया में मिले नए समय के भाग का तू पूरा-पूरा आनंद लेना।

अगले वर्ष जन्मदिन साथ मनाने की हम राह देखेंगे।

हैप्पी बर्थडे!

□

प्यारी आस्था, 23 वर्ष

आस्था,

मुझे मेरे जीवन की सफलता की घड़ी मानो आ गई है, ऐसी प्रतीति हुई थोड़े समय पहले।

जो बेटी अभी पालने में सोती थी, वह बात मानो अभी अतीत की बात नहीं है। वही बेटी अचानक कंधे पर पर्स लटकाकर, हेलमेट पहनकर, स्कूटर लेकर काम पर जाने लगी, यह बात मेरे लिए सचमुच आश्चर्यजनक बन गई है।

इनसान के रूप में जीव में कितने क्षण बहुत आनंद के, बहुत रोमांचकारी होते हैं! विशेषकर उसकी संतान अपने जीवन की पहली कमाई लाकर जब माता-पिता के हाथ में रखती है तो वह क्षण जिंदगी की सफलता का पल है, ऐसा अनुभव होता है।

ठीक दो महीने पहले तूने अपनी तनख्वाह लाकर मुझे दी, तब मुझे लगा कि तेरे प्रति मेरा पहला फर्ज पूरा हो गया। संतान आर्थिक रूप से निर्भर हो जाए, अपने पैरों पर खड़ी हो जाए तो समझो, माता-पिता की सबसे पहली जिम्मेदारी पूरी हो गई। हर समाज ऐसा मानता है।

घोंसले में रहते हुए बच्चों को पक्षी दाना लाकर खिलाते हैं, अपने बच्चों के लिए बाघिन या शेरनी शिकार करके लाते हैं—इसी तरह इनसान अपनी संतान को अच्छा पालन-पोषण, अच्छी शिक्षा और संस्कार देने का प्रयास करता है। पक्षी का बच्चा खुद उड़कर दाना चुगने लगे या शेर का बच्चा खुद शिकार करने लगे या इनसान का बच्चा खुद कमाई करने लगे, इसका मतलब है कि माता-पिता का पहला फर्ज पूरा हो गया।

समाज ने दो प्रकार के वर्ग खड़े किए हैं, जिसमें स्त्री और पुरुष के लिए कार्य निश्चित किए गए हैं। खाना बनानेवाला (फूड मेकर) और खाना लानेवाला (फूड चेइजर)। इन दो विभागों में संस्कृति के बीज जब से रोपे गए, तब से बना दिए गए हैं। आदि मानव जब टोलियों में रहता था और गुफाओं में बसेरा था उसका,

तब भी पुरुष शिकार करते और स्त्रियाँ भोजन पकातीं या बाल-बच्चों की देखभाल जैसे कार्य करतीं, ये कार्य निश्चित किए गए थे।

बहुत लंबे समय तक स्त्री के लिए घर से बाहर की दुनिया खुली ही नहीं थी। 'मनुस्मृति' के अनुसार, स्त्री को संतान को जन्म देने के लिए—संतानोत्पत्ति की आवश्यकता के लिए गिना गया है। मनु ने पत्नी के संदर्भ में विरोधाभासी विचार दिए हैं। एक क्षण में स्त्री को देवी का दर्जा दिया तो दूसरे ही क्षण उसे दासी से विशेष उसका कोई महत्त्व नहीं है, इस बात का अहसास करवाया। 'मनुस्मृति' के भाष्यकर्ता मेघतिथि एक श्लोक में कहते हैं कि, पति को खुश रखने के लिए पत्नी को निरंतर प्रयत्नशील रहना चाहिए। पत्नी दुःखी, उदास या क्रोध में हो तो भी पति के सामने मुसकराते हुए उपस्थित होना चाहिए। अगर पत्नी गुस्से में ही रहती है तो अपने चेहरे का सौंदर्य समाप्त कर बैठती है और पति के हृदय में प्रेम जाग्रत् नहीं कर सकती। इसके फलस्वरूप पति पत्नी की तरफ आकर्षित नहीं हो पाता और संतानोत्पत्ति नहीं हो सकती।

वेदकाल का संपूर्ण अभ्यास करने के बाद कहा जा सकता है कि उस समय में पत्नी का स्थान अत्यंत महत्त्वपूर्ण था। पत्नी गृहसम्राज्ञी थी, पति के साथ कंधे से कंधा मिलाकर चलती थी। वे पति के साथ चलनेवाली सही अर्थों में साथी थीं। राजाओं और ऋषियों के अलावा सभी जगह एक-पतित्व और एक-पत्नीत्व की प्रथा ही प्रचलित थी। उपनिषद् में भी पति की अपेक्षा पत्नी का स्थान किसी भी तरह से निम्न नहीं था।

इसी प्रकार बेटी के लिए भी सभी जगह सम्मान दिखाई पड़ता था। विदेशी शोधक वाइल्डरेथ वर्थ पिन्कहाम 'विदुषी' शब्द का अर्थ 'पंडिता' या 'शिक्षित पुत्री' मानते हैं। उन्होंने लिखा है कि ''वेद में पुत्री के जन्म पर भी विधि है। तीन दिन की इस विधि के बाद एक श्लोक के साथ अर्घ्य दिया जाता है। इस श्लोक में कहा गया है कि ''मेरी पुत्री विदुषी हो, सौ वर्ष जिए, विद्वानों की सभा में निर्भय होकर प्रवेश करे। उसकी वाणी कर्णप्रिय हो और श्रेष्ठ रूप से संसार को चलाए।''

आज जब लोग स्त्री भ्रूण-हत्या करने लगे हैं, तब मुझे सचमुच यह विचार आता है कि देवियों की पूजा करनेवाले इस देश में यह क्या हो रहा है?

एक बेटा, जो कुछ कर सकता है, वह सब अब बेटी भी करने लगी हैं। कमा सकती है, गाड़ी चला सकती है, हवाई जहाज उड़ा सकती है, पुलिस व सेना में भरती हो सकती है, फिर भी वह संवेदनशील स्त्री है। भावनाओं से भरी बेटी है, प्रेममयी माँ है।

एक समय ऐसा था, जब पुरुष और स्त्री के बीच भेद स्पष्ट थे। पुरुष खाना लानेवाले और स्त्री भोजन पकानेवाली के रूप में पहचाने जाते थे। समय के बदलाव के साथ यह विभाग रेखा एक तरफ से मिटती चली गई।

तू समझी, मैं क्या कह रहा हूँ? आज भी फूड मेकर या खाना बनानेवाला या घर की देखभाल करने या बच्चों के पालन-पोषण के रूप में स्त्री को ही देखा जाता है; परंतु अब स्त्रियाँ फूड चेइजर के विभाग में भी कदम रख चुकी हैं, जिस कारण से उनके पास आर्थिक स्वतंत्रता आ गई है।

आजकल अधिकांश माता-पिता बेटी को पढ़ाकर 'अपने पाँव पर खड़ा' करना चाहते हैं। ८० के दशक या उससे पहले जनमी सभी आधुनिक स्त्रियाँ 'कमाऊ जीवन' की आवश्यकता को समझती हैं।

स्त्री की आर्थिक स्वतंत्रता और आत्मविश्वास एक बहुत ही महत्त्वपूर्ण हिस्सा है—लगभग हर समाज, हर भाषा और हर प्रांत इस बात को कम या अधिक मात्रा में समझने लगा है।

समय बदल गया है, यह सत्य है। घर में दो लोगों का वेतन आता हो तो अलग तरह का लाइफ स्टाइल यानी जीवन जीने का तरीका ही बदल सकता है। 'दूसरों की बराबरी' हो सकती है, यह सच है, लेकिन दूसरों की बराबरी करते-करते पति-पत्नी कब एक-दूसरे की बराबरी करने लगते हैं, पता ही नहीं चलता। अधिकतर पति अपने आपको 'उदार' कहलाना पसंद करते हैं। स्त्री की आर्थिक स्वतंत्रता का विचार हमने पश्चिम से उधार लिया है। पश्चिम की दिशा पद्धति की तरह, औद्योगिक क्रांति की तरह यह विचार हमने अपनाया तो सही, लेकिन यह संपूर्ण रूप से हमें पचा नहीं है।

कल तक स्त्री सिर्फ और सिर्फ गृहिणी या माँ, पत्नी या पुत्रवधू के पात्र में ही अपना पूरा जीवन व्यतीत करती थी। उसकी आँखों में अपने निजी कैरियर के बारे में कोई खास सपने नहीं थे। उसने कभी अपनी निजी पहचान के बारे में भी विचार तक नहीं किया था। किसी की बेटी और किसी की माँ बनकर खुश रहनेवाली इस स्त्री को अचानक ही यह समझ में आया कि उसके पास अपार संभावनाएँ भरी हैं। दो समय का खाना बनाना या बच्चों की देख-रेख करना... अचार, बड़ियाँ, पापड़, अनाज और दाल-भाजी के बाहर भी एक दुनिया है और यह दुनिया उसे आकर्षित करने लगी।

तेरी दादी के लिए नौकरी करने का विचार भी आकाश को छूने बराबर था—असंभव। तेरी माँ अपने समय में आर्थिक रूप से स्वतंत्र हो, ऐसी बहुत कम स्त्रियों

में से एक थी। जबकि तेरे समय की लड़कियाँ आर्थिक रूप से स्वतंत्रता को जीवन की आवश्यकता के साथ जोड़ने लगी हैं। उन्हें लगता है कि आज के समय में आर्थिक रूप से स्वतंत्रता जरूरी ही नहीं, अति आवश्यक—अनिवार्य है। सच पूछो तो मैं आर्थिक स्वतंत्रता का हिमायती हूँ। आर्थिक स्वतंत्रता ही क्यों, मैं तो स्वतंत्रता का हिमायती हूँ—सिर्फ स्त्री ही नहीं, पुरुष की भी; क्योंकि किसी को किसी पर आधारित होकर नहीं जीना चाहिए।

अगर स्त्री 'फूड चेइजर' की दुनिया में कदम रख सकती है तो पुरुष को भी 'फूड मेकर' बनने की कोशिश करनी ही चाहिए।

मैं रसोई में तुम्हारी माँ की मदद करूँ और तेरी मम्मी नौकरी करे, शुरू के दिनों में तेरी दादी को यह पसंद नहीं था; लेकिन धीरे-धीरे उसे समझ में आया कि तेरी मम्मी अलग प्रकार की स्त्री है। उसका पालन-पोषण अलग तरह से हुआ है। उसकी मान्यताएँ अन्य स्त्रियों की अपेक्षा अलग हैं। मैं मानता हूँ, वहाँ तक तू भी वैसी ही है। इसीलिए जब तूने अपनी पहली कमाई मुझे लाकर दी, तब मुझे लगा कि तू अब अपने जीवन के निर्णय स्वतंत्र रूप से और स्पष्ट रूप से ले सकेगी। देख बेटा, पैसा कमाने के साथ मैंने कभी भी सफलता को जोड़ा नहीं है। बहुत अधिक कमाई करनेवाला मनुष्य भी निजी तौर पर असफल व्यक्ति हो सकता है।

मैं चाहता हूँ कि तेरी आर्थिक स्वतंत्रता तेरा आत्मसम्मान बढ़ाने में, तुझे तेरे निर्णय लेने में और तुझे तेरे हिसाब से जीवन जीने में सहायक सिद्ध हो। जहाँ तक मैं समझा हूँ, वहाँ तक आर्थिक स्वतंत्रता के तीन बड़े फायदे हैं।

अधिकतर परिवारों में बेटी की कमाई को एक अलग तरह से देखा जाता है। 'बेटी की कमाई', 'बेटी का घर'—ऐसे कई शब्द हैं, जो मुझे कभी अच्छे नहीं लगे। मेरे लिए मेरी बेटी मेरे बेटे के समान है। तूने देखा होगा कि मैंने कभी भी तेरे पालन-पोषण में तू लड़की है, इसलिए तेरे साथ उस प्रकार का व्यवहार नहीं किया है। मेरे लिए तू मेरी संतान ही रही है और चाहता हूँ कि जीवन भर ऐसा ही रहे।

बेटा, मैं तुझे बहुत चाहता हूँ और चाहता हूँ कि तुझे जीवन की कई कड़वी बातें भी अभी समझ में आने लगें; क्योंकि जिंदगी फूलों का बिछौना नहीं है। जीवन की कई वस्तुएँ ऐसी हैं, जिनका हमारी इच्छा या अनिच्छा के साथ कोई लंबा संबंध नहीं है। ऐसी ही एक बात है आर्थिक आवश्यकता। ऐसे देखा जाए तो पैसा बिल्कुल जरूरी नहीं है, लेकिन दूसरी तरह से विचार करो तो पैसे के बिना दुनिया में एक कदम भी बढ़ाया नहीं जा सकता।

बेटा, मैं चाहता हूँ कि तू इस बात को बहुत ही स्पष्ट रूप से समझे और जीवन में जो सुविधाएँ तुझे प्राप्त हैं, उन्हें जीवन की अनिवार्य आवश्यकताएँ न समझ उनसे अलग होकर जीवन जीने का प्रयत्न करे।

यह तुझे इसलिए कह रहा हूँ, पैसे से जुड़ी हुई बहुत सारी बातों में से एक है लालच, लोभ और उसकी बढ़ती जाती आवश्यकताएँ। ये बढ़ती जाती आवश्यकताएँ धीरे-धीरे तुझे अधिक, और अधिक, और अधिक का अहसास कराएँगी। लेकिन बेटा, उन सबका एक निश्चित अंत तय कर रखना, क्योंकि अधिक की यात्रा कहीं भी अटकने नहीं देगी। मैं चाहता हूँ कि तू अपने जीवन के तमाम सुख सच्चे अर्थों में जिए, जिनके लिए रुकना, अटकना और साँस लेना अनिवार्य है।

बेटा, मेरे लिए यह बहुत ही आनंद का दिन है। जब तू अपनी कमाई में से मेरे लिए कुछ खरीदकर लाई और जब मैंने तुझे रोकने का प्रयत्न किया, तब तूने मुझसे कहा कि "पापा, पूरे जीवन आपने मुझे कितना कुछ दिया है! अब मेरी बारी है।" तब मुझे लगा कि मुझे वह सब मिल गया, जिसकी मैंने कभी कल्पना की थी।

गलत नहीं बोलूँगा, जैसे तेरी दादी मुझसे कुछ अपेक्षाएँ रखती थीं, उतनी सारी तो नहीं, लेकिन छोटी-छोटी अपेक्षाएँ तो मैंने तुझसे रखी ही हैं। तेरी तनख्वाह में से लाई गई वह शर्ट मैंने ऑफिस में लगभग सभी को दिखाई।

हर माँ-बाप अपनी संतानों से कुछेक अपेक्षाएँ तो रखते ही हैं। जो स्वयं वे अपने जीवन में नहीं कर सके, वह सब उनकी संतानें करें, कर सकें। स्वयं जो प्राप्त नहीं कर सके या सब उनकी संतानें प्राप्त करें या वे जहाँ नहीं पहुँच सके, वहाँ उनकी संतानें पहुँचें, ऐसी आशाओं के साथ अधिकतर माता-पिता अपने बच्चों का पालन-पोषण करते हैं। मेरी आकांक्षाएँ तू पूरी करे, ऐसी कोई भी आशा मुझे नहीं थी। मैं जीवन में जो-जो नहीं कर सका, वह सब तू करे, ऐसा मैंने सपने में भी विचार नहीं किया।

लेकिन हाँ, जो सुख मुझे नहीं मिला, वह तुझे मिले; जो सुविधाएँ मुझे नहीं मिलीं, उनका आनंद तू उठाए; जो सुविधाएँ मेरे लिए दुर्लभ थीं, वे तेरे लिए सरल हों, ऐसा प्रयत्न मैंने अवश्य किया है। तू अपने जीवन में सुखी हो, इस देश की एक अच्छी नागरिक बने और जब माँ बने, तब एक अच्छी माँ बनकर देश के अच्छे नागरिकों का पालन-पोषण करने के अलावा तुझसे मुझे और कोई अपेक्षा नहीं है।

अब जब सुखी होने की बात करते हैं, तब मैं जिसे सुख मानता हूँ, वह तेरे लिए सुख न भी हो, ऐसा संभव है। मुझे ऐसा लगे कि तू खूब घूमे, बहुत पढ़े,

दुनिया देखे, अच्छे-अच्छे लोगों से मिले और अपने जीवन में भरपूर सुख का आनंद ले; लेकिन हो सकता है, तू शायद अधिक कमाई को, किसी पद या प्रोपर्टी को सुख मानती हो।

जैसे कि मेरे साथ बिताई एक शाम तेरी माँ के लिए 'सुख' है। मैं कुछ न करूँ और शांति से बैठकर सिर्फ उसकी बातें सुनूँ तो उसे परम संतोष प्राप्त हो जाएगा। जबकि मेरे लिए धीरे-धीरे एकांत सुख बनता जा रहा है। घंटों तक चलते जाना, प्रकृति के सान्निध्य में रहना, अच्छा संगीत सुनना मुझे सुखकर लगता है।

तेरी माँ की बातें सुनना अच्छा नहीं लगता, ऐसी बात नहीं है, ठीक है। लेकिन मौन में भी सुख होता है, ऐसा कुछ समय पहले ही मुझे समझ में आया है और मौन रहकर धीरे-धीरे मैं अपनी तरफ आ रहा हूँ, यह अनुभूति मुझे बहुत सुख देती है।

वैसे, देखा जाए तो सदियों से मानव एक ही वस्तु की खोज कर रहा है, वह है 'सुख'।

जहाँ मन ठंडा होकर बैठ सके, तरंगों को निकाल पालथी यानी चौकड़ी मारकर बैठ सके, खिलखिलाकर हँस सके, भरपेट खाना खाकर दोपहर को सो सके, जहाँ 'ना' कहना हो वहाँ 'ना' कहा जा सके और 'हाँ' कहना हो वहाँ औपचारिकतावश या संकोच के बिना सीधा 'हाँ' कह सके, उसका नाम सुख है। अथवा किसी का हाथ पकड़कर समुद्र किनारे डूबते हुए सूरज को देखते रहना—एक शब्द भी बोले बिना एक-दूसरे को सबकुछ कह देने का नाम सुख है!

तुम्हारे बाजू में सोया हुआ व्यक्ति पासा पलटता हो और तुमको भी नींद न आए, उसका नाम सुख है? या तुम्हारी नींद उड़ गई हो, गले को भिगोता खारा पानी तुम्हारा तकिया रात भर भिगोए और बाजूवाला व्यक्ति इस बात से भी अनजान हो—खर्राटे मार रहा हो, उसका नाम सुख है?

नवजात शिशु को हाथ में लेकर ईश्वर पर फिर एक बार उभरनेवाली श्रद्धा का नाम सुख है? या किसी की आँखों में देखकर संख्याबद्ध याद आ जानेवाले अतीत के प्रसंगों का नाम सुख है?

सवाल सिर्फ यह उठता है कि हरेक के लिए सुख का अपना ही अर्थ है। क्यों है यह अर्थ?

सदियों से मानव सुख की तलाश में है, परंतु उसे उसकी परिभाषा का सुख नहीं मिलता है। उसे हमेशा दूसरे ही लोग सुखी लगते हैं। परंतु वह भूल जाता है कि जिन्हें वह सुखी मानता है, उनके लिए वह खुद 'दूसरे लोगों' की सूची में आता है।

सच पूछो तो सुख हमारे साथ ही होता है। सामनेवाली टेबल पर, सामने वाली कुरसी पर, घर में, बगीचे में सुबह-शाम वॉक करता है अपने साथ। एस.एम.एस. पर होनेवाले मैसेजेस के आदान-प्रदान में, भूल चुकी एक पंक्ति को गुनगुनाने में, वर्षों से न मिले हों, ऐसे एक मित्र को रास्ते में मिल जाएँ और वह तुम्हें पहचान ले—उसमें, वर्षों से न गए हों—ऐसे स्थल पर जाकर कुछ क्षण खड़े रहने में, आधा दिन छुट्टी लेकर बीमार मित्र के यहाँ जाकर बातचीत करने में, पत्नी के लिए गजरा लाने में, जिसे कभी खूब चाहा हो और उसे कभी याद करने में तो जिसे 'कभी माफ नहीं करूँ', ऐसा तय किया हो—उसे कभी पोस्टकार्ड लिखने या फोन करने में।

सुख एक-डेढ़ फीट दूर समानांतर ही चलता होता है। तुम्हारी राह देखता, तुम हाथ लंबा कर उसे छू लो तो वह पूरे-का-पूरा तुम में समा जाता है।

इनसान सुख माँगता है—उसे पैसे के साथ जोड़कर, संपत्ति में कन्वर्ट करके सुख ढूँढ़ने के लिए निरंतर दौड़ता रहता है। दौड़ते हुए मानव को अचानक यह समझ में आता है कि उसके पास जो है, वह पैसा है, संपत्ति है, सुविधाएँ हैं; लेकिन इनमें से किसी का नाम सुख नहीं है।

संपत्ति, सत्ता या सुविधा तुम्हें वह नहीं दे सकता, जिसे तुम्हें सुख कहना है।

बेटा, पिछले दो महीने से तेरे पैसे आते हैं। तेरे अर्थात् तेरे कमाए हुए, तेरी मेहनत से मिले पैसे।

इनसान और जानवर के बीच अगर कोई फर्क होता है तो उसमें से एक महत्त्वपूर्ण अंतर है यह पैसा।

आज से कितने ही वर्षों पहले जब लेन-देन के लिए 'बार्टर सिस्टम' का उपयोग होता था, तब से शुरू करके आज तक अर्थतंत्र पर आधारित यह दुनिया गोल घूमती रही है। जिसके पास अधिक पैसा, उसके पास अधिक पावर। ऐसी एक मान्यता आज के इस युग में प्रचलित है।

'मनी इज ए बाइंग पावर, यू कैन ओनली बाय समथिंग विच इज सोल्ड इन द मार्केट।'

अब क्या बिकता है और क्या नहीं बिकता है, इसकी चर्चा सदियों से चलती आ रही है, जिसके बारे में किसी तरह की स्पष्ट परिभाषाएँ आज तक मानव नहीं कर सका है। देख बेटा, ऐसा कहा जाता है कि पैसा दुनिया की सबसे जरूरी और सबसे बेकार वस्तु है। पैसे के बिना दुनिया में कुछ भी नहीं हो सकता और फिर भी चाहे जितने भी पैसे हों तो भी अमुक—यानी कुछ वस्तुएँ कभी भी खरीदी नहीं जा सकतीं।

वैसे, देखा जाए तो मानव की नैतिकता से शुरू करके मानव की मेहनत तक सभी कुछ बिकता है—और वैसे देखा जाए तो मानव के मन से लेकर मानव की मृत्यु तक कुछ भी खरीदा नहीं जा सकता।

पैसे तुम्हें अमुक प्रकार की स्वतंत्रता देता है। स्वयं को जो करना हो, वह करने की स्वतंत्रता, खरीदारी करने, घूमने-फिरने, खाने-पीने, मौज-शौक करने की ऐसी स्वतंत्रता, जिसे हम सुख मानने की भूल करते हैं।

बेटा, आर्थिक स्वतंत्रता मानव को एक दिशा बताती है। ऐसी दिशा, जिसकी तरफ दुनिया का हर व्यक्ति जाना चाहता है। सफल होने के लिए बाजार में तरह-तरह की पुस्तकें मिलती हैं। क्राइसिस मैनेजमेंट, लीडरशिप, स्ट्रेस मैनेजमेंट, टाइम मैनेजमेंट और दूसरी कितनी ही वस्तुओं को सिखाने की पुस्तकों से बाजार भरने लगा है। लेकिन मुझे हमेशा ऐसा लगता है कि ये सब वस्तुएँ व्यावहारिक रूप में अमल में लाकर ही सीखी जा सकती हैं। जिंदगी एक प्रयोगशाला जैसी है, बेटा। उसमें तुम जो-जो प्रयोग करते जाओ, उस प्रयोग के परिणाम तुम्हें कुछ-न-कुछ सिखाते ही हैं। हर समय ये परिणाम सुखद ही होंगे, यह जरूरी नहीं है। कई बार दुःखद परिणाम भी तुम्हें कुछ सिखा जाते हैं। बेटा, जिंदगी में सुख ढूँढ़ने निकले हर व्यक्ति को सुख मिलेगा ही, यह जरूरी नहीं है।

फिर, सच कहूँ तो सुख की परिभाषा हर व्यक्ति के लिए अलग होती है और हँसना आए, ऐसी बात तो यह होती है कि यह परिभाषा समय-समय पर बदलती रहती है। पाँच वर्ष के बच्चे के लिए सुख, पच्चीस वर्ष के जवान का सुख और पचास वर्ष के इनसान का सुख—तीनों अलग ही होते हैं। और फिर, सुख आवश्यकता पर आधारित होता है, ऐसा भी माना जाता है। साधु-संत कहते हैं कि जितनी आवश्यकता कम, उतनी ही सुख की मात्रा अधिक होती है; लेकिन मैं ऐसा नहीं मानता हूँ। मैं ऐसा मानता हूँ कि सुख सिर्फ और सिर्फ एक ऐसी भावना है, जिसे हमें अपने अंदर ही ढूँढ़ना पड़ता है। चाहे जितना हमने पाया हो, फिर भी सुखी नहीं हुआ जा सकता और कुछ भी पास न हो, फिर भी व्यक्ति सुख में डूबा हुआ दिखाई दे, ऐसा भी होता है।

बेटा, यहाँ एक बात याद आ रही है। कभी तू अपने आपसे यह प्रश्न पूछ लेना कि जब रात को सो जाती है, तब ऐसी श्रद्धा कहाँ से आती है कि सुबह सूरज उगेगा ही। तूने कभी भगवान् को देखा नहीं है, फिर भी किस आधार पर तू उसे मानती है? हमने तुझसे कहा कि तू हमारी बेटी है, इसलिए तू इसे मानती है; लेकिन तेरे पास ऐसा कोई प्रूफ या साक्षी है इस बारे में? बेटा, सुख के बारे में

भी ऐसा ही है। हम मानते हैं कि सुख है, इसलिए उसे ढूँढ़ते हैं; लेकिन सुख नाम की भावनाओं का कोई प्रूफ, कोई आधार है हमारे पास? है कोई प्रमाण उसका? क्या हो तो सुख, क्या मिले तो सुख, कहाँ पहुँचे तो सुख, किसके साथ जिएँ तो सुख? ऐसे सारे सवालों के उत्तर जब से मानव समझने लगा, तब से उन्हें खोजने लगा है। लेकिन अभी तक ये सवाल निरुत्तर ही रहे हैं।

बुद्ध ने जब घर छोड़ा और महान् संत बनकर वापस घर आए, तब उनकी पत्नी यशोधरा ने उनसे पूछा, "क्या ये सुख तुम्हें घर के बाहर ही मिल सका? क्या अपनी जिम्मेदारियाँ निभाते-निभाते यह सुख घर में ही नहीं खोजा जा सकता था?" यशोधरा का यह सवाल मुझे आज भी सवाल ही लगता है।

दादूदयाल, कबीर, ज्ञानेश्वर, तुकाराम जैसे संतों ने अपने अंदर ही सुख ढूँढ़ने का प्रयत्न किया। मीरा को प्रेम में सुख मिला तो नरसिंह को वैराग्य में।

तू भी अपना सुख ढूँढ़ेगी। जिसे ढूँढ़ने के लिए तू निकलेगी, वह शायद तेरे आस-पास ही हो और तू अपनी खोज में उसे ही पीछे छोड़कर निकल जाए, ऐसा न हो, इसका तू खयाल रखना।

बेटा, हम सब ही अधूरे हैं और अपने अंदर एक इच्छा है, जो हम सबको दौड़ाती रहती है। आज कम्युनिकेशन के साधनों ने दुनिया छोटी कर डाली है, लेकिन इसके साथ-ही-साथ दिल भी छोटे होते गए हैं। एक-दूसरे को नजदीक ले आने के लिए उपयोग में लाए जानेवाले ये साधन शायद मानव को दूर ले गए हैं। ई-मेल पर बात करना अच्छा लगता है, ऐसा संभव है। तेरा भेजा हुआ संदेश एक ही मिनट में दुनिया के दूसरे कोने पर पहुँच जाए, ऐसा हो सकता है; लेकिन उस संदेश में हस्ताक्षर नहीं होंगे। उस संदेश को सँभालकर रख। वर्षों के बाद देखना हो तो उसके प्रिंट आउट की सुविधा तो है, लेकिन उस छपे हुए कागज पर मरोड़दार अक्षरों का भावना भरा गीलापन मिल सकेगा क्या?

बात हम आर्थिक स्वतंत्रता की कर रहे थे और मैं तुझे कहाँ ले आया?

लेकिन बेटा, आर्थिक स्वतंत्रता का भी कुछ ऐसा ही मामला है। आज जो पैसे तुझे सुख दे रहे हैं, वही पैसा धीरे-धीरे तुम्हारा व्यसन बन जाता है। आज जिन सुविधाओं की कामना तुम्हें कमाने की तरफ, मेहनत करने की तरफ ले जाती है, वही सुविधाएँ धीरे-धीरे तुम्हारी आदत बन जाती हैं। फिर इनसान मशीन बनता जाता है और आवक अनिवार्य आवश्यकता। और अधिक प्राप्ति की यह कामना तुम्हें ऐसी दिशा में ले जाती है, जहाँ सिर्फ और सिर्फ एकाकीपन और फ्रस्ट्रेशन होती है।

जिंदा रहने के लिए थोड़े-थोड़े अभावों का होना भी जरूरी है, बेटा! तेरी मम्मी अभी थोड़े दिन पहले ही कह रही थी कि छोटे घर में हम लोग सब एक-दूसरे के थोड़ा ज्यादा नजदीक थे। अब इस बड़े घर में सबके पास अपना-अपना कमरा है और हम मुश्किल से ही एक-दूसरे के साथ समय बिता पाते हैं। इसी तरह जब एक ही टेलीविजन था, तब हम सब एक ही रूम में बैठकर टी.वी. देखते थे। अब तू, तेरी मम्मी और दादी अपने-अपने कमरे में टेलीविजन देखते हैं। मुझे लगता है कि अधिक सुविधाएँ मानव को मानव से दूर ले जाती हैं।

हालाँकि यह मुझे लगता है। हाँ, मैं सच्चा ही होऊँ, यह जरूरी नहीं है।

अनुभव के आधार पर ही तू मेरी बात को स्वीकार कर सकती है या तू इस पूरी बात को अपने तरीके से गलत भी साबित कर सकती है। हाँ, अगर ऐसा होगा तो मुझे बहुत अच्छा ही लगेगा।

वैसे भी, पुरानी पीढ़ी की सभी परिभाषाएँ नई पीढ़ी फिर से लिखनी ही होती हैं और नई पीढ़ी की परिभाषाएँ पुरानी पीढ़ी के अनुभवों, शिक्षाओं एवं चेतावनियों के आधार पर कुछ बिल्कुल नया, सबसे अलग ही तैयार करती रहती हैं।

बेटा, आज के दिन तू अपने सुखों को अपनी तरह से ढूँढ़ सके, ऐसा मेरा तुझे आशीर्वाद है।

तेरी स्वतंत्र कमाई और उसमें से प्राप्त आर्थिक स्वतंत्रता तुझे तेरे सुख ढूँढ़ने में यथोचित मदद करे, ऐसी भी मेरी कामना है।

सिर्फ सुख और सुविधाएँ, सुख और संपत्ति, सुख और स्टेटस, सुख और पावर जैसे शब्द एक-दूसरे में मिश्रित न हो जाएँ, इस बात का भी तू खयाल रखना, देखती रहना।

आज के दिन तू हम तीनों को बाहर खाना खिलाने के लिए ले जाने वाली है, इस बात का मुझे जितना उत्साह है, उतना पिछले सौ वर्ष में किसी पिता को नहीं हुआ होगा और आनेवाले सौ वर्षों में भी नहीं होगा, इसका मुझे विश्वास है।

हैप्पी बर्थडे!

□

प्यारी आस्था, 24 वर्ष

आस्था,

हैप्पी बर्थडे!

जानता हूँ कि तू गुस्से में है, अशांत है और चिढ़ी हुई है। तेरा गुस्सा, अशांति, चिढ़ सब मैं समझता हूँ; लेकिन स्वीकार नहीं कर सकता।

इतने साल के तेरे पालन-पोषण में तुझे एक बात मैंने बार-बार कही है, हरेक की अपनी राय होती है और इस राय को मान देना एक बुद्धिमान व्यक्ति होने के नाते हमारा फर्ज है। पिछले आठ दिनों से अपने घर की हवा में एक टेंशन, एक वजन घूम रहा है। जो घर निरंतर बोलता रहता था, चहकता और एक-दूसरे की ऊष्मा से महकता था, वह घर अचानक ऐसे शांत व चुपचाप हो गया है।

अशांति की चुप्पी, गुस्से का सन्नाटा और चिढ़ की बेचैनी इस घर को खँडहर बनाती जा रही है। बहुत आश्चर्य की बात है कि इस घर के चार सदस्य आज तक किसी दिन इतने अधिक अशांत या एक-दूसरे से चिढ़े हुए कभी नहीं रहे। पिछले आठ दिन से घर का सारा वातावरण मानो उदासी में डूब गया है। चार व्यक्ति चार कमरों में रहते हैं। एक-दूसरे के साथ जरूरत के अलावा बात नहीं करते। बोलते हैं तो भी मानो शब्द हवा में थोड़ी देर के लिए रुक जाते हैं और फिर व्यक्ति तक पहुँचते हैं।

तू चिढ़ी हुई है। तुझे लगता है कि मैं गलत हूँ। मैं चिंता में हूँ। मुझे लगता है कि तू समझ नहीं सकती। तेरी माँ भी चिंता में है और उलझन में है। वह भी मानती है कि तू समझती नहीं है और मेरी बात मुझे जिस तरह से कहनी चाहिए, वह मैं कहता नहीं हूँ। और तेरी दादी तो ऐसा ही मानती हैं कि मैंने ही तुझे बिगाड़ा है और आज घर में जो भी स्थिति है, उसके लिए मैं और सिर्फ मैं ही जिम्मेदार हूँ।

लेकिन बेटा, तू मेरी बात को समझना—समझेगी, इतनी अपेक्षा तो मुझे अवश्य थी। इतने साल तुझे लिखे पत्र और अपनी इतनी दोस्ती जैसे संबंध के बाद

भी अगर तुझे लगता हो कि मैं अपनी जिद को सही साबित करने के लिए या अपनी बात को साबित करने के लिए तुझे कह रहा हूँ तो तुझसे ऐसा नहीं लगता कि इस बारे में तुझे फिर से विचार करना चाहिए अथवा तू मुझे समझने में गलती कर रही है? हम जो कुछ कह रहे हैं या कर रहे हैं, वह सिर्फ तुझे नजर में रखकर तेरे भले के लिए ही कर रहे हैं, इतना तो तू भी समझती ही होगी।

एक हफ्ते से तू मुझसे बोल नहीं रही है।

आस्थु, मुझे सारा घर खाने को दौड़ रहा है। मेरे साथ तू न बोले, इस बात से ही मेरे अंदर उथल-पुथल हो जाती है। पिछले रविवार हमारे बीच गरमागरमी हुई, बहस हो गई। उसके बाद तूने मुझसे बात करना बंद कर दिया है।''' बहस किस घर में नहीं होती? खासकर जब औलाद जवान होती है तो दो पीढ़ियों के बीच के मत अलग हो ही जाते हैं।

रजनीश अनुसार, ''आई ऑलवेइज टोल्ड माय फादर दैट, ही वाज रॉन्ग एंड व्हेन आई रिअलाइज्ड दैट, ही वाज राइट, आई हैड माई सन टु टेल मी द सेम।''

पुरानी पीढ़ी के साथ नई पीढ़ी के विचार मेल नहीं खाते हैं, यह बात हर नई पीढ़ी अनुभव करती है। बदलते समय के साथ पुरानी पीढ़ी कदम नहीं मिला सकती, ऐसा अनुभव हर नई पीढ़ी को होता है। पुरानी पीढ़ी यह मानती है कि उनके अनुभव नई पीढ़ी को मुश्किलों में से बाहर निकालने में काम आए तो अच्छा है। उनकी सलाहें नई पीढ़ी को वे तकलीफ न सहनी पड़े, इस उद्देश्य से दी जाती हैं; लेकिन नई पीढ़ी की रगों में दौड़ता खून अपना स्वयं का अनुभव प्राप्त करना चाहता है। उन्हें सलाह की अपेक्षा समझदारी की जरूरत होती है, शायद।

बेटा, हर संतान यह मानती ही है कि उसके माता-पिता उसकी इच्छा, भावना या आकांक्षा को समझते नहीं हैं। उसके विरुद्ध हर माँ-बाप को ऐसा लगता है कि उसकी संतान नासमझ है, नादान है।

हालाँकि मुझे ऐसा अवसर नहीं मिला, क्योंकि जवान होकर मैं अपने पिता के साथ बहस कर सकता, उससे पहले ही उन्होंने संसार छोड़ दिया था। मैं किशोरावस्था में था और मुझे कभी उनकी बातों का विरोध होता था। वे जो सोचते और मानते थे, उनके साथ कई बार मैं सहमत नहीं भी होता था। उनके कहने का ढंग मुझे बिल्कुल अच्छा नहीं लगता था और मैं उन्हें अत्यधिक सम्मान देता था, इसलिए खुलकर अपनी बात नहीं कह सकता था। इसके बावजूद कई बार हमारे बीच मतभेद हो जाते थे। हालाँकि हमारे बीच जिस तरह की बहस हुई है, वैसी बहस की हमें छूट नहीं थी और मुझमें ऐसी बहस करने की बुद्धि भी नहीं थी।

इतना ही नहीं, तेरी तरह तर्कपूर्ण ढंग से सोचकर अपनी बात को प्रस्तुत करने जितने शब्दों का चयन भी नहीं था, इतना स्वीकार करने में मुझे जरा भी संकोच नहीं है।

एक और बात को स्वीकार करना ही होगा। तेरी हर दलील में वजन था, तर्क था और अपनी जो भी बात तू कहती थी, उसके पीछे तेरा सोच-विचार और मुद्दों पर आधारित प्रस्तुतीकरण दाद माँग ले, ऐसा था।

मैं दलील करता था, लेकिन मन-ही-मन तेरी प्रशंसा किए बिना नहीं रह सका। आस्थु बेटा, तू मुझे कितना अधिक जानती है, उसका पता भी मुझे पिछले रविवार को ही हुआ। मैं क्या कहूँगा, वह भी शायद तूने सोच ही रखा था। इसीलिए शायद तेरी दलीलें इतनी सचोट और तीक्ष्ण थीं, ऐसा मैं मानता हूँ।

देख, तुझे मैं एक बात कह दूँ। हम दोनों ने चर्चा की, दलीलें कीं, इसका अर्थ यह नहीं है कि हमारे बीच किसी प्रकार का मतभेद है। मैंने तेरी बातें सुनी हैं और मैं तेरी बात को समझा भी हूँ। लेकिन आस्था बेटा, मैं तेरी बात स्वीकार नहीं कर सकता। उसमें तू मैंने तेरा जो पालन-पोषण किया, उसको भी ध्यान में रख, मेरी मान्यताएँ और मेरे सिद्धांतों की भी गिनती कर कि या फिर तेरे लिए मेरा अत्यधिक ध्यान ही।

इस उम्र में प्रेम होना चाहिए। किसी के साथ जीवन जीने का निर्णय लेना, इसमें कुछ गलत नहीं है; बल्कि यह एकदम स्वाभाविक बात है। तुझे कोई लड़का अच्छा लगता है और तू उसके साथ जीवन बिताना चाहती है, यह बात हमें क्यों पसंद नहीं आएगी? सवाल लड़का हमें पसंद है या नहीं, इसका नहीं है। सवाल है कि उस लड़के को तू कितना जानती है, किस तरह मिली और उसके साथ जीवन जीकर तू सुखी होगी या नहीं, ऐसी सभी बातें हैं।

कोई एक व्यक्ति, जिसे तू इंटरनेट पर चैटिंग करते हुए मिली, दोस्ती हो गई, नजदीक आ गए और अब तू उसके साथ अपनी शेष जिंदगी बिताना चाहती है, यह विचार किसी भी तरह मेरे गले नहीं उतर रहा। मेरा विश्वास कर सके तो करना, लेकिन मैंने सब तरह से विचार करके देखा है। एक बार मैंने अपने आपको तेरी जगह पर रखकर भी सोचा है; लेकिन मुझे यह बात उचित नहीं लगती है और यह बात तुझे कहे बिना मैं रह भी नहीं सकता हूँ।

पिछले रविवार को तूने वरुण को घर बुलाया, तब तक हम यही मान रहे थे कि वह तेरा दोस्त है। तेरे बहुत से दोस्तों में से एक वरुण अच्छा इनसान है, समझदार है, बड़ी कंपनी में छोटी उम्र में ही ऊँचे पद पर काम कर रहा है। यह

सब मैं स्वीकार करता हूँ। बहुत सुंदर है, देखते ही पसंद आ जाए, इस बात से भी इनकार नहीं है। परंतु, किसी के साथ जीवन जोड़ने से पहले बहुत सारी बातों के बारे में सोचना-विचारना होता है। तूने कहा कि तू उसे सिर्फ नब्बे दिन—यानी तीन महीने—से ही जानती है और इसी दरम्यान उसने तेरे सामने शादी का प्रस्ताव रखा है और तूने उसको स्वीकार भी कर लिया है। यह जानकर मुझे आश्चर्य नहीं हुआ, आघात लगा। मेरा मन मुझसे बार-बार पूछ रहा है कि मेरे पालन-पोषण में कहाँ कमी रह गई है, जिससे तू जिंदगी का इतना बड़ा और महत्त्वपूर्ण निर्णय ऐसे बचपने से और इतने उतावलेपन में करने को तैयार हो गई है?

तेरी माँ पिछले एक हफ्ते से एकदम चुप, सुन्न हो गई है। दादी की प्रतिक्रिया तो तूने देख ही ली है। उन्होंने तो दो दिन तक खाना-पीना छोड़कर अपना गुस्सा प्रदर्शित कर दिया और अगर यह विवाह होता है तो घर छोड़ देने की धमकी भी दे ही दी है।

बेटा, हम तुझे समझते हैं। तू भी हमें समझने का प्रयत्न करे तो अच्छा है। तूने जिस तरह से वरुण के प्रति अपना अनुराग या वरुण तुझे पसंद है, उसके कुछ कारण बताए, उसी तरह मैंने अपनी तरफ से इस संबंध को नकारने के थोड़े से कारण बताए हैं। इस बारे में हमारी बहस हुई और तब से ही तू रूठ गई है, इस बात को आज एक हफ्ता बीत गया है।

आज तेरा जन्मदिन है, इसलिए मैं तुझे पत्र तो लिखूँगा ही। साथ-ही-साथ तुझे फिर एक बार समझाने का प्रयत्न करूँगा ही।

तू हमारे मुद्दे—कारण समझने का प्रयत्न कर। सबसे पहला मुद्दा है—वरुण की उम्र। वह तुझसे दस वर्ष बड़ा है। आज के समय में उम्र का इतना अंतर शायद उचित नहीं है, ऐसा हमें लगता है। लेकिन दस वर्ष का अंतर थोड़े समय के बाद नहीं लगेगा, ऐसा तूने कहा। लेकिन बेटा, दस वर्ष का अंतर दस वर्ष के बाद भी दस वर्ष का ही रहेगा, ऐसा मेरा अनुभव है। आज का जमाना तेजी से आगे बढ़ रहा है। हर महीने मोबाइल के नए मॉडल बाजार में आते हैं, लैपटॉप की कीमत घट गई है, नई टेक्नोलॉजी बाजार में प्रवेश करती है। आज के दौर में एक साल में दुनिया बदल जाती है। विचार, पीढ़ी और मान्यताएँ बदल जाती हैं। ऐसे समय में तुम्हारी उम्र का अंतर तुम्हें बहुत लंबे समय तक एक-दूसरे के साथ जुड़कर रहने नहीं देगा, ऐसा डर हमें है।

दूसरी बात है उसके तलाक के बारे में। देख बेटा, तेरे कहने के अनुसार उसकी पत्नी झगड़ालू थी और वरुण को मानसिक तनाव देती थी—उस पर शंका

करती थी। इसलिए दोनों अलग हो गए। ऐसा हो सकता है, होता है। परंतु, एक बात तू भूल जाती है कि वरुण का पहला विवाह भी प्रेम विवाह था और तूने जो कुछ सुना है, वह सिर्फ वरुण से ही सुना है। यह तो उसके द्वारा बयान की गई हकीकत है। हम उसकी पत्नी को जानते नहीं हैं और उसकी तरफ की क्या हकीकत है, वह तो हमने सुनी ही नहीं है। तूने मुझसे कहा कि, "मुझे उसकी पत्नी की बात क्यों सुननी चाहिए?" लेकिन जहाँ तक मैं मानता हूँ और समझता हूँ, वहाँ तक उसके पास भी अलग होने के अपने उचित कारण होंगे ही। हकीकत में तो उसकी बात इसलिए सुनना चाहिए, क्योंकि वह एक स्त्री का 'पॉइंट ऑफ व्यू'—यानी उसका विचार, उसकी मान्यता है। उसके पास भी वरुण जितने ही योग्य या वरुण से भी अधिक मजबूत मुद्दे हो सकते हैं, ऐसा संभव नहीं है क्या? इतनी पढ़ी-लिखी, अच्छी नौकरी करती सफल स्त्री अचानक ही इस तरह छोटे से कारण से अपने वैवाहिक जीवन को तोड़ना पसंद नहीं करेगी, ऐसा मैं मानता हूँ। तेरा दुनिया का और रिश्तों का अनुभव मुझे ऐसा मानने को प्रेरित करता है। उसका प्रेम विवाह होने के बावजूद अगर यह संबंध टिक नहीं सका तो उसमें वरुण की जिम्मेदारी कैसी और कितनी होगी, यह समझे बिना उसके साथ जीवन को जोड़ देना किस हद तक योग्य होगा?

तीसरी बात—वह गुजराती नहीं है; हालाँकि यह मुद्दा नहीं है। फिर भी, इस बात को समझना तो पड़ेगा ही। वह किसी भी भाषा का बोलनेवाला हो, किसी भी धर्म को मानता हो। इसके कारण मैं इस विवाह के खिलाफ नहीं हूँ; लेकिन हमें एक बात समझ लेनी पड़ेगी कि वह मांसाहारी, शराब व सिगरेट पीनेवाला, बिल्कुल अलग वातावरण में जीनेवाला एक अलग संस्कृति का व्यक्ति है।

तू अलग ही वातावरण में पली-बढ़ी है। तेरे संस्कार और मान्यताएँ अलग तरह से विकसित हुई हैं। मुझे ऐसा लगता है कि तू उसके वातावरण और संसार में समा नहीं पाएगी। यह सिर्फ मेरी मान्यता हो सकती है, लेकिन इस मान्यता के पीछे तेरे बारे में चिंता-व्याकुलता समाई है, इतना तो तय है न। एडवरटाइजिंग का जमाना—संसार अलग है, बेटा। छल और झूठ की यह दुनिया है। जो नहीं है, उसे दिखाते-दिखाते, उसमें काम करते हुए लोग भी वैसे ही बन जाते हैं, ऐसा मैंने देखा है। वरुण अलग हो सकता है और तू कहती है, वह अलग ही है, लेकिन उसे पहचानने के लिए समय लेना जरूरी है। निरंतर चमकाती-चमचमाती और चर्चा में रहनेवाली इस दुनिया में मानव का मूल्य कम और वस्तु की कीमत अधिक होती है। 'जो बिकता है, उसे बेच डालो' की मान्यता के साथ भयंकर स्पर्धा में

जीनेवाली उसकी दुनिया संवेदनाओं का कोई मूल्य नहीं लगा सकती।

स्त्री और पुरुष के संबंध इस दुनिया में तेजी से बँधते हैं और उससे भी तेज गति से टूट जाते हैं। तेरा पिता होने के नाते मुझे तुझसे कहना चाहिए कि विज्ञापनों की निरंतर चमकती रहनेवाली इस दुनिया में स्त्री का शरीर बेचा जा सके, ऐसी एक वस्तु से ज्यादा कुछ भी नहीं है। रेजर-ब्लेड के विज्ञापन में बिकनी पहनकर स्त्री को चमकानेवाले ये लोग स्त्री में माँ या बहन के स्वरूप को भी विज्ञापन के पोस्टर में ही देखते हैं।

फिर कहता हूँ कि यह मेरी मान्यता हो सकती है और मुझे गलत साबित होना अच्छा लगेगा; परंतु मुझे गलत साबित करने के लिए तुझे समय तो लेना ही चाहिए। मुझे वरुण के साथ तेरी दोस्ती का कोई विरोध नहीं है, परंतु उसके साथ शादी का निर्णय लेने से पहले तू प्लीज···प्लीज···प्लीज···समय दे—अपने आपको, वरुण को और अपने रिश्ते को।

चौथी और सबसे महत्त्वपूर्ण बात—वरुण का ट्रांसफर हुआ है और वह डेढ़ महीने में सिंगापुर जाने वाला है, इसलिए भी इस विवाह में जल्दबाजी करना मुझे उचित लगता नहीं है। सिंगापुर कोई दूर नहीं है। वह यहाँ आ सकता है, तू वहाँ जा सकती है—तेरी दादी और तेरी मम्मी के विरुद्ध जाकर भी तुझ पर विश्वास करके मैं तुझे अकेली सिंगापुर भेज सकता हूँ। लेकिन बेटा, तू इस विवाह में जल्दीबाजी मत कर, ऐसी मेरी प्रार्थना है। जहाँ तक मैं समझ सकता हूँ, वहाँ तक यह आकर्षण है, इन्फेचुएशन। यह प्रेम है या नहीं, इसका विश्वास न हो, वहाँ तक तू भी इंतजार करके देख और हमें भी करने दे।

पिछले रविवार अपनी जो बहस हुई, उसमें मैंने तुझे यह मुद्दा समझाने का प्रयत्न किया था। तेरी दलीलें मैंने सुनी हैं और फिर भी मैं तुझसे कहता हूँ कि थोड़ा समय दे, इस संबंध को पहचान और विकसित होने दे।

आज की दुनिया में जिस तेजी से रिश्ते जुड़ते हैं, उसी तेजी से टूट भी जाते हैं। तेरी शादी ऐसे रिश्तों में से एक हो, यह मुझे अच्छा नहीं लगेगा—इतना तो तू मानती है न? बेटा, हरेक व्यक्ति के मन में अपने मनपसंद साथी के साथ जीवन जीने की इच्छा होती है। मन अपना काम करता है और शरीर अपना। लेकिन बेटा, तू एक बात समझने का प्रयत्न कर। जहाँ मन और शरीर दोनों इकट्ठे नहीं होंगे, वहाँ तू जी नहीं सकेगी। इस समय यह शादी तुझे जीवन में अनिवार्य लग रही है। यही विवाह थोड़े समय के बाद तेरे गले का बँधा हुआ साँप बन जाएगा, जो तुझे लगातार डसता रहेगा। क्या तू ऐसी कामना करती है? आज जिसके बिना जिया नहीं जा सकता, तू ऐसा मानती

है—कल उसके साथ जिया नहीं जाएगा, तब तू क्या कर सकेगी?

बेटा, तुझे यह सब समझाने का कारण सिर्फ इतना ही है कि यह तेरे सुख के लिए प्रयत्न है। आज के समय में शादी के साथ जीवन जीने का एक लाइसेंस बन गया है। वास्तव में, अगर मन मिले हों तो शादी का आग्रह भी न रखें, मैं इतना अधिक उदार मत रखनेवाला तेरा पिता हूँ।

विश्वास कोई कागज का टुकड़ा नहीं है। शादी के रजिस्ट्रेशन फॉर्म पर हस्ताक्षर कर देने से जिम्मेदारी नहीं आ जाती। और प्रेम वही है, जो बिना विवाह के या विवाह करके दो व्यक्तियों के सहजीवन का कारण होना चाहिए, न कि समाज, संतान, संस्कृति अथवा सभ्यता जैसे अहम के कारण एक-दूसरे के साथ जीनी पड़ती बोझ रूपी जिंदगी।

मैंने तुझसे एक बार कहा था कि दो लोगों की एक-दूसरे के साथ मन से जुड़ने के बाद ही उनका सहजीवन संभव है। तूने यही दलील मेरे सामने रखी। मुझे कहा कि तू उसे समझती है, जानती है और मन से उसके साथ जुड़ी है। मैंने यह भी कहा कि मैंने तुझे निर्णय लेने की स्वतंत्रता दी है तो मुझे तेरी समझदारी पर विश्वास होना चाहिए।

मैं ये सब बातें स्वीकारता हूँ और तुझ पर विश्वास करता हूँ कि ठीक है, लेकिन कुछ समय के लिए रुक जा। मैं माँ और दादी की तरह तेरी इस शादी का विरोध नहीं करता हूँ। मैं तेरे उतावलेपन और तेरे निर्णय की जाँच किए बिना जीवन भर के लिए लिये जानेवाले तेरे इस कदम का विरोध करता हूँ।

तू वयस्क उम्र की है। तूने कहा, उस अनुसार, तू शादी रजिस्टर्ड करके आ जाएगी तो हमारे पास उसे स्वीकार करने के सिवा कोई रास्ता ही नहीं होगा, सच है। परंतु तू गलत साबित हो, उसकी अपेक्षा हम गलत साबित हों तो मुझे अच्छा लगेगा।

एक पिता होकर पुत्री के निर्णय के सामने हारना मेरे लिए गर्व की बात होगी।

साथ-ही-साथ तुझे एक वचन भी दे दूँ, वह ये कि अगर तेरा रिश्ता समय की कसौटी पर सच्चा साबित हुआ तो मैं तुझे तेरी दिशा में जाते हुए रोकूँगा नहीं। हमारा विरोध और हमारी मान्यताओं के बावजूद तू जो जीवन जीना चाहेगी, उस जीवन को जीने की स्वतंत्रता तुझे हमेशा मिली है और हमेशा मिलती ही रहेगी।

बेटा, शादी एक बहुत बड़ा निर्णय है और मैं चाहता हूँ कि यह निर्णय लेने से पहले तू इस रिश्ते को और उसकी महत्ता/आवश्यकता को समझ ले। हर बार किसी भी परिस्थिति में हमारी ही बात सही साबित करने की बजाय बात को

उसकी अपनी तरह से सच साबित होने देना चाहिए।

मेरी बेटी, कोई भी संबंध बनाने से पहले सौ बार सोचना चाहिए। लेकिन बना लेने के बाद तुम उस रिश्ते में बँधने के लिए एक तरह से वचनबद्ध हो जाते हो, ऐसा मैं मानता हूँ। कहीं पढ़ा था एक वाक्य, तुझे कहने की इच्छा हो रही है—"यू हैव फ्रीडम ऑफ च्वॉइस, बट वंस यू चूज, यू हैव नो फ्रीडम टू गो बैक।"

मनुष्य का व्यक्तित्व त्रिकोणीय है। तीन परिणाम प्राप्त करनेवाला अस्तित्व—बुद्धि, भावना और प्राथमिक आवश्यकताओं के तीन प्रमाण।

बुद्धि तुम्हें समझदारी देती है, व्यावहारिक बनाती है, अधिक अच्छी जिंदगी जीना सिखाती है। भावना तुम्हें इनसान बनाए रखती है, तुम्हारी संवेदनाओं को जाग्रत् रखती है, दूसरों को समझने का अवसर देती है और तुम्हारी प्राथमिक आवश्यकताएँ—भूख, नींद और सेक्स, जो तुम्हें तुम्हारे मूल अस्तित्व के साथ, तुम्हारे आदि मानव होने के तत्त्व के साथ तुम्हें बाँधे रखती है।

वरुण के साथ तुम्हारा संबंध इन तीन बातों को ध्यान में रखकर लिया गया निर्णय होना चाहिए। अभी जो मुझे लगता है, वह ये है कि अभी तेरा उसकी तरफ आकर्षण है और वह तेरी बुद्धि व भावनाओं पर अपना कब्जा जमाकर बैठा है। जब तू उसे बुद्धि से, वास्तविकता से पहचानेगी, वह तेरे और तू उसकी संवेदनाओं को समझ सकेगी, तब ही शायद इस बारे में सही निर्णय लिया जा सकेगा। बेटा, तेरे पास अभी तो समय है। जिद में, विद्रोह में या गुस्से में ऐसा कुछ भी मत कर बैठना, जिससे तुझे अफसोस हो और हमें जीवन भर दुःखी होना पड़े।

शादी व्यक्ति को फोर्थ-फिफ्थ या शायद उससे भी आगे के परिणाम अथवा डाइमेंशनस में ला खड़ा करती है। तुम्हारे अंदर रही स्पष्ट आदिम भूख—शारीरिक भूख को उसके खुरदरेपन से निकालकर सूखे और उजाड़ प्रदेश में संस्कृति और संवेदना के जल से सींच-सींचकर जीवन को हरा-भरा बनाती है। जिस प्रकार आवाज और भाषा के बीच में अंतर है, उसी प्रकार ही सेक्स और शादी के बीच सांस्कृतिक अंतर है। मैं ऐसा मानता हूँ कि तुझे इस अंतर को समझकर तुझे क्या चाहिए, उसे जानकर वरुण कौन है, उसे पहचानकर बाद में ही निर्णय लेकर आगे बढ़ना चाहिए।

शादी लेन-देन है, यह भी एक सत्य है।

सम्मान, स्नेह, संवेदना के साथ-साथ समझदारी और शारीरिक संबंध का लेन-देन भी इसमें है ही। बेटा, तुम जितना सम्मान दोगे, उतना ही मिलेगा; जितना स्नेह दोगे, उतना ही मिलेगा। दूसरों की भावनाओं को जितना समझोगे, उतना ही

वह तुम्हारी भावनाओं को समझेगा। तुम्हारी समझदारी सामनेवाले व्यक्ति को समझदार बना देती है और शरीर का संबंध तुम्हें एक-दूसरे के पास नजदीक ले आता है। सत्य है, लेकिन इन सब में सबसे महत्त्वपूर्ण है कि तुम एक-दूसरे की हर एक बात के बारे में जानते हो।

वैसे, देखा जाए तो विवाह संस्था प्रकृति के विरुद्ध है। वेद कहते हैं कि पुरुषों द्वारा खोजी गई यह संस्था है। स्त्री के ऊपर एकाधिकार जताने के लिए यह संस्था अस्तित्व में आई; परंतु एक-दूसरे के बारे में सच जानना और एक-दूसरे को सही पहचानकर उससे जुड़ना शादी की नींव का पत्थर है। पति-पत्नी के बीच सबसे पहला रिश्ता मित्रता का होना चाहिए। सिर्फ आकर्षित होकर एक-दूसरे के नजदीक आनेवाले दो व्यक्ति बहुत लंबे समय तक एक-दूसरे के साथ नहीं रह सकते। और सच कहूँ तो तू जिसे प्रेम मानती है, उसे प्रेम साबित होने देने के लिए भी थोड़ा समय दे।

बेटा, प्रेम अर्थात् एक-दूसरे के साथ जीना, इतना भर नहीं है। प्रेम अर्थात् अहं का त्याग, प्रेम अर्थात् अटूट विश्वास, प्रेम अर्थात् एक-दूसरे का सत्य, जिसे जानने के बाद एक-दूसरे का गुण-अवगुणों के साथ किया गया स्वीकार। प्रेम तो साँस जैसा होता है। वह तुम्हारे अस्तित्व का हिस्सा होता है, गुण होता है। तुम जहाँ जाते हो, जो भी करते हो वह तुम्हारे अस्तित्व में से टपकना चाहिए। मैं और तेरी माँ सारा दिन एक-दूसरे के साथ नहीं होते, एक-दूसरे के साथ हमेशा सहमत भी नहीं होते। हमारे शौक से शुरू करके मान्यताओं तक बहुत सी—लगभग सभी—बातें अलग हैं। फिर भी तू देख, हम कभी एक-दूसरे को खराब तरीके से बोले नहीं हैं, एक-दूसरे को कभी नीचा दिखाना या अपमानित करनेवाले शब्दों का प्रयोग करते नहीं हैं। मैं जैसा हूँ, वैसा तेरी मम्मी ने मुझे स्वीकार किया है और वह जैसी है, वैसी ही मैंने उसे स्वीकार किया है।

उसकी आवश्यकता से अधिक सफाई, छोटी-छोटी वस्तु में अधिक सावधानी मुझे अनावश्यक लगती। कभी चिढ़कर, गुस्सा होकर अपनी बात को कहने का अजीब स्वभाव, उसके विरुद्ध मेरी थोड़ी ज्यादा बेपरवाही, अपने अंदर ही बंद रहने की मेरी आदत, कम बोलना, अभिव्यक्त न होना उसे मेरा सबसे बड़ा अवगुण लगता है और फिर भी वह मुझे चाहती है; क्योंकि हमने एक-दूसरे को पहचानकर एक-दूसरे के साथ जीवन जीने का फैसला लिया है, संपूर्ण स्वीकार और समझदारी के साथ।

आज तक तुझे बर्थडे गिफ्ट देता रहा हूँ। आज भी तेरे लिए उपहार तो लाया ही हूँ। आज तक तुझसे कुछ माँगने का अवसर नहीं आया, परंतु आज के इस दिन

मैं तुझसे एक वस्तु माँगता हूँ।

वरुण के साथ के तेरे इस संबंध में तू अपने आपको समय दे।

यह 'समय' सिर्फ तेरे लिए ही नहीं, हम सबके लिए बड़े-से-बड़ा उपहार होगा।

साथ-ही-साथ यह भी कह दूँ कि जरा भी ऐसा मत मानना कि इस दरम्यान वरुण के प्रति तेरा जो आकर्षण है, वह घट जाएगा; तू उससे बाहर निकल जाएगी या तुम्हारे संबंध टूट जाएँगे। बल्कि एक पिता होने के नाते मैं तो यह चाहूँगा कि इस दरम्यान तुम दोनों एक-दूसरे को अच्छी तरह पहचानो, समझो, स्वीकारो। तुम्हारा संबंध और भी मजबूत बने, दृढ़ हो और तुम जीवन भर के लिए एक-दूसरे के योग्य बनो।

बेटा, मैंने हमेशा तेरे सुख की कामना की है और करता रहूँगा।

रावण को जीतने के लिए श्री राम ने लंका तक पहँचने के लिए बाँधे गए सेतु की पूजा करवाई। रावण ने स्वयं आशीर्वाद दिया था, "विजयी भव!" आज मैं भी यही इच्छा करता हूँ—तेरा और वरुण का रिश्ता अधिक दृढ बने, विवाह में परिवर्तित हो। तुम बहुत सुख से एक-दूसरे के साथ जीवन जियो और बूढ़े हो। साथ-साथ चश्मा पहनो, अपनी संतानों को बढ़ते देखो, एक-दूसरे का हाथ पकड़कर बगीचे की बेंच पर बैठो और बीते हुए दिनों के सुख की जुगाली करो।

मैं सचमुच चाहता हूँ कि मेरी धारणाएँ गलत सिद्ध हों और तेरी मान्यताएँ सत्य हों।

हैप्पी बर्थडे एंड ऑल द बेस्ट।

आज के दिन यह चुप्पी टूटेगी न?

□

प्यारी आस्था, 25 वर्ष

आस्था,

अभी यह पत्र तुझे लिख रहा हूँ और मेरे पास ही तेरी शादी के निमंत्रण कार्ड का एक बंडल भी है।

इस बंडल को देखकर मन में कुछ हो-सा जाता है।

किसी एक ही बात पर सुख और दुःख दोनों का अनुभव हो, ऐसा मेरे जीवन में पहली बार हुआ है। यह निमंत्रण कार्ड देखकर तू अपने मनपसंद जीवन साथी के साथ जीवन जीने वाली है, इस विचार से मन में सुख का अनुभव होता है; लेकिन अब तू हमारे पास नहीं रहेगी, यह विचार मन को रुला देता है।

अब सुबह आँख खुलते ही तेरा चेहरा नहीं देख सकूँगा। जॉगिंग कर पसीने से लथपथ तू घर में प्रवेश करे और तेरे साथ चाय पीने का आनंद नहीं रहेगा। न्यूजपेपर के समाचार या किसी अच्छी फिल्म पर तेरे साथ चर्चा नहीं हो सकेगी। 'रसोई शो' में देखी किसी बानगी को मोडिफाई करके बनाने का तेरे उस तूफानी कार्य का अनुभव भी अब नहीं हो सकेगा। छोटी-छोटी सरप्राइजिज, छोटी-छोटी दलीलें, मत-मतांतर, गरमागरम बहस और ऊष्मा भरे आलिंगन अब सिर्फ मेरी स्मृति में रह जाएँगे। यह सोचता हूँ और मेरे अंदर कुछ खाली हो जाता है।

तू अब रोज-रोज हमारे साथ इस घर में नहीं रहेगी, इस विचार मात्र ने मेरे भीतर एक भूचाल-सा खड़ा कर दिया है। मन में मानो अभी से एकाकी दिनों का अनुभव होने लगा है। तेरी शादी की तैयारी करते-करते बीच में ही मैं कहीं खो जाता हूँ, गहरे विचारों में डूब जाता हूँ। तेरी मम्मी मुझे झकझोर कर पूछती है, "क्या हो गया?"

मैं उसे कैसे समझाऊँ कि चाहे तूने उसकी कोख से जन्म लिया है—और उसके शरीर का हिस्सा है, लेकिन मेरे मन का, मेरे जीवन का एक अभिन्न हिस्सा भी है तू।

तू जनमी, उस दिन से लगभग ऐसा तय ही था कि तेरा विवाह होगा और तू इस घर से विदा होगी। लेकिन मैं कभी भी इस बात के लिए अपने आपको तैयार नहीं कर सका और आज जब तेरी शादी को बराबर सत्रह दिन बाकी हैं, तब इस घर में तेरा यह आखिरी जन्मदिन है, यह बात किसी भी तरह से मेरे गले नहीं उतरती है।

बेटा, अपना पिछला साल बहुत अच्छा नहीं बीता है।

सबसे पहले तो तेरी पिछली वर्षगाँठ पर हमारे बीच अनबन यानी चुप्पी थी। ठीक शाम तक तू मेरे साथ बोली ही नहीं थी। मैं तुझे बार-बार मनाता रहा, पर न जाने क्यों और कौन सी बात पर तूने इतनी जिद पकड़ रखी थी। तेरी दादी तो बोली भी थी, ''लड़की की जात है, इतनी जिद अच्छी नहीं है।''

मैं उनकी बात के साथ आधा सहमत हूँ। लड़की की जात या लड़के की जात, जिद अच्छी वस्तु नहीं है। तुम जो मानते हो, तुम्हें वह कहने का पूरा अधिकार है। सामनेवाला व्यक्ति तुम्हारी बात समझे और स्वीकारे, ऐसी अपेक्षा रखना भी तुम्हारा अधिकार है। लेकिन ऐसा न हो कि इसलिए उस व्यक्ति को माफ न करना, उसके साथ रिश्ता खत्म कर लेना या मन-ही-मन भावनाओं की गाँठें बाँध लेना योग्य नहीं है।

हर व्यक्ति को उसके 'पेट ऑफ शूज' में जाकर—अपने आपको उस स्थान पर रखकर समझने का प्रयत्न करना चाहिए, ऐसा मैं तुझे वर्षों से समझाता आया हूँ और उस दिन भी तुझे यही बात समझाने का प्रयत्न कर रहा था। सामान्य रूप से जब आनंद और उल्लास का दिन हो, जो कि तेरा जन्मदिन हो, वह दिन एक अजीब से वजन के साथ पूरा हुआ। तेरे जन्मदिन का आनंद घर में कोई नहीं उठा सका। तू खुद भी नहीं।

आखिर में मैंने तुझे जबरदस्ती खींचकर अपनी छाती से लगाया, प्यार किया और 'आई लव यू' कहा, तब तू रो पड़ी। फिर तेरी मम्मी और दादी भी रोईं। मैं भी अपने आपको रोक नहीं सका। हम सबका एक-दूसरे के लिए क्रोध और फरियादें सब आँसुओं में बह गईं। शाम को सबने खाया।

जैसे काँच पर चिपकी धूल साफ होती है और बाहर का दृश्य साफ दिखाई पड़ता है, ऐसे सभी के मन पर जमी हुई धूल साफ हुई और सब एक-दूसरे की बात समझने को तैयार हुए।

और तूने भी कहा कि तू ठीक एक वर्ष वरुण के संबंध को देने के लिए तैयार है।

मुझे जो चाहिए था, वह मिल गया, एक मिट्टी के कच्चे बरतन को जैसे

पकना होता है, उसी तरह किसी भी निर्णय को उसकी सत्यता तक पहुँचने के लिए समय और परीक्षा की आग में से गुजरना पड़ता है।

तुम्हारा रिश्ता पिछले साल अनेक बार अग्नि में से गुजरा। वरुण ट्रांसफर लेकर सिंगापुर गया। फिर तुम्हारे बीच टेलीफोन और ई-मेल चलते रहे। (अपनी तनख्वाह का आधे से ज्यादा पैसा तूने टेलीफोन पर खर्च कर डाला।) वरुण दो बार यहाँ आया। तू दस दिन एकदम अकेली सिंगापुर जाकर आई।

तेरी मम्मी और दादी ने बहुत विरोध किया, परंतु मेरा मन चाहता था कि तू उसके साथ समय बिताए, जिसमें किसी तरह की कोई रोक-टोक न हो, किसी संकोच और मर्यादा के बिना या अहम और अच्छा दिखाने की किसी भी तरह की मेहनत किए बिना तुम दोनों एक-दूसरे के नजदीक आओ और एक-दूसरे को समझ सको।

मुझे अपनी बेटी पर और अपने संस्कारों पर हमेशा अटूट विश्वास रहा है। मुझे पूरा विश्वास था कि तू ऐसा कुछ भी नहीं करेगी, जिससे तुझे दुःखी होना पड़े और यह दुःख हम तक पहुँचे। तेरी दादी और तेरी मम्मी का विरोध सहकर भी मैंने तुझे सिंगापुर भेजा। मैं जानता था कि वरुण बिल्कुल अकेला रहता है। तू वहाँ जाए तो यह स्वाभाविक ही है कि तू उसके घर में ही रहे और शायद तुम्हारे बीच शारीरिक आकर्षण भी पैदा हो--इस डर को भी मन में रखकर मैंने यह निर्णय किया था।

शरीर को अनदेखा करके कोई जी नहीं सका है। एक स्त्री के पुरुष के साथ के संबंध में शरीर महत्त्वपूर्ण भूमिका अदा करता है। फिर भी, 'प्रेम' शब्द अमूर्त है और विवाह संस्था मूर्त है। शादी आज के समय में इनसान की बायोलॉजिकल आवश्यकता को शांत करने, कम करने के लिए एक सामाजिक व्यवस्था है, जिसमें शरीर के सेक्स को अनदेखा किया ही नहीं जा सकता। मैंने यह तय किया था कि मैं तुझे समझाऊँगा; लेकिन मुझे बहुत खुशी हुई, जब तूने सिंगापुर जाने से पहले मेरी आँखों में आँखें डालकर कहा था, ''पापा, आप मुझे भेज रहे हैं, यह बहुत बड़ी बात है। मैं मम्मी और दादी को दुःख पहुँचे, ऐसा कुछ नहीं करूँगी।''

तभी मुझे समझ में आ गया था कि तू शारीरिक संबंधों को समझती भी है और समझा भी सकेगी। मैं सेक्स के बारे में बात नहीं कर रहा। एक-दूसरे के साथ शारीरिक संबंध बनाना मुझे कोई अनुचित बात नहीं लगती है। मैंने कभी भी कौमार्य को स्त्री के चरित्र के साथ जोड़ा नहीं है। मुझे हमेशा ऐसा लगता है कि व्यक्ति को कोई भी आचरण करने से पहले एक बार सोच लेना चाहिए। अगर तुम्हारी आत्मा तुम्हारे उस व्यवहार को उचित मानती हो तो उसके बारे में ज्यादा

ऊँच-नीच, हंगामा किए बिना उसके अनुसार व्यवहार करना चाहिए और दूसरे लोग क्या मानेंगे, क्या सोचेंगे, इस बात की चिंता नहीं करनी चाहिए।

बेटा, इस बात के भी दो पासे हैं। एक तरह से सोचें तो समाज-व्यवस्था को छिन्न-भिन्न कर डालनेवाली एक विद्रोही मनोवृत्ति जाहिर होती है। अगर हम सोचें तो लगता है कि अगर शादी न करो तो सारी समाज-व्यवस्था में उथल-पुथल हो जाएगी। लोग एक-दूसरे के साथ रहने के लिए विवाह से जुड़ते हैं। अब अगर मेरी मान्यता के अनुसार कोई जुड़ता है और विवाह का महत्त्व रखे बिना सिर्फ शारीरिक संबध जोड़कर एक-दूसरे के साथ रहने लगे तो समाज को धक्का लगेगा, यह बात बहुत स्वाभाविक है। साथ-ही-साथ प्रश्न यह भी उठता है कि ऐसे रिश्तों से जनमे बच्चे किसकी जिम्मेदारी बनते हैं और किसी एक कारणवश अगर उन दो लोगों को अलग होना पड़े तो बच्चा किसका माना जाएगा?

कानून ने सामाजिक व्यवस्था को बनाए रखने के लिए शादी को एक अनिवार्य आवश्यकता माना है। मैं भी इस बात से थोड़ा-बहुत सहमत हूँ ही। मैं भी मानता हूँ कि शादी सामाजिक व्यवस्था के लिए जरूरी है; परंतु सिर्फ शारीरिक संबंध के लाइसेंस के रूप में उपयोग में लाए जानेवाली शादियों के लिए यह चर्चा नहीं है। मैं तो कानून, संस्कृति, सभ्यता के साथ-साथ स्नेह और भावना से जुड़नेवाले वैवाहिक संबंध की बात करता हूँ।

साथ रहने का मतलब एक छत के नीचे साँस लेना नहीं है। साथ रहना अर्थात् साथ जीना, साथ धड़कना और साथ-साथ विकसित होना, ग्रो होना।

दो व्यक्ति साथ रहकर एक-दूसरे को बहुत कुछ देते हैं। यह लेन-देन की बात सिर्फ सुरक्षा या आर्थिक आवश्यकता तक सीमित नहीं है। यह लेन-देन एक-दूसरे को अधिक बुद्धिशाली, अधिक संवेदनशील, अधिक समझदार और अधिक अच्छा व्यक्ति बनाने की प्रक्रिया होनी चाहिए।

साथ जीने की प्रक्रिया की अपेक्षा अलग होने की प्रक्रिया अधिक समझदारी माँगती है। जब दो व्यक्ति अलग होते हैं, तब व्यक्तियों से बढ़कर और बहुत सी बातें अलग होती हैं। साथ बिताए समय से लेकर पीड़ा तक को बहुत कुछ बाँटना पड़ता है। इस अलग होने की प्रक्रिया में अगर समझदारी हो तो ही दो व्यक्ति एक-दूसरे को बरबाद किए बिना अपनी-अपनी दिशा में प्रयाण कर सकते हैं।

अतीत को पीछे छोड़कर, कड़वाहट को वहीं त्यागकर, सिर्फ मीठी यादें और अच्छे समय को साथ लेकर अलग होनेवाले लोग हमेशा सुखी होते हैं, मैं ऐसा नहीं कहूँगा; लेकिन दुःखी तो नहीं रहते हैं।

जो रिश्ता आगे जा ही नहीं सकता, उसे दूसरी तरफ मोड़कर जीने का प्रयत्न करना ही सच्चा और अच्छा रास्ता है। एक-दूसरे के साथ घर्षण करके साथ जीने की अपेक्षा रेलवे की दो पटरियों की तरह समांतर रहकर भी एक दिशा में जाया जा सकता है।

'सुरक्षित अंतर' (सेफ डिस्टेंस) अर्थात् एक-दूसरे के साथ घर्षण न हो, फिर भी एक-दूसरे को न भूलना या बिसरा देने की बजाय उसकी अच्छी सिर्फ अच्छी यादों को सँजोकर जीना।

बेटा, मुझे लगता है कि 'जो होता है, वह अच्छे के लिए ही होता है' इसे ही कहते हैं।

अलग होने का मतलब यह नहीं है कि एक-दूसरे से विपरीत दिशा में जाना—सिर्फ 'साथ' जाने के बदले 'स्वतंत्र' हो जाना।

रिचर्ड बेक (बेश) ने जिसे अपनी आत्मकथा का अंश बताया है, वह उपन्यास 'द ब्रिज अक्रॉस फोर एवर' में नायिका लेस्ली अपने प्रेमी को पत्र लिखती है और वह उसका आखिरी पत्र होता है। उसमें उसने लिखा है—'रिचर्ड माय प्रेशियस फ्रेंड''', जिसके साथ मन-मुटाव होने के करण अलग हो रही है, ऐसी नायिका उसे लिखती है—"हम एक-दूसरे के साथ रहकर एक-दूसरे को दुःख देने के सिवा और कुछ नहीं कर सकते। मुझे जो कहना है, उसमें कहीं कोई रोष, आरोप या तुम्हारी खामियाँ दिखाने का प्रयत्न नहीं है। सिर्फ जो वेदना हम एक-दूसरे को दे रहे हैं, उसे रोकने का प्रयास है।"

रिचर्ड बेक (बेश) ने इस पत्र को जिस तरह से प्रस्तुत किया है, शायद ही कोई पुरुष लिख सकता है, यह ऐसा पत्र है। एक स्त्री की कलम के माध्यम से लिखवाया गया यह एक पत्र संवेदना भरे एक रिश्ते के खत्म होने की, हृदय की गहराइयों में से निकलनेवाली भाषा में लिखा गया है। उसमें लेखक ने लेस्ली से लिखवाया है—"तुझसे अलग होने की तकलीफ निश्चित रूप से है, लेकिन साथ ही इस बात का संतोष भी है कि तुझे एक दूसरी तरह से जान सकी हूँ, तुझे पूरे-का-पूरा पा सकी हूँ। हमने साथ में जो पल बिताए हैं उन पलों की सुगंध मेरी स्मृति में से कभी भी नहीं मिटेगी। तेरे साथ रहकर मैं विकसित हुई हूँ, खुली हूँ, खिली हूँ। मेरे व्यक्तित्व का और मेरे स्त्रीत्व का विकास तेरे साथ रहकर हुआ है, यह भी सत्य है। दूसरा सत्य यह भी है कि मैंने भी तुझे दिया जा सके, वह सबकुछ दिया है।"

"एक-दूसरे के साथ रहकर हम जितने संवेदनशील थे, उससे और अधिक संवेदनशील और समृद्ध बने हैं, अच्छे बने हैं, सरल बने हैं; लेकिन समझदार नहीं

बन सके और शायद इसीलिए हमारा रिश्ता समाप्त हो रहा है। मुझे तुम्हारे लिए सम्मान है, भावनाएँ भी हैं और अपनी मैत्री हमेशा रहेगी; लेकिन साथ-ही-साथ मुझे ऐसा भी लगता है कि हम दोनों ही एक ऐसा रिश्ता गँवा रहे हैं, जिसमें बहुत कुछ पाए बिना रह गया है।

कभी-कभी ऐसा होता है, जिसके लिए दुःखी होने की बजाय एक बात स्वीकार कर लेनी चाहिए कि सामनेवाले व्यक्ति के साथ हमारे रिश्ते की डोर शायद इतने ही समय के लिए मर्यादित होगी, जितना हम जिए, हो सकता है। हरेक व्यक्ति के जीवन में एकाध ऐसे टूटे हुए रिश्ते की किर्ची होती ही है। फिर से यह जरूरी नहीं कि वह प्रेम संबंध ही हो—मित्रता भी हो सकती है, किसी पड़ोसी के साथ हुआ मन-मुटाव भी हो सकता है। छोड़ी हुई नौकरी में बॉस को गँवाने का दुःख हो या मेरी तरह पूरे रिश्ते का आनंद उठाए बिना ही पिता के चले जाने की बात भी हो ही सकती है।

जिस तरह से हर दवाई पर एक्सपाइरी डेट लिखी होती है, वैसे ही हर रिश्ते पर भी एक्सपाइरी डेट लिखी ही होती है। कभी-कभी जब तक हम जीते हैं, तब तक वह लंबी होती जाती है या कभी अपना जीवन पूरा हो, उससे पहले समाप्त हो जाती है।

अलग होना एक स्वाभाविक घटना है। हम भी आनेवाले सत्रह दिनों में अलग होने ही वाले हैं। परंतु यह अलग होना और तेरा व वरुण का अलग होना थोड़ा अलग प्रकार का है। हम सबके जीवन का सत्य यह है कि कोई भी, किसी के भी साथ जीवन भर नहीं चल सकता। कुछ कदम चलकर सबको अपनी-अपनी दिशा में जाना ही होता है।

पति-पत्नी के संबंध भी अगर अपने-अपने काम या अपने-अपने शौक न हों तो दोनों बहुत लंबे समय तक सिर्फ एक-दूसरे में अपने आपको पिरोकर जी नहीं सकते हैं।

अगर इस बात को समझ लें और स्वीकार कर लें तो अपना जीवन आसान बन जाएगा। लेकिन इसके विपरीत हाथ-पाँव पटककर, चीख-चिल्लाकर, रोकर, फरियाद करके, स्वयं को तकलीफ देकर, रिश्ते के टूटने या हाथ छूटने के दुःख को जीवन भर ढोएँ तो वह भार सिर्फ अपना—हाँ, अपना ही बन जाता है।

उसके विपरीत, अगर उस भार को उतारकर फेंक दें और संजोगवश अलग हो गए दो व्यक्ति 'भूल किसकी थी', इस बात के पोस्टमार्टम में पड़े बिना उस व्यक्ति और विचार को बह जाने दें तो शायद दोनों लोग सुखी हो सकते हैं, ऐसा मुझे लगता है।

बेटा, तू जब वापस आई, तब मैं देख सका कि तुम दोनों के बीच में एक प्रकार का डिस्टेंस यानी अंतर आता गया।

पहले उसका रोज फोन आता था। धीरे-धीरे उसके फोन कम हो गए और फिर बंद हो गए। मेल पर होनेवाली चैटिंग देर रात तक चलती थी, वह भी धीरे-धीरे चार दिन में—हफ्ते में उसका एकाध ई-मेल आता और तू अपनी फुरसत में उसे जवाब देने लगी।

आस्था, मैंने तुझसे कहा था, उस अनुसार कभी-कभी व्यक्ति, व्यक्ति का सच्चा परिचय तुम्हें उसके बहुत नजदीक ले जाता है तो कभी-कभी उसका सच्चा परिचय उससे दूर ले जाता है। इन दोनों ही परिस्थितियों के लिए 'सच्चा परिचय' होना बहुत जरूरी है। मैंने जब तुम्हें सिंगापुर भेजा, तब इन दोनों में से एक परिणाम तय था।

साथ-ही-साथ तेरी मम्मी और दादी जो मानती थी, वह डर भी जुड़ा हुआ तो था ही। तुम्हारा शारीरिक आकर्षण तुम्हें नजदीक ले आए और उसके बाद वरुण का असली परिचय तुझे उससे दूर ले जाए तो क्या? लेकिन बेटा, इसके लिए जीवन में इतना चांस, इतना रिस्क तो लेना ही पड़ता है। अगर मैं तुझसे सच्चे निर्णय की अपेक्षा रखता होऊँ तो तू वह निर्णय ले सके, उसके लिए ऐसी सुविधा और समझ देना भी एक पिता होने के नाते मेरा फर्ज है।

सिंगापुर से वापस आने के बाद लगभग पाँचेक महीने के बाद एक दिन तू रोई। तूने मुझसे जो कुछ कहा, उससे मैं यह निश्चित रूप से समझ सका कि वरुण के बारे में जो मेरी धारणाएँ थीं, वे एकदम गलत नहीं थीं। बेटा, मैं जीवन में अनेक लोगों से मिला हूँ। उन्हें नजदीक से देखने का अवसर मुझे मिला है और इसीलिए वरुण से मिलकर मुझे ऐसा लगा कि वह तेरे लिए योग्य जीवन साथी नहीं है।

गलत साबित हो जाने से कहीं दुनिया में उथल-पुथल नहीं हो जाती, ऐसा मैं पहले से ही मानता आया हूँ।

हम सिर्फ मानव हैं और अधिकतर हम लोग हृदय से निर्णय करते हैं। वयस्कता का अर्थ है—एक तरह की समझदारी। सिर्फ उम्र बढ़ने से व्यक्ति वयस्क नहीं हो जाता। वयस्क हो जाने का अर्थ है—व्यक्ति अब भावुक और बेवकूफ नहीं है। हृदय के साथ-साथ वह अपने मस्तिष्क का भी उपयोग कर सकता है, भला-बुरा समझ सकता है और बेटा, सच कहूँ तो प्रेम करने के लिए बहुत बड़ी हिम्मत की जरूरत होती है; क्योंकि प्रेम की मूलभूत आवश्यकता है 'स्व' को छोड़कर, अहं और अहंकार को छोड़कर सामनेवाले व्यक्ति तक पहुँचने की अपनी हिम्मत

ही नहीं होती। अपने अहं को छोड़ना यानी व्यक्तित्व का त्याग करना, ऐसा तो नहीं है; लेकिन सामनेवाला व्यक्ति तुमको प्रेम करता है, यह बात भी तुम्हारे अहं की तुष्टि करती है और इसीलिए शायद व्यक्ति अकेला रह जाने के पर्याय के रूप में प्रेम करने लग जाता है। जब तुम अपने अहं की तुष्टि के लिए या पोषण के लिए प्रेम करते हो, तब उसमें झूठ है। तुम सामनेवाले व्यक्ति को जो अच्छा लगता है, वह बनने का प्रयत्न करते हो, लेकिन वैसे तुम होते नहीं हो। इसलिए वह चेहरा लंबे समय तक चल नहीं पाता। और वह चेहरा फटकर जब तुम्हारा सच्चा चेहरा सामनेवाले व्यक्ति को दिखाई देता है, तब तुम पहचान जाते हो या जान जाते हो।

तेरे और वरुण के बारे में ऐसा ही हुआ है।

उसने तुझे जो पसंद था, वह दिखाने का प्रयत्न किया; लेकिन वह उसका मूलभूत स्वभाव नहीं था। इसलिए वह टिक नहीं सका और समय के साथ तू उसे पहचान गई। उसका सच्चा चेहरा जब तेरे सामने आया तो तुझे समझ में आया कि तू 'इस' वरुण को प्रेम नहीं करती है। तू तो 'उस' वरुण को प्रेम करती थी, जिसकी तूने अपेक्षा की थी, कल्पना की थी या जिसे मान लिया था।

बेटा, प्रेम आवेश नहीं, किसी एक परिभाषा में बाँधा जा सके, ऐसी कोई परिभाषा नहीं है, किसी एक प्रकार की संवेदना नहीं है। प्रेम तो गहरी समझ है—ऐसी समझदारी, जिससे तुम पूर्ण बनते हो, तुम्हारे अंदर का अधूरापन कोई पूरा करता है, तुम्हारी जिंदगी में किसी एक व्यक्ति के आने से तुममें कुछ जुड़ता है। तुम जैसे हो, वैसे ही रह सको, और सामनेवाला व्यक्ति तुम्हें वैसा ही रहने दे, जैसे तुम हो, उसका नाम ही 'प्रेम' है।

तूने मुझसे रोते-रोते कहा कि "शादी सबकुछ खत्म कर डालती है।" परंतु बेटा, शादी कुछ भी खत्म नहीं करती। शादी तो सिर्फ तुम्हारे अंदर जो निहित है, उसे बाहर लाती है। अगर तुम्हारे अंदर प्रेम है तो शादी के बाद वह बाहर आएगा। परंतु तुम्हारे प्रेम में अगर अहं या दिखावट है, सामनेवाले व्यक्ति को जीतने का लालच या प्रलोभन है तो देर-सबेर वह सब अदृश्य हो जाने वाला ही है। हकीकत की नींव पर खड़ा रिश्ता हमेशा मजबूत और शाश्वत होता है।

खलील जिब्रान कहता है कि, "एक ही छत को आधार देते दो स्तंभ बनो। एक-दूसरे के स्वामी बनने से आरंभ न करो। दूसरों को स्वतंत्र रहने दो। एक-दूसरे के दरम्यान एक सुरक्षित अंतर बनाए रखो और फिर भी एक ही छत को आधार दो। तुम्हारे ऊपर की वह छत और तुम्हारे बीच का सुरक्षित अंतर—तुम्हारी स्वतंत्रता ही सच्चा प्रेम है।"

बेटा, आज मुझे बहुत खुशी है कि तू नमन से मिलने के लिए तैयार हो गई है।

वरुण के साथ संबंध टूट जाने के बाद तूने शादी करने के लिए मना ही कर दिया था। थोड़े समय के लिए तो मुझे ऐसा लगा कि तू सचमुच शादी नहीं करेगी। हमने भी तुझे अच्छी तरह से जीने दिया।

हर घाव को सही होने में एक निश्चित समयावधि लगती ही है और वह समयावधि व्यक्ति को मिलनी ही चाहिए। वरुण के साथ तेरा पहला समझदारी से किया हुआ प्रेम था, इसलिए उसके टूटने का अफसोस तुझे होगा ही, यह मैं समझ सकता हूँ—और इसीलिए किसी भी तरह का कोई दबाव किए बिना हमने तुझे तेरे अपने हाल पर छोड़ दिया था।

तू नमन से मिलने के लिए तैयार हुई, तब भी मुझे ऐसा जान पड़ता था कि तू शायद अपनी दादी और मम्मी के आग्रहवश होकर तैयार हुई थी। मैंने नमन को फोन करके सबकुछ बता दिया था। इसके बाद भी नमन ने तुझसे मिलने का आग्रह किया और अब ठीक सत्रह दिनों के बाद तू और नमन जीवन साथी बनने वाले हो, यह सचमुच आनंददायक बात है।

बेटा, नमन बहुत ही समझदार है और मैंने जिंदगी के अनुभव से यह सीखा है कि प्रेम शायद थोड़ा कम होगा तो भी चल सकेगा, लेकिन समझदारी कम होगी तो जीना मुश्किल हो जाता है। जब तुम्हारे अंदर सुख भरा हुआ हो, तभी अपने छलकते हुए सुख से तुम दूसरों को सुख दे सकते हो। तुम्हारा पेट भरा हुआ हो—तुम तृप्त हो तो ही दूसरों के भोजन, दूसरों के सुख के बारे में सोच सकते हो। यह मानव स्वभाव है और इसीलिए व्यक्ति को अपना भरपूर सुख अनुभव कर लेना चाहिए। उसके बाद ही दूसरों के सुख का विचार करना चाहिए।

प्रेम शादी के बाद खत्म नहीं हो जाता। वह तो नए स्वरूप में प्रकट होता है। जो लोग जानते ही नहीं कि प्रेम क्या है, उनका प्रेम विवाह से पहले या विवाह के बाद होता ही नहीं है; जबकि प्रेम को समझनेवाले लोग एक-दूसरे के साथ विकसित होते हैं, खिलते हैं, सुखी होते हैं और समाज को सुख देते हैं।

प्रेम का पहला पाठ है कि प्रेम भागने की वस्तु नहीं है, प्रेम देने की वस्तु है। परिणाम का इंतजार किए बिना प्रेम करना शुरू करो, तब तुमको समझ में आता है कि जो तुम ढूँढ़ रहे थे, वह तो तुम्हारे अंदर ही है। पानी में जाकर ही तैरना सीखा जा सकता है। उसी प्रकार प्रेम में डूबकर ही प्रेम करना सीखा जा सकता है।

शादी और प्रेम दोनों एक-दूसरे से अलग नहीं हैं। दोनों में से कुछ भी पहले या बाद में नहीं। दोनों एक-दूसरे का हाथ पकड़कर चलनेवाली दो ऐसी बातें हैं, जिन्हें एक-दूसरे से अलग करके देखना असंभव है। जन्म अतीत है, शादी वर्तमान है और मृत्यु भविष्य। अतीत पर अपना काबू नहीं है, भविष्य हम जानते नहीं हैं; तब वर्तमान को चाहकर, समझकर, स्वीकार कर उत्तम ढंग से क्यों न जिया जाए?

विवाह की वेदी और चिता—दोनों में ही अग्नि है; परंतु एक अग्नि दो लोगों को एक-दूसरे के साथ जोड़ती है, जबकि दूसरी अग्नि व्यक्ति को इस संसार से विमुख कर शरीर से बाहर, संसार से दूर ले जाती है। 'सप्तपदी' के सात मंत्र—

।ॐ। ईष एकपदी भवः।।

ईश्वर की कृपा से सौभाग्य शक्ति प्राप्त हो।

।ॐ। ऊर्जे द्विपदी भवः।।

ईश्वर की कृपा से एक-दूसरे के द्वारा बलवान् बनें।

।ॐ। रायस्पोषाय त्रिपदी भवः।।

ईश्वर की कृपा से धन-धान्य का पोषण करें।

।ॐ। मायोभव्याय चतुष्पदी भवः।।

ईश्वर की कृपा से हम एक-दूसरे को सुखी करें।

।ॐ। पशुभ्य पञ्चपदी भवः।।

ईश्वर की कृपा से साथ मिलकर हम पशु प्रजा-पालन करें।

।ॐ। ॠतुभ्यः षट्पदी भवः।।

ईश्वर की कृपा से विभिन्न ॠतुओं के सुख भोगें।

।ॐ। सख्याय सप्तपदी भवः।।

ईश्वर की कृपा से मैत्री को साधकर एक-दूसरे का अनुसरण करें।

बेटा, 'सप्तपदी' के पहले छह मंत्र पति-पत्नी के अलग-अलग रिश्तों की बात करते हैं, परंतु सातवाँ और अंतिम मंत्र मित्रता की बात करता है और मित्रता अर्थात् दोस्ती।

दोस्ती में कभी कोई अपेक्षा नहीं होती, उपेक्षा नहीं होती। मैत्री एक अकस्मात् होता है। किसी खास व्यक्ति के साथ, खास समय में मित्रता कैसे हो जाती है? वहाँ लेन-देन के सभी तराजू बेकार क्यों हो जाते हैं? 'पति' और 'पत्नी' जैसे शब्दों का उपयोग करने की बजाय 'स्पाउस', 'लाइफ पार्टनर' या 'बेटर हाफ' जैसे शब्दों का प्रयोग अधिक उचित नहीं है। एक-दूसरे के सामने देखने की बजाय एक

दिशा में देखना श्रेष्ठ नहीं है। एक-दूसरे के साथ स्पर्धा करने की बजाय एक-दूसरे के साथ रहकर इस संसार की स्पर्धा में एक-दूसरे की मदद करना अधिक जरूरी नहीं है।

जब पति-पत्नी के बीच मित्रता हो, मैत्री हो, दोस्ती हो, तब अहं—अभिमान नहीं रहता है और जहाँ अहं नहीं होता, वहाँ प्रेम अपने आप आकर बसने लगता है।

मित्रता इतनी मूल्यवान् है कि किसी भी स्थिति में बनी रहनी चाहिए, टिकी रहनी चाहिए। अगर शादी को बंधन की बजाय एक-दूसरे के साथ जीवन भर की दोस्ती माँगोगे तो बहुत सुखी रहोगे, ऐसा मेरा तुमसे वादा है, वचन है। मानव जीवन में आजादी का मूल्य सर्वोच्च है और अगर एक-दूसरे को आजादी देकर एक-दूसरे के साथ एक छत के नीचे खड़े दो स्तंभ की तरह जी सको तो ही एक सुखी परिवार की रचना कर सकोगे।

तू जाएगी तो फिर यह घर खाली हो जाएगा। मेरा मन इस पल भी तेरे चले जाने के विचार मात्र से ही हचमचा उठता है।

नमन से मिलने के बाद मुझे एक बात का संतोष है कि मैं तेरे लिए जैसा पति ढूँढ़ना चाहता था, वैसा लड़का है।

अतीत की परछाइयों को पोंछकर उसके साथ नए सिरे से रिश्ता बनाने का प्रयत्न करना।

बीती हुई बातों को कंधे पर उठाकर जीनेवाले लोग कभी सुखी नहीं हो सकते। वरुण और नमन दोनों अलग हैं, इसलिए इन दोनों व्यक्तियों को दो अलग-अलग व्यक्तियों की तरह देखना और पहचानना। जीवन का एक अनुभव अगर कड़वा या खराब हो तो इसका अर्थ ये नहीं है कि जीवन के दूसरे अनुभव भी वैसे ही होंगे। और तुझे सच कहूँ तो वरुण के पास उसकी अपनी दुनिया है। उसने जिस तरह का व्यवहार किया, उसके लिए उसके अपने कारण भी हैं। इसलिए उसे भी माफ करके नई दुनिया में, नए वातावरण में जीने का प्रयत्न करना। कोई व्यक्ति कभी गलत नहीं होता। उसकी स्थितियाँ, संजोग उसे अमुक प्रकार का व्यवहार करने को बाध्य करती हैं। वरुण के साथ के रिश्ते का अनुभव कड़वाहट से न देखकर थोड़ी नरमी से देखना। मुझे लगता है, इससे बहुत से सवालों के जवाब अपने आप मिल जाएँगे।

नमन के साथ के संबंधों का नए सिरे से मूल्यांकन करना।

अपने कंधों पर टूटे हुए रिश्तों का भार लेकर चलते लोग कभी भी नए

संबंधों का आनंद नहीं उठा सकते। बैग में कुछ सामान रखना हो तो पहले से भरी हुई वस्तुओं को खाली करना पड़ता है। उसी तरह मन में भरी हुई बातों को खाली करके किसी भी प्रकार के बैगेज के बिना वरुण के साथ के संबंध को जोड़ने का प्रयत्न करना।

जिंदगी बहुत खूबसूरत है और मानवीय रिश्ते विभिन्न रंगोंवाले इंद्रधनुष की तरह होते हैं।

हर रंग की अपनी एक अलग ही चमक है, अपना अलग ही अर्थ और अपनी अलग ही पहचान है। संबंध को भी एक-दूसरे से अलग करके अनुभव करने का प्रयत्न करना।

आज तेरा जन्मदिन है और आज के दिन मुझे तुझसे इतना ही कहना है कि जिंदगी का एक नया मोड़ अब शुरू होने वाला है। सूरज उगने की तैयारी में है तो रात को भूलकर उगते हुए सूरज की तरफ देखना, उजाला अपने आप फैल जाएगा।

इस घर में आज तेरा आखिरी जन्मदिन मनाया जाएगा, शायद…

अगले साल तू हमारे साथ नहीं होगी, ऐसा भी हो सकता है; लेकिन फिर भी तेरा जन्मदिन हमारे लिए उतना ही महत्त्वपूर्ण होगा—उतने ही आनंद का दिन और हम शायद इसी तरह उसे मनाएँगे।

तू वहाँ नमन के साथ यह दिन मनाना और यहाँ हम तुझे याद करेंगे।

हैप्पी बर्थडे एंड विश यू ऑल द बेस्ट!

□□□